金税四期

高净值人士
税收政策解读与纳税筹划

翟继光 倪伟杰 苏建海 ◎ 主编

专业 » 针对年收入较高的人士可能遇到的税收问题进行详细阐述并给出节税的基本方法

实用 » 以典型案例为背景，反映税收政策变化，帮助读者朋友在法律允许的范围内最大限度地减轻税收负担

图书在版编目（CIP）数据

高净值人士税收政策解读与纳税筹划/翟继光,倪伟杰,苏建海主编.--上海：立信会计出版社,2023.8
ISBN 978-7-5429-7398-6

Ⅰ.①高… Ⅱ.①翟… ②倪… ③苏… Ⅲ.①个人所得税—税收管理—研究—中国 Ⅳ.①F812.423

中国版本图书馆 CIP 数据核字（2023）第 130507 号

责任编辑　毕芸芸

高净值人士税收政策解读与纳税筹划
GAOJINGZHI RENSHI SHUISHOU ZHENGCE JIEDU YU NASHUI CHOUHUA

出版发行	立信会计出版社
地　　址	上海市中山西路 2230 号　　邮政编码　200235
电　　话	（021）64411389　　传　真　（021）64411325
网　　址	www.lixinaph.com　　电子邮箱　lixinaph2019@126.com
网上书店	http://lixin.jd.com　　http://lxkjcbs.tmall.com
经　　销	各地新华书店
印　　刷	北京鑫海金澳胶印有限公司
开　　本	710 毫米 ×1000 毫米　1/16
印　　张	22
字　　数	358 千字
版　　次	2023 年 8 月第 1 版
印　　次	2023 年 8 月第 1 次
书　　号	ISBN 978-7-5429-7398-6/F
定　　价	68.00 元

如有印订差错，请与本社联系调换

前　言

"人的一生有两件事是不可避免的，一是死亡，一是纳税。"这是在西方国家家喻户晓的一句名言。在现代税收国家，税是同普通老百姓和企业形影不离的东西。我们每个人既离不开税，也逃避不了税。之所以离不开税，是因为我们所享受的一切公共物品都来自税，没有税，我们就很难看到警察和公路，也很难得到秩序和安全。之所以逃避不了税，是因为我们取得的大部分所得、拥有的大部分财产都需要纳税，一个人只要吃饭穿衣、一家企业只要生产经营就逃避不了纳税。正因为国家的税收来自普通老百姓和广大企业，并且税收同普通老百姓和广大企业关系密切，普通老百姓和企业才非常关注税，关注国家在税收政策上的一举一动。当然，上述一切都是建立在现代民主宪政以及法治国家和税收国家基础之上的。

税收是文明的对价，税收的本质是政府所提供的公共物品的对价。税收奠定了人类进步的阶梯，税收创造了人类辉煌的成就。在现代社会，国家的财政收入以税收为主，因此现代国家又被称为税收国家。2021年，我国完成税收收入17.27万亿元，占全国财政收入的85%，人均纳税1.22万元，我国已经成为典型的税收国家。2022年我国完成税收收入16.66万亿元。

从事生产经营的纳税人离不开纳税就不用说了，单就普通老百姓而言，我们的吃（增值税、消费税）、穿（增值税、消费税）、住（土地增值税、房产税、契税、印花税)、用(增值税、消费税)、行(车辆购置税、车船税)处处都有税收的影子。可以说,税收已经深入我们日常生活的各个角落,税收也逐渐成为中国人一生不可避免的"两件事"之一。

为了帮助广大纳税人和税务工作从业者掌握基本的税收政策、学会基本的纳税方法和节税筹划方法,我们组织编写了"轻松学会纳税实用技巧丛书"。本丛书以不具备税收知识或者仅具备初步税收知识的普通读者为对象,突出"轻松"和"实用"两大特色,让广大读者在轻松愉快的阅读中获得最实用的纳税知识和技巧。

本丛书包括:《营业税改增值税后企业所得税政策解读与案例分析》《营业税改增值税后税收优惠政策与疑难问题解答》《营业税改增值税后中小企业最新税收政策与纳税实用技巧》《高净值人士税收政策解读与纳税筹划》《企业纳税筹划实用技巧与典型案例分析》《税务律师办案实用技巧与典型案例分析》。纳税人在日常生活中所可能遇到的各类纳税和节税问题都可以在上述论著中找到答案。

本书是该丛书中的第四本。本书对年收入较高的白领阶层在日常生活中可能遇到的税收问题进行了详细阐述,针对日常生活中可能遇到的难题给出了解决的方案,对于各类税收问题给出了节税的基本方法。

本书内容分为十一个部分:第一部分介绍个人所得税纳税实用知识,重点介绍我们所取得的哪些所得需要纳税;第二部分为个人所得税反避税制度与征收管理制度,帮助纳税人进行个人所得税的源泉扣缴和汇算清缴申报;第三部分为个体工商户纳税实用知识,帮助个体工商户朋友解决纳税问题;第四部分为个人独资企业和合伙企业纳税实用知识,重点介绍个人独资和合伙企业应纳税所得额的计算以及基本流程;第五部分为个人购置、持有车辆纳税实用知识，帮助那些准备购买和已经购买车辆的朋友解决纳税问题；第六部分为个人房产投资纳税实用知识，帮助那些准备和正在购房、租房、卖房的朋友解决纳税问题；第七部分为个人投资理财纳税实用知识，重点介绍利息纳税实用知识、投资股票纳税实用知识、投资基金纳税实用知识以及投资保险纳税实用知识；第八部分为职业个人纳税实用知识，帮助职业人士解决纳税问题；第九部分为个人纳税优惠政策实用知识，告诉特定的读者朋友可以享受哪些税收优惠政策；第十部分和第十一部分为个人所得纳税筹划实用技巧，帮助读者朋友在法律允许的范围内最大限度地减轻自己的税收负担，也就是我们平时所讲的"合法节税"。

虽然作者进行了大量的调研，搜集了大量的资料，研读了大量的法律文件和相关论著，但书中仍难免有疏漏和不足，恳请广大读者和学界专家批评指正，以便再版时予以修正。我们的联系方式是：北京市昌平区府学路27号中国政法大学民商经济法学院（邮编：102249），E-mail:jiguangq@cupl.edu.cn。

编者

2023年7月

目 录

第一部分
轻松掌握个人所得税纳税实用知识

一、纳税人与应税所得实用知识 …………………………001

二、综合所得纳税实用知识 …………………………015

三、工资、薪金所得纳税实用知识 …………………………024

四、劳务报酬所得纳税实用知识 …………………………044

五、稿酬所得纳税实用知识 …………………………051

六、财产租赁、转让所得纳税实用知识 …………………………053

七、特许权使用费所得纳税实用知识 …………………………063

第二部分
轻松掌握个人所得税反避税与征收管理制度

一、个人所得税反避税制度 …………………………065

二、个人所得税源泉扣缴制度 …………………………………………067

三、个人所得税自行纳税申报制度 ……………………………………079

四、个人所得税汇算清缴制度 …………………………………………129

第三部分
轻松掌握个体工商户纳税实用知识

一、个体工商户个人所得税的计征 ……………………………………135

二、个体工商户应纳税所得额的计算 …………………………………139

三、个体工商户纳税基本流程 …………………………………………147

第四部分
轻松掌握个人独资企业和合伙企业纳税实用知识

一、个人独资企业与合伙企业应纳税所得额的计算 …………………166

二、个人独资企业与合伙企业纳税基本流程 …………………………174

第五部分
轻松掌握个人购置、持有车辆纳税实用知识

一、个人购置车辆纳税实用知识 ………………………………………176

二、个人持有车辆纳税实用知识 ………………………………………179

第六部分
轻松掌握个人房产投资纳税实用知识

一、个人购房纳税实用知识 ……………………………………………186

二、个人出租房纳税实用知识 ……………………………………193

三、个人卖房纳税实用知识 ………………………………………200

第七部分
轻松掌握个人投资理财纳税实用知识

一、利息纳税实用知识 ……………………………………………210

二、投资股票纳税实用知识 ………………………………………212

三、投资基金纳税实用知识 ………………………………………216

四、投资保险纳税实用知识 ………………………………………218

第八部分
轻松掌握职业个人纳税实用知识

一、律师纳税实用知识 ……………………………………………219

二、出租车司机纳税实用知识 ……………………………………222

三、演员纳税实用知识 ……………………………………………224

四、建筑安装业个人纳税实用知识 ………………………………227

五、广告业个人纳税实用知识 ……………………………………230

第九部分
轻松掌握个人纳税优惠政策实用知识

一、自主就业退役士兵创业就业税收优惠政策 …………………233

二、重点群体创业就业税收优惠政策 …………………………… 236

三、创业投资企业和天使投资个人税收优惠政策 ……………… 238

四、个人非货币性资产投资税收优惠政策 ……………………… 241

五、"大众创业、万众创新"税费优惠政策 …………………… 244

六、残疾人员税收优惠政策 ……………………………………… 251

七、居民换购住房税收优惠政策 ………………………………… 256

第十部分
轻松掌握个人综合所得纳税筹划实用技巧

一、充分利用企业年金与商业健康保险 ………………………… 259

二、灵活运用子女教育与大病医疗专项附加扣除 ……………… 261

三、灵活运用赡养老人专项附加扣除 …………………………… 263

四、充分利用短期非居民个人与短期居民个人的税收
优惠政策 …………………………………………………… 265

五、平均发放工资与充分利用外籍人员的各项免税补贴 ……… 268

六、将工资转化为职工福利与充分利用公益慈善事业捐赠 …… 270

七、充分利用年终奖与股票期权所得单独计税优惠政策 ……… 272

八、劳务报酬的纳税筹划 ………………………………………… 276

九、稿酬与特许权使用费所得的纳税筹划 ……………………… 281

第十一部分
轻松掌握个人其他所得纳税筹划实用技巧

一、充分利用税法规定的各项扣除 ……………………………… 284

二、将个体工商户转变为一人有限责任公司 …………………… 285

三、增加合伙人与平均分配利润 …………………………………… 286

四、利用"满五唯一"免税政策 …………………………………… 288

五、利用近亲属房产赠与免税政策 ………………………………… 290

六、利用核定征税政策 ……………………………………………… 292

七、利用不动产投资分期纳税政策 ………………………………… 293

八、利用小微企业转让股权 ………………………………………… 294

九、利用双层公司分配股息 ………………………………………… 295

十、利用股权代持实现股权转让的目的 …………………………… 296

十一、个人技术出资的纳税筹划 …………………………………… 297

十二、拍卖物品选择核定征税 ……………………………………… 299

十三、利用双层公司留存股息 ……………………………………… 300

十四、利用借款取得公司未分配利润 ……………………………… 301

十五、利用上市公司股息差别化税收政策 ………………………… 302

十六、增加财产租赁所得的次数 …………………………………… 303

十七、利用公司取得财产租赁所得 ………………………………… 304

十八、个人不动产投资纳税筹划综合案例 ………………………… 305

十九、个人与公司股权架构纳税筹划综合案例 …………………… 316

二十、公司上市与限售股转让纳税筹划综合案例 ………………… 321

二十一、个人股票、债券和基金投资纳税筹划综合案例 ………… 325

二十二、员工保险与福利待遇纳税筹划综合案例 ………………… 330

附录
高净值人士纳税常用税收法律法规目录

一、个人所得税制度 ………………………………………………… 334

二、增值税制度 ·· 336

三、城市维护建设税制度 ······································ 337

四、车辆购置税制度 ·· 338

五、车船税制度 ·· 338

六、房产税制度 ·· 339

七、契税制度 ··· 339

八、印花税制度 ·· 340

第一部分
轻松掌握个人所得税纳税实用知识

您觉得自己是纳税人吗？您知道我们取得的哪些所得需要纳税吗？您了解工资薪金所得是如何计算应当缴纳的税款的吗？您知道劳务报酬所得应当如何纳税吗？您知道稿酬所得应纳税额是如何计算的吗？您知道财产转让所得如何纳税吗？您知道特许权使用费所得如何纳税吗？本部分将为您解答上述问题。

一、纳税人与应税所得实用知识

哪些人需要缴纳个人所得税

在中国境内有住所，或者无住所而一个纳税年度内在中国境内居住累计满183天的个人，为居民个人。居民个人从中国境内和境外取得的所得，依照《中华人民共和国个人所得税法》（以下简称《个人所得税法》）规定缴纳个人所得税。在中国境内无住所又不居住，或者无住所而一个纳税年度内在中国境内居住累计不满183天的个人，为非居民个人。非居民个人从中国境内取得的所得，依照《个人所得税法》规定缴纳个人所得税。纳税年度，自公历1月1日起至12月31日止。

在中国境内有住所的个人，是指因户籍、家庭、经济利益关系而在中国境内习惯性居住的个人。习惯性居住，是判定纳税义务人是居民或非居民的一个法律意义上的标准,不是指实际居住或在某一个特定时期内的居住地。如因学习、工作、探亲、旅游等而在中国境外居住的,在其原因消除之后,必须回到中国境内居住的个人,则中国境内即为该纳税人习惯性居住地。

无住所个人一个纳税年度内在中国境内累计居住天数,按照个人在中国境内累计停留的天数计算。在中国境内停留的当天满24小时的,计入中国境内居住天数,在中国境内停留的当天不足24小时的,不计入中国境内居住天数。

上述期限的判断都是以一个纳税年度为准的,如果一个纳税人连续在中国境内居住满183天,甚至更长时间,但该期限是分跨两个纳税年度的,且在任何一个纳税年度都没有达到居住满183天的标准,则该纳税人在上述两个纳税年度中都不构成中国税法上的居民个人。

例1-1 刘先生具有中国国籍,居住在中国境内,现在某大学任教。2020年1月1日,根据学校的教师交流计划,刘先生离开中国到日本教学两年,于2022年12月31日回国。在日本教学期间,刘先生一共获得日本学校发放的300 000日元报酬,该报酬已经在日本纳税。请问,刘先生所获得的该300 000日元是否需要依法缴纳个人所得税?

解答: 刘先生在中国境内有住所,因此,应当就其来源于中国境内和境外的所得依法缴纳个人所得税。刘先生在日本获得的300 000日元属于境外所得,应当依法缴纳个人所得税。

例1-2 约翰先生具有美国国籍,居住在美国。2023年3月来中国境内旅游一个月,旅游期间到一家英语学校举办一次讲座,获得劳务报酬5 000元。请问,约翰先生所获得的该5 000元是否需要依法缴纳个人所得税?

解答: 约翰先生在中国境内无住所,在境内居住也不满183天,可仅就来源于中国境内的所得依法缴纳个人所得税。该5 000元报酬是在中国境内提供劳务所获得的,属于来源于中国境内的所得,因此,约翰先生应当依法缴纳个人所得税。

📖 如何判断各类所得的来源地

1. 来源于中国境内的所得的判定

一般而言,所得的支付地点在中国境内的,就视为来源于中国境内的所得。但下列所得,不论支付地点是否在中国境内,均为来源于中国境内的所得:

(1)因任职、受雇、履约等在中国境内提供劳务取得的所得。

(2)将财产出租给承租人在中国境内使用而取得的所得。

(3)许可各种特许权在中国境内使用而取得的所得。

(4)转让中国境内的不动产等财产或者在中国境内转让其他财产取得的所得。

(5)从中国境内企业、事业单位、其他组织以及居民个人取得的利息、股息、红利所得。

2. 来源于中国境外的所得的判定

下列所得,为来源于中国境外的所得:

(1)因任职、受雇、履约等在中国境外提供劳务取得的所得。

(2)中国境外企业以及其他组织支付且负担的稿酬所得。

(3)许可各种特许权在中国境外使用而取得的所得。

(4)在中国境外从事生产、经营活动而取得的与生产、经营活动相关的所得。

(5)从中国境外企业、其他组织以及非居民个人取得的利息、股息、红利所得。

(6)将财产出租给承租人在中国境外使用而取得的所得。

(7)转让中国境外的不动产、转让对中国境外企业以及其他组织投资形成的股票、股权以及其他权益性资产(以下称权益性资产)或者在中国境外转让其他财产取得的所得。但转让对中国境外企业以及其他组织投资形成的权益性资产,该权益性资产被转让前3年(连续36个公历月份)内的任一时间,被投资企业或其他组织的资产公允价值50%以上直接或间接来自位于中国境内的不动产的,取得的所得为来源于中国境内的所得。

(8)中国境外企业、其他组织以及非居民个人支付且负担的偶然所得。

（9）财政部、国家税务总局另有规定的，按照相关规定执行。

📖 短期居民个人可以享受什么税收优惠政策

在中国境内无住所的个人，在中国境内居住累计满183天的年度连续不满6年的，经向主管税务机关备案，其来源于中国境外且由境外单位或者个人支付的所得，免予缴纳个人所得税；在中国境内居住累计满183天的任一年度中有1次离境超过30天的，其在中国境内居住累计满183天的年度的连续年限重新起算。

中国境内无住所的个人一个纳税年度在中国境内累计居住满183天的，如果此前6年在中国境内每年累计居住天数都满183天而且没有任何一年单次离境超过30天，该纳税年度来源于中国境内、境外所得应当缴纳个人所得税；如果此前6年的任一年在中国境内累计居住天数不满183天或者单次离境超过30天，该纳税年度来源于中国境外且由境外单位或者个人支付的所得，免予缴纳个人所得税。

此前6年，是指该纳税年度的前1年至前6年的连续6个年度，此前6年的起始年度自2019年（含）以后年度开始计算。

📖 短期非居民个人可以享受什么税收优惠政策

在中国境内无住所的个人，在一个纳税年度内在中国境内居住累计不超过90天的，其来源于中国境内的所得，由境外雇主支付并且不由该雇主在中国境内的机构、场所负担的部分，免予缴纳个人所得税。

例1-3 约翰先生具有美国国籍，居住在美国，在一家美国公司任职。2022年5月1日被美国的总公司派到位于中国境内的分公司工作5个月，2022年10月1日回美国。美国的总公司向约翰先生支付工资60 000美元。约翰先生是否需要就该60 000美元依法缴纳个人所得税？

解答： 由于在中国境内没有住所，而且居住不满183天，约翰先生属于非居民个人。约翰先生所获得的60 000美元虽然不是在中国境内支付的，但属于"因任职、受雇、履约等在中国境内提供劳务取得的所得"，因此，该60 000美元应当被认定为来源于中国境内的所得，应当依法缴纳个人所得税。

例1-4 约翰逊先生于2019年6月20日来北京，计划一直居住到

2025年3月20日，之后回国，并计划于2026年1月1日再次来北京，一直居住到2028年12月31日，之后回国。请问，从2019到2028纳税年度，约翰逊先生以什么身份缴纳个人所得税？

解答： 2019纳税年度：约翰逊先生6月20日才来中国，居住不满183天，因此，约翰逊先生属于非居民个人。

2020—2024纳税年度：约翰逊先生全年都在中国居住，因此，约翰逊先生属于居民个人。由于尚未达到连续6年成为居民个人，约翰逊先生可以享受短期居民个人的优惠政策，即来源于中国境外且由境外单位或者个人支付的所得，免予缴纳个人所得税。

2025纳税年度：由于其3月20日就离开中国，居住不足183天，属于非居民个人，又由于其居住时间没有超过90天，可以享受短期非居民个人的优惠政策，即来源于中国境内的所得，由境外雇主支付并且不由该雇主在中国境内的机构、场所负担的部分，免予缴纳个人所得税。

2026—2028纳税年度：约翰逊先生居住均满183天，因此，约翰逊先生属于居民个人。根据规定，6年期间要连续计算，由于2025纳税年度约翰逊先生没有构成居民纳税人，6年期间要重新计算，2026—2028纳税年度，约翰逊先生仍然可以享受短期居民个人的优惠政策。

哪些所得需要缴纳个人所得税

下列各项个人所得，应当缴纳个人所得税：

（1）工资、薪金所得。工资、薪金所得是指个人因任职或者受雇而取得的工资、薪金、奖金、年终加薪、劳动分红、津贴、补贴以及与任职或者受雇有关的其他所得。下列项目不属于工资、薪金性质的补贴、津贴，不予征收个人所得税：独生子女补贴；执行公务员工资制度未纳入基本工资总额的补贴、津贴差额和家属成员的副食补贴；托儿补助费；差旅费津贴、误餐补助。误餐补助是指按照财政部规定，个人因公在城区、郊区工作，不能在工作单位或返回就餐的，根据实际误餐顿数，按规定的标准领取的误餐费。单位以误餐补助名义发给职工的补助、津贴不包括在内，应当并入当月工资、薪金所得计征个人所得税。

（2）劳务报酬所得。劳务报酬所得是指个人从事劳务取得的所得，包括从事设计、装潢、安装、制图、化验、测试、医疗、法律、会计、咨询、讲学、翻译、审稿、书画、雕刻、影视、录音、录像、演出、表演、广告、展览、技术服务、介绍服务、经纪服务、代办服务以及其他劳务取得的所得。个人兼职取得的收入应按照"劳务报酬所得"项目缴纳个人所得税。

律师以个人名义再聘请其他人员为其工作而支付的报酬，应由该律师按"劳务报酬所得"项目负责代扣代缴个人所得税。为了便于操作，税款可由其任职的律师事务所代为缴入国库。

（3）稿酬所得。稿酬所得是指个人因其作品以图书、报刊形式出版、发表而取得的所得。作品包括文字作品、书画作品、摄影作品，以及其他作品。作者去世后，财产继承人取得的遗作稿酬，也应按"稿酬所得"征收个人所得税。

（4）特许权使用费所得。特许权使用费所得是指个人提供专利权、商标权、著作权、非专利技术以及其他特许权的使用权取得的所得；提供著作权的使用权取得的所得，不包括稿酬所得。作者将自己的文字作品手稿原件或复印件拍卖取得的所得，按照"特许权使用费所得"项目缴纳个人所得税。个人取得专利赔偿所得，应按"特许权使用费所得"项目缴纳个人所得税。对于剧本作者从电影、电视剧的制作单位取得的剧本使用费，不再区分剧本的使用方是否为其任职单位，统一按"特许权使用费所得"项目计征个人所得税。

（5）经营所得。经营所得是指个体工商户从事生产、经营活动取得的所得，个人独资企业投资人、合伙企业的个人合伙人来源于境内注册的个人独资企业、合伙企业生产、经营的所得；个人依法从事办学、医疗、咨询以及其他有偿服务活动取得的所得；个人对企业、事业单位承包经营、承租经营以及转包、转租取得的所得；个人从事其他生产、经营活动取得的所得。

（6）利息、股息、红利所得。利息、股息、红利所得是指个人拥有债权、股权而取得的利息、股息、红利所得。其中，利息一般是指存款、贷款和债券的利息。股息、红利是指个人拥有股权取得的公司企业分红。按照一定的比率派发的每股息金，称为股息。根据公司或者企业应分配的超过股息部分的利润，按股派发的红股，称为红利。

（7）财产租赁所得。财产租赁所得是指个人出租不动产、机器设备、车船以及其他财产取得的所得。个人取得的房屋转租收入，属于"财产租赁所得"项目。

房地产开发企业与商店购买者个人签订协议，以优惠价格出售其商店给购买者个人，购买者个人在一定期限内必须将购买的商店无偿提供给房地产开发企业对外出租使用。该行为实质上是购买者个人以所购商店交由房地产开发企业出租而取得的房屋租赁收入支付了部分购房价款。对购买者个人少支出的购房价款，应视同个人财产租赁所得，按照"财产租赁所得"项目征收个人所得税。每次财产租赁所得的收入额，按照少支出的购房价款和协议规定的租赁月份数平均计算确定。

（8）财产转让所得。财产转让所得是指个人转让有价证券、股权、合伙企业中的财产份额、不动产、机器设备、车船以及其他财产取得的所得。个人通过网络收购玩家的虚拟货币，加价后向他人出售取得的收入，应按照"财产转让所得"项目计算缴纳个人所得税。个人通过招标、竞拍或其他方式购置债权以后，通过相关司法或行政程序主张债权而取得的所得，应按照"财产转让所得"项目缴纳个人所得税。

（9）偶然所得。偶然所得是指个人得奖、中奖、中彩以及其他偶然性质的所得。得奖是指参加各种有奖竞赛活动，取得名次得到的奖金；中奖、中彩是指参加各种有奖活动，如有奖储蓄、购买彩票，经过规定程序，抽中、摇中号码而取得的奖金。

企业对累积消费达到一定额度的顾客，给予额外抽奖机会，个人的获奖所得，按照"偶然所得"项目，全额缴纳个人所得税。

个人取得单张有奖发票奖金所得超过800元的，应全额按照"偶然所得"项目计算缴纳个人所得税。税务机关或其指定的有奖发票兑奖机构,是有奖发票奖金所得个人所得税的扣缴义务人。

个人为单位或他人提供担保获得收入,按照"偶然所得"项目计算缴纳个人所得税。

房屋产权所有人将房屋产权无偿赠与他人的,受赠人因无偿受赠房屋取得的受赠收入,按照"偶然所得"项目计算缴纳个人所得税。

企业在业务宣传、广告等活动中,随机向本单位以外的个人赠送礼品(包括网络红包,下同),以及企业在年会、座谈会、庆典以及其他活动中向本单位以外的个人赠送礼品,个人取得的礼品收入,按照"偶然所得"项目计算缴纳个人所得税,但企业赠送的具有价格折扣或折让性质的消费券、代金券、抵用券、优惠券等礼品除外。

哪些所得可减免个人所得税

1. 免征个人所得税的项目

下列项目免征个人所得税:

(1) 省级人民政府、国务院部委和中国人民解放军军以上单位,以及外国组织、国际组织颁发的科学、教育、技术、文化、卫生、体育、环境保护等方面的奖金。

(2) 国债和国家发行的金融债券利息。其中,国债利息,是指个人持有中华人民共和国财政部发行的债券而取得的利息;国家发行的金融债券利息,是指个人持有经国务院批准发行的金融债券而取得的利息。

(3) 按照国家统一规定发给的补贴、津贴,是指按照国务院规定发给的政府特殊津贴、院士津贴,以及国务院规定免纳个人所得税的其他补贴、津贴。

(4) 福利费、抚恤金、救济金。其中,福利费,是指根据国家有关规定,从企业、事业单位、国家机关、社会组织提留的福利费或者工会经费中支付给个人的生活补助费;救济金,是指各级人民政府民政部门支付给个人的生活困难补助费。

友情提示

下列收入不属于免税的福利费范围，应当并入纳税人的工资、薪金收入计征个人所得税：①从超出国家规定的比例或基数计提的福利费、工会经费中支付给个人的各种补贴、补助；②从福利费和工会经费中支付给单位职工的人人有份的补贴、补助；③单位为个人购买汽车、住房、电子计算机等不属于临时性生活困难补助性质的支出。

（5）保险赔款。

（6）军人的转业费、复员费、退役金。

（7）按照国家统一规定发给干部、职工的安家费、退职费、基本养老金或者退休费、离休费、离休生活补助费。

（8）依照有关法律规定应予免税的各国驻华使馆、领事馆的外交代表、领事官员和其他人员的所得。该所得是指依照《中华人民共和国外交特权与豁免条例》和《中华人民共和国领事特权与豁免条例》规定免税的所得。

（9）中国政府参加的国际公约、签订的协议中规定免税的所得。

（10）国务院规定的其他免税所得。该项免税规定，由国务院报全国人大常委会备案。

（11）对个人在上海证券交易所、深圳证券交易所转让从上市公司公开发行和转让市场取得的上市公司股票所得，继续免征个人所得税。

（12）自2018年11月1日起，对个人转让全国中小企业股份转让系统（新三板）挂牌公司非原始股取得的所得，暂免征收个人所得税。非原始股是指个人在新三板挂牌公司挂牌后取得的股票，以及由上述股票孳生的送、转股。

（13）个人举报、协查各种违法、犯罪行为而获得的奖金暂免征收个人所得税。

（14）个人办理代扣代缴手续，按规定取得的扣缴手续费暂免征收个人所得税。

（15）个人转让自用达5年以上，并且是唯一的家庭生活用房取得的所得,暂免征收个人所得税。

(16)对个人购买福利彩票、体育彩票,一次中奖收入在1万元以下(含1万元)的暂免征收个人所得税,超过1万元的,全额征收个人所得税。

(17)个人取得单张有奖发票奖金所得不超过800元(含800元)的,暂免征收个人所得税。

(18)达到离休、退休年龄,但确因工作需要,适当延长离休、退休年龄的高级专家(指享受国家发放的政府特殊津贴的专家、学者),其在延长离休、退休期间的工资、薪金所得,视同离休、退休工资免征个人所得税。

(19)个人领取原提存的住房公积金、基本医疗保险金、基本养老保险金,以及失业保险金,免予征收个人所得税。

(20)对工伤职工及其近亲属按照《工伤保险条例》规定取得的工伤保险待遇,免征个人所得税。

(21)企事业单位按照国家或省(自治区、直辖市)人民政府规定的缴费比例或办法实际缴付的基本养老保险费、基本医疗保险费和失业保险费,免征个人所得税;个人按照国家或省(自治区、直辖市)人民政府规定的缴费比例或办法实际缴付的基本养老保险费、基本医疗保险费和失业保险费,允许在个人应纳税所得额中扣除。

(22)企业和事业单位根据国家有关政策规定的办法和标准,为在本单位任职或者受雇的全体职工缴付的企业年金或职业年金单位缴费部分,在计入个人账户时,个人暂不缴纳个人所得税。个人根据国家有关政策规定缴付的年金个人缴费部分,在不超过本人缴费工资计税基数的4%标准内的部分,暂从个人当期的应纳税所得额中扣除。年金基金投资运营收益分配计入个人账户时,个人暂不缴纳个人所得税。

(23)企业依照国家有关法律规定宣告破产,企业职工从该破产企业取得的一次性安置费收入,免征个人所得税。

(24)自2008年10月9日起,对储蓄存款利息所得暂免征收个人所得税。

(25)自2015年9月8日起,个人从公开发行和转让市场取得的上市公司股票,持股期限超过1年的,股息红利所得暂免征收个人所得税。

(26)自2019年7月1日至2024年6月30日,个人持有全国中小企业股份转让系统挂牌公司的股票，持股期限超过1年的，对股息红利所得暂免征收个人所得税。

（27）对被拆迁人按照国家有关城镇房屋拆迁管理办法规定的标准取得的拆迁补偿款，免征个人所得税。

（28）以下情形的房屋产权无偿赠与的，对当事人双方不征收个人所得税：房屋产权所有人将房屋产权无偿赠与配偶、父母、子女、祖父母、外祖父母、孙子女、外孙子女、兄弟姐妹；房屋产权所有人将房屋产权无偿赠与对其承担直接抚养或者赡养义务的抚养人或者赡养人；房屋产权所有人死亡，依法取得房屋产权的法定继承人、遗嘱继承人或者受遗赠人。

（29）个体工商户、个人独资企业和合伙企业或个人从事种植业、养殖业、饲养业、捕捞业取得的所得，暂不征收个人所得税。

（30）自2022年1月1日起，对法律援助人员按照《中华人民共和国法律援助法》规定获得的法律援助补贴，免征个人所得税。

（31）自2022年10月1日至2023年12月31日，对出售自有住房并在现住房出售后1年内在市场重新购买住房的纳税人，对其出售现住房已缴纳的个人所得税予以退税优惠。其中，新购住房金额大于或等于现住房转让金额的，全部退还已缴纳的个人所得税；新购住房金额小于现住房转让金额的，按新购住房金额占现住房转让金额的比例退还出售现住房已缴纳的个人所得税。现住房转让金额为该房屋转让的市场成交价格。

（32）企业在销售商品（产品）和提供服务过程中向个人赠送礼品，属于下列情形之一的，不征收个人所得税：企业通过价格折扣、折让方式向个人销售商品（产品）和提供服务；企业在向个人销售商品（产品）和提供服务的同时给予赠品，如通信企业对个人购买手机赠话费、入网费，或者交话费赠手机等；企业对累积消费达到一定额度的个人按消费积分反馈礼品。

（33）自2022年1月1日起，对个人养老金实施递延纳税优惠政策。在缴费环节，个人向个人养老金资金账户的缴费，按照12 000元/年的限额标准，在综合所得或经营所得中据实扣除；在投资环节，计入个人养老金资金账户的投资收益暂不征收个人所得税；在领取环节，个人领取的个人养老金不并入综合所得，单独按照 3% 的税率计算缴纳个人所得税，其缴纳的税款计入"工资、薪金所得"项目。个人缴费享受税前扣除优惠时，以个人养老金信息管理服务平台出具的扣除凭证为扣税凭据。取得工资薪金所得、按累计预扣法预扣预缴个人所得税劳务报酬所得的，其缴费可以选择在当年预扣预缴或次年汇算清缴时在限额标准内据实扣除。选择在当年预扣预缴的，应及时将相关凭证提供给扣缴单位。扣缴单位应按照本公告有关要求，为纳税人办理税前扣除有关事项。取得其他劳务报酬、稿酬、特许权使用费等所得或经营所得的，其缴费在次年汇算清缴时在限额标准内据实扣除。个人按规定领取个人养老金时，由开立个人养老金资金账户所在市的商业银行机构代扣代缴其应缴的个人所得税。

2. 减征个人所得税的项目

下列项目可以减征个人所得税：

（1）残疾、孤老人员和烈属的所得。

（2）因自然灾害造成重大损失的。

上述减税项目的减征幅度和期限，由省、自治区、直辖市人民政府规定，并报同级人民代表大会常务委员会备案。

📖 外籍个人的哪些所得免征个人所得税

下列所得免征收个人所得税：

（1）外籍个人从外商投资企业取得的股息、红利所得。

（2）凡符合下列条件之一的外籍专家取得的工资、薪金所得可免征个人所得税：根据世界银行专项贷款协议由世界银行直接派往我国工作的外国专家；联合国组织直接派往我国工作的专家；为联合国援助项目来华工作的专家；援助国派往我国专为该国无偿援助项目工作的专家；根据两国政府签订文化交流项目来华工作 2 年以内的文教专家，其工资、薪金所得由该国负担的；根据我国大专院校国际交流项目来华工作 2 年以内的文教专家，其工资、薪金所得由该国负担的；通过民间科研协定来华工作的专家，其工资、薪金所得由该国政府机构负担的。

第一部分　轻松掌握个人所得税纳税实用知识

例 1-5　李先生 2022 年度每月工资为 4 500 元，2022 年 3 月李先生发表文章获得稿酬 700 元，2022 年 4 月李先生购买彩票获得奖金 8 000 元，请问李先生是否需要就上述所得缴纳个人所得税？

解答：工资薪金所得属于应税所得，但每月不超过 5 000 元的不预扣预缴个人所得税。稿酬所得属于应税所得，但每次不超过 800 元的不预扣预缴个人所得税。彩票中奖所得属于应税所得，但每次所得不超过 10 000 元的不纳税。因此，李先生不需要就上述所得缴纳个人所得税。

例 1-6　2022 年 10 月，王先生和赵先生一同去购买社会福利彩票，王先生获得奖金 10 000 元，赵先生获得奖金 11 000 元。请问，二人是否应当纳税？应当如何纳税？

解答：根据《国家税务总局关于社会福利有奖募捐发行收入税收问题的通知》（国税发〔1994〕127 号）的规定，个人购买社会福利有奖募捐奖券一次中奖收入不超过 10 000 元的暂免征收个人所得税，对一次中奖收入超过 10 000 元的，应按税法规定全额征税。因此，王先生获得的 10 000 元奖金免税，而赵先生获得的 11 000 元奖金应当纳税。奖金所得应当按照"偶然所得"纳税，没有扣除，直接适用 20% 的税率，应纳所得税为 2 200 元（11 000×20%）。赵先生税后所得为 8 800 元（11 000－2 200）。由此可见，虽然赵先生中奖数额超过王先生，但其实际所获得的却少于王先生，这就是全额累进税率的缺陷所在。但是，从征税效率的角度来看，这样计算比较方便，有利于提高征税效率。

例 1-7　张先生 2022 年度获得 5 年前购买国债的利息 5 000 元，同时，获得 2 年的银行存款利息 1 000 元。请问张先生是否需要就上述所得缴纳个人所得税？

解答：购买国债利息属于免税收入，不缴纳个人所得税。银行存款利息所得属于应税收入，但目前也免征个人所得税。因此，张先生获得的两笔利息所得均不需要缴纳个人所得税。

例1-8 海南某公民举报全国通缉犯获得奖金200 000元，地方政府又给予50 000元的奖励，对此所得是否应当征税？

解答： 根据《财政部 国家税务总局关于个人所得税若干政策问题的通知》（财税字〔1994〕20号）的规定，个人举报、协查各种违法、犯罪行为而获得的奖金属于免税所得，因此，对此所得不应当征税。

二、综合所得纳税实用知识

📖 居民个人综合所得应纳税所得额如何计算

居民个人的综合所得，以每一纳税年度的收入额减除费用6万元以及专项扣除、专项附加扣除和依法确定的其他扣除后的余额，为应纳税所得额。

综合所得，包括工资、薪金所得，劳务报酬所得，稿酬所得，特许权使用费所得4项。劳务报酬所得、稿酬所得、特许权使用费所得以收入减除20%的费用后的余额为收入额。稿酬所得的收入额减按70%计算。

📖 居民个人综合所得中的专项扣除有哪些

居民个人综合所得中的专项扣除，包括居民个人按照国家规定的范围和标准缴纳的基本养老保险、基本医疗保险、失业保险等社会保险费和住房公积金等。

📖 居民个人综合所得中的专项附加扣除有哪些

居民个人综合所得中的专项附加扣除，包括子女教育、继续教育、大病医疗、住房贷款利息或者住房租金、赡养老人、3岁以下婴幼儿照护等支出。

（1）子女教育。纳税人的子女接受全日制学历教育的相关支出、年满3岁至小学入学前处于学前教育阶段的子女，按照每个子女每月1 000元的标准定额扣除。学历教育包括义务教育（小学、初中教育）、高中阶段教育（普通高中、中等职业、技工教育）、高等教育（大学专科、大学本科、硕士研究生、博士研究生教育）。

父母可以选择由其中一方按扣除标准的100%扣除，也可以选择由双方分别按扣除标准的50%扣除，具体扣除方式在一个纳税年度内不能变更。纳税人子女在中国境外接受教育的，纳税人应当留存境外学校录取通知书、留学签证等相关教育的证明资料备查。

纳税人享受子女教育专项附加扣除,应当填报配偶及子女的姓名、身份证件类型及号码、子女当前受教育阶段及起止时间、子女就读学校以及本人与配偶之间扣除分配比例等信息。纳税人需要留存备查资料包括子女在境外接受教育的,应当留存境外学校录取通知书、留学签证等境外教育佐证资料。

例1-9 刘先生与刘太太有两个孩子,一个4岁,上幼儿园,一个8岁,上小学。刘先生和刘太太可以享受多少子女教育专项附加扣除?扣除额如何分配?

解答: 两个孩子均属于允许扣除的范围之内,每月可以扣2 000元专项附加扣除。该2 000元可以全部由刘先生扣除,也可以全部由刘太太扣除,还可以由刘先生每月扣除1 000元、刘太太每月扣除1 000元。三种扣除方式皆可选择,但每个年度只能选择一种方式。一旦选定,该年度不允许变更,但下一个年度可以变更。

(2)继续教育。纳税人在中国境内接受学历(学位)继续教育的支出,在学历(学位)教育期间按照每月400元定额扣除。同一学历(学位)继续教育的扣除期限不能超过48个月。纳税人接受技能人员职业资格继续教育、专业技术人员职业资格继续教育的支出,在取得相关证书的当年,按照3 600元定额扣除。

个人接受本科及以下学历(学位)继续教育,符合《个人所得税专项附加扣除办法》(国发〔2018〕41号印发)规定扣除条件的,可以选择由其父母扣除,也可以选择由本人扣除。纳税人接受技能人员职业资格继续教育、专业技术人员职业资格继续教育的,应当留存相关证书等资料备查。

纳税人享受继续教育专项附加扣除,接受学历(学位)继续教育的,应当填报教育起止时间、教育阶段等信息;接受技能人员或者专业技术人员职业资格继续教育的,应当填报证书名称、证书编号、发证机关、发证(批准)时间等信息。纳税人需要留存备查资料包括纳税人接受技能人员职业资格继续教育、专业技术人员职业资格继续教育的,应当留存职业资格相关证书等资料。

(3)大病医疗。在一个纳税年度内,纳税人发生的与基本医保相关的医药费用支出,扣除医保报销后个人负担(指医保目录范围内的自付部分)累计超过15 000元的部分,由纳税人在办理年度汇算清缴时,在80 000元限额内据实扣除。纳税人及其配偶、未成年子女发生的医药费用支出,按上述规定分别计算扣除额。

纳税人发生的医药费用支出可以选择由本人或者其配偶扣除;未成年子女发生的医药费用支出可以选择由其父母一方扣除。纳税人应当留存医药服务收费及医保报销相关票据原件(或者复印件)等资料备查。医疗保障部门应当向患者提供在医疗保障信息系统记录的本人年度医药费用信息查询服务。

纳税人享受大病医疗专项附加扣除,应当填报患者姓名、身份证件类型及号码、与纳税人关系、与基本医疗保险相关的医药费用总金额、医保目录范围内个人负担的自付金额等信息。纳税人需要留存备查资料包括大病患者医药服务收费及医保报销相关票据原件或复印件,或者医疗保障部门出具的纳税年度医药费用清单等资料。

例 1-10 秦先生 2022 年生病住院，花费医疗费 10 万元，医保报销 8 万元，自费 2 万元。秦先生 2022 年度可以扣除的大病医疗专项附加扣除是多少？

解答： 秦先生自费 2 万元，超过 1.5 万元的部分为 0.5 万元，因此，秦先生可以扣除的大病医疗专项附加扣除为 0.5 万元。

例 1-11 孙女士 2022 年生病住院，花费医疗费 20 万元，医保报销 10 万元，自费 10 万元。孙女士 2022 年度可以扣除的大病医疗专项附加扣除是多少？

解答： 孙女士自费 10 万元，超过 1.5 万元的部分为 8.5 万元，但大病医疗扣除的限额为 8 万元，因此，孙女士可以扣除的大病医疗专项附加扣除为 8 万元。

（4）住房贷款利息。纳税人本人或者配偶单独或者共同使用商业银行或者住房公积金个人住房贷款为本人或者其配偶购买中国境内住房，发生的首套住房贷款利息支出，在实际发生贷款利息的年度，按照每月 1 000 元的标准定额扣除，扣除期限最长不超过 240 个月。纳税人只能享受一次首套住房贷款的利息扣除。首套住房贷款是指购买住房享受首套住房贷款利率的住房贷款。

经夫妻双方约定，可以选择由其中一方扣除，具体扣除方式在一个纳税年度内不能变更。夫妻双方婚前分别购买住房发生的首套住房贷款，其贷款利息支出，婚后可以选择其中一套购买的住房，由购买方按扣除标准的 100% 扣除，也可以由夫妻双方对各自购买的住房分别按扣除标准的 50% 扣除，具体扣除方式在一个纳税年度内不能变更。纳税人应当留存住房贷款合同、贷款还款支出凭证备查。

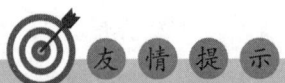
友 情 提 示

纳税人享受住房贷款利息专项附加扣除，应当填报住房权属信息、住房坐落地址、贷款方式、贷款银行、贷款合同编号、贷款期限、首次还款日期等信息；纳税人有配偶的，填写配偶姓名、身份证件类型及号码。纳税人需要留存备查资料包括住房贷款合同、贷款还款支出凭证等资料。

（5）住房租金。纳税人在主要工作城市没有自有住房而发生的住房租金支出，可以按照以下标准定额扣除：①直辖市、省会（首府）城市、计划单列市以及国务院确定的其他城市，扣除标准为每月1 500元；②除上述所列城市以外，市辖区户籍人口超过100万的城市，扣除标准为每月1 100元，市辖区户籍人口不超过100万的城市，扣除标准为每月800元。

纳税人的配偶在纳税人的主要工作城市有自有住房的，视同纳税人在主要工作城市有自有住房。市辖区户籍人口，以国家统计局公布的数据为准。主要工作城市是指纳税人任职受雇的直辖市、计划单列市、副省级城市、地级市（地区、州、盟）全部行政区域范围；纳税人无任职受雇单位的，为受理其综合所得汇算清缴的税务机关所在城市。

夫妻双方主要工作城市相同的，只能由一方扣除住房租金支出。住房租金支出由签订租赁住房合同的承租人扣除。纳税人及其配偶在一个纳税年度内不能同时分别享受住房贷款利息和住房租金专项附加扣除。纳税人应当留存住房租赁合同、协议等有关资料备查。

友情提示

纳税人享受住房租金专项附加扣除，应当填报主要工作城市、租赁住房坐落地址、出租人姓名及身份证件类型和号码或者出租方单位名称及纳税人识别号（社会统一信用代码）、租赁起止时间等信息；纳税人有配偶的，填写配偶姓名、身份证件类型及号码。纳税人需要留存备查资料包括住房租赁合同或协议等资料。

（6）赡养老人。纳税人赡养1位及以上被赡养人的赡养支出，统一按照以下标准定额扣除：①纳税人为独生子女的，按照每月2 000元的标准定额扣除；②纳税人为非独生子女的，由其与兄弟姐妹分摊每月2 000元的扣除额度，每人分摊的额度不能超过每月1 000元。该支出可以由赡养人均摊或者约定分摊，也可以由被赡养人指定分摊。约定或者指定分摊的须签订书面分摊协议，指定分摊优先于约定分摊。具体分摊方式和额度在一个纳税年度内不能变更。

被赡养人是指年满60岁的父母，以及子女均已去世的年满60岁的祖父母、外祖父母。上述所称父母,是指生父母、继父母、养父母。所称子女,是指婚生子女、非婚生子女、继子女、养子女。父母之外的其他人担任未成年人的监护人的,比照上述规定执行。

纳税人享受赡养老人专项附加扣除,应当填报纳税人是否为独生子女、月扣除金额、被赡养人姓名及身份证件类型和号码、与纳税人关系;有共同赡养人的,需填报分摊方式、共同赡养人姓名及身份证件类型和号码等信息。纳税人需要留存备查资料包括约定或指定分摊的书面分摊协议等资料。

例1-12 钱先生已经年满60岁,每月领取3 000元退休金,其有三个子女,分别为钱一、钱二和钱三。2022年度,三位子女的赡养老人专项附加扣除应如何分配?

解答: 共有三种方案可供选择。方案一:三位子女分别扣除1 000元、1 000元和0。方案二:三位子女分别扣除1 000元、500元和500元。方案三:三位子女分别扣除666.67元。但是不能采取以下方案:一人扣除2 000元,其他两人均扣除0。

(7) 3岁以下婴幼儿照护。纳税人照护3岁以下婴幼儿子女的相关支出,按照每个婴幼儿每月1 000元的标准定额扣除。

父母可以选择由其中一方按扣除标准的100%扣除,也可以选择由双方分别按扣除标准的50%扣除,具体扣除方式在一个纳税年度内不能变更。

纳税人享受3岁以下婴幼儿照护专项附加扣除,应当填报配偶及子女的姓名、身份证件类型(如居民身份证、子女出生医学证明等)及号码以及本人与配偶之间扣除分配比例等信息。纳税人需要留存备查资料包括子女的出生医学证明等资料。

居民个人综合所得中的其他扣除有哪些

居民个人综合所得中的其他扣除，包括个人缴付符合国家规定的企业年金、职业年金，个人购买符合国家规定的商业健康保险、税收递延型商业养老保险的支出，以及国务院规定可以扣除的其他项目。

对个人购买符合规定的商业健康保险产品的支出，允许在当年（月）计算应纳税所得额时予以税前扣除，扣除限额为 2 400 元／年（200 元／月）。单位统一为员工购买符合规定的商业健康保险产品的支出，应分别计入员工个人工资、薪金，视同个人购买，按上述限额予以扣除。2 400 元／年（200 元／月）的限额扣除为《个人所得税法》规定减除费用标准之外的扣除。适用商业健康保险税收优惠政策的纳税人，是指取得工资薪金所得、连续性劳务报酬所得的个人，以及取得个体工商户生产经营所得、对企事业单位的承包承租经营所得的个体工商户业主、个人独资企业投资者、合伙企业合伙人和承包承租经营者。

友情提示

专项扣除、专项附加扣除和依法确定的其他扣除，以居民个人一个纳税年度的应纳税所得额为限额；一个纳税年度扣除不完的，不结转以后年度扣除。

居民个人综合所得应纳税额如何计算

居民个人综合所得应纳税额的计算公式为：

应纳税额＝应纳税所得额 × 适用税率 — 速算扣除数

$$= \left(\text{每一纳税年度收入额} - \text{费用6万元} - \text{专项扣除} - \text{专项附加扣除} - \text{依法确定的其他扣除} \right) \times \text{适用税率} - \text{速算扣除数}$$

居民个人综合所得适用 3%～45% 的超额累进税率。具体税率见表 1-1。

表1-1 个人所得税税率表一

（居民个人综合所得适用）

级数	全年应纳税所得额	税率	速算扣除数
1	不超过 36 000 元的部分	3%	0
2	超过 36 000 元至 144 000 元的部分	10%	2 520
3	超过 144 000 元至 300 000 元的部分	20%	16 920
4	超过 300 000 元至 420 000 元的部分	25%	31 920
5	超过 420 000 元至 660 000 元的部分	30%	52 920
6	超过 660 000 元至 960 000 元的部分	35%	85 920
7	超过 960 000 元的部分	45%	181 920

注：本表所称全年应纳税所得额是指依照《个人所得税法》的规定，居民个人取得综合所得以每一纳税年度收入额减除费用 6 万元以及专项扣除、专项附加扣除和依法确定的其他扣除后的余额。

非居民个人综合所得应纳税额如何计算

扣缴义务人向非居民个人支付工资、薪金所得，劳务报酬所得，稿酬所得和特许权使用费所得时，应当按以下方法按月或者按次代扣代缴个人所得税：非居民个人的工资、薪金所得，以每月收入额减除费用 5 000 元后的余额为应纳税所得额；劳务报酬所得、稿酬所得、特许权使用费所得，以每次收入额为应纳税所得额，适用按月换算后的非居民个人月度税率表（表1-2）计算应纳税额；劳务报酬所得、稿酬所得、特许权使用费所得以收入减除 20% 的费用后的余额为收入额，其中，稿酬所得的收入额减按 70% 计算。

非居民个人综合所得应纳税额计算公式为：

$$应纳税额 = 应纳税所得额 \times 适用税率 - 速算扣除数$$

表1-2 非居民个人月度税率表

（非居民个人工资、薪金所得，劳务报酬所得，稿酬所得，特许权使用费所得适用）

级数	应纳税所得额	税率	速算扣除数
1	不超过 3 000 元的部分	3%	0

（续表）

级数	应纳税所得额	税率	速算扣除数
2	超过 3 000 元至 12 000 元的部分	10%	210
3	超过 12 000 元至 25 000 元的部分	20%	1 410
4	超过 25 000 元至 35 000 元的部分	25%	2 660
5	超过 35 000 元至 55 000 元的部分	30%	4 410
6	超过 55 000 元至 80 000 元的部分	35%	7 160
7	超过 80 000 元的部分	45%	15 160

三、工资、薪金所得纳税实用知识

📖 工资、薪金所得预扣预缴个人所得税如何计算

扣缴义务人向居民个人支付工资、薪金所得时，应当按照累计预扣法计算预扣税款，并按月办理全员全额扣缴申报。累计预扣法，是指扣缴义务人在一个纳税年度内预扣预缴税款时，以纳税人在本单位截至当前月份工资、薪金所得累计收入减除累计免税收入、累计减除费用、累计专项扣除、累计专项附加扣除和累计依法确定的其他扣除后的余额为累计预扣预缴应纳税所得额，计算累计应预扣预缴税额，再减除累计减免税额和累计已预扣预缴税额，其余额为本期应预扣预缴税额。余额为负值时，暂不退税。纳税年度终了后余额仍为负值时，由纳税人通过办理综合所得年度汇算清缴，税款多退少补。

具体计算公式如下：

$$\text{本期应预扣预缴税额} = (\text{累计预扣预缴应纳税所得额} \times \text{预扣率} - \text{速算扣除数}) - \text{累计减免税额} - \text{累计已预扣预缴税额}$$

$$\text{累计预扣预缴应纳税所得额} = \text{累计收入} - \text{累计免税收入} - \text{累计减除费用} - \text{累计专项扣除} - \text{累计专项附加扣除} - \text{累计依法确定的其他扣除}$$

其中，累计减除费用，按照 5 000 元/月乘以纳税人当年截至本月在本单位的任职受雇月份数计算。

上述公式中，计算居民个人工资、薪金所得预扣预缴税额的预扣率、速算扣除数，按"个人所得税预扣率表一"（表1-3）执行。

表1-3 个人所得税预扣率表一

（居民个人工资、薪金所得预扣预缴适用）

级数	累计预扣预缴应纳税所得额	预扣率	速算扣除数
1	不超过36 000元的部分	3%	0

第一部分 轻松掌握个人所得税纳税实用知识

（续表）

级数	累计预扣预缴应纳税所得额	预扣率	速算扣除数
2	超过 36 000 元至 144 000 元的部分	10%	2 520
3	超过 144 000 元至 300 000 元的部分	20%	16 920
4	超过 300 000 元至 420 000 元的部分	25%	31 920
5	超过 420 000 元至 660 000 元的部分	30%	52 920
6	超过 660 000 元至 960 000 元的部分	35%	85 920
7	超过 960 000 元的部分	45%	181 920

例 1-13 2023 年 1 月份孙先生工资明细如下：①工资 15 000 元；②缴纳社保金 1 000 元；③缴纳公积金 1 000 元；④专项附加扣除 2 000 元。则孙先生 2023 年 1 月工资所得应预扣税款 180 元［（15 000－5 000－1 000－1 000－2 000）×3%］，该笔个人所得税需在 2023 年 2 月 15 日之前申报缴纳。

2023 年 2 月份孙先生工资明细如下：①工资 16 000 元；②缴纳社保金 1 100 元；③缴纳公积金 1 000 元；④专项附加扣除 3 000 元。则孙先生 2022 年 2 月工资所得应预扣税款 177 元［（15 000＋16 000－5 000×2－1 000－1 100－1 000×2－2 000－3 000）×3%－180］，该笔个人所得税需在 2023 年 3 月 15 日之前申报缴纳。

2023 年 3 月及以后月份预扣税款的计算依此类推，如果中间计算的余额为负值，暂不退税，在孙先生办理 2023 年度综合所得年度汇算清缴时，再多退少补。

例 1-14 某高校张老师 2022 年 1 月税前工资为 10 000 元，缴纳社保和住房公积金 2 000 元；有一个孩子正在上学，选择由他 100% 扣除；父母已经年满 60 岁且张老师为其独生子女；每月还房贷 3 000 元。张老师 2022 年 1 月应纳税所得额为 0（10 000－5 000－2 000－1 000－2 000），预扣预缴个人所得税为 0。

张老师 2022 年 2 月税前工资为 13 000 元，则其应纳税所得额为 1 000 元

[10 000 + 13 000 -（5 000 + 2 000 + 1 000 + 2 000 + 1 000）×2]，预扣预缴个人所得税为30元（1 000×3%）。

张老师3月税前工资为15 000元，则其应纳税所得额为5 000元[10 000 + 13 000 + 15 000 -（5 000 + 2 000 + 1 000 + 2 000 + 1 000）×3]，预扣预缴个人所得税为120元（5 000×3% - 30）。

张老师2022年全年税前工资为17万元，则其应纳税所得额为38 000元[170 000 -（5 000 + 2 000 + 1 000 + 2 000 + 1 000）×12]，合计应缴纳个人所得税1 280元（38 000×10% - 2 520）。

自2020年7月1日起，对一个纳税年度内首次取得工资、薪金所得的居民个人，扣缴义务人在预扣预缴个人所得税时，可按照5 000元/月乘以纳税人当年截至本月月份数计算累计减除费用。首次取得工资、薪金所得的居民个人，是指自纳税年度首月起至新入职时，未取得工资、薪金所得或者未按照累计预扣法预扣预缴过连续性劳务报酬所得个人所得税的居民个人。

例1-15 小赵2022年1月到8月一直未找到工作，没有取得过工资、薪金所得，仅有过一笔8 000元的劳务报酬且按照单次收入适用20%的预扣率预扣预缴了税款，9月初小赵找到新工作并开始领薪金，那么新入职单位在为小赵计算并预扣9月份工资、薪金所得个人所得税时，可以按照5 000元/月计算扣除，自年初开始累计减除费用为45 000元（9×5 000）。

例1-16 李先生2022年7月1日到甲公司工作，月工资为4万元，社保与住房公积金为3 000元，没有专项附加扣除。甲公司应为李先生7月工资预扣预缴个人所得税60元[（40 000 - 5 000×7 - 3 000）×3%]；甲公司应为李先生8月工资预扣预缴个人所得税960元[（40 000×2 - 5 000×8 - 3 000×2）×3% - 60]。

自2021年1月1日起，对上一完整纳税年度内每月均在同一单位预扣预缴工资、薪金所得个人所得税且全年工资、薪金收入不超过6万元的居民个人，扣缴义务人在预扣预缴本年度工资、薪金所得个人所得税时，累计减除费用自 1 月份起直接按照全年 6 万元计算扣除，即在纳税人累计收入不超过 6 万元的月份，暂不预扣预缴个人所得税；在其累计收入超过 6 万元的当月及年内后续月份，再预扣预缴个人所得税。对按照累计预扣法预扣预缴劳务报酬所得个人所得税的居民个人，扣缴义务人比照上述规定执行。

全年一次性奖金个人所得税如何计算

全年一次性奖金是指行政机关、企事业单位等扣缴义务人根据其全年经济效益和对雇员全年工作业绩的综合考核情况，向雇员发放的一次性奖金。上述一次性奖金也包括年终加薪、实行年薪制和绩效工资办法的单位根据考核情况兑现的年薪和绩效工资。

居民个人取得全年一次性奖金，符合《国家税务总局关于调整个人取得全年一次性奖金等计算征收个人所得税方法问题的通知》（国税发〔2005〕9 号）规定的，在 2023 年 12 月 31 日前，不并入当年综合所得，以全年一次性奖金收入除以 12 个月得到的数额，按照表 1-4，确定适用税率和速算扣除数，单独计算纳税。计算公式为：

应纳税额＝全年一次性奖金收入 × 适用税率－速算扣除数

居民个人取得全年一次性奖金，也可以选择并入当年综合所得计算纳税。

自 2024 年 1 月 1 日起，居民个人取得全年一次性奖金，应并入当年综合所得计算缴纳个人所得税。

雇员取得除全年一次性奖金以外的其他各种名目奖金，如半年奖、季度奖、加班奖、先进奖、考勤奖等，一律与当月工资、薪金收入合并，按税法规定缴纳个人所得税。

表 1-4 按月换算后的综合所得税率表

级数	全月应纳税所得额	税率	速算扣除数
1	不超过 3 000 元的	3%	0
2	超过 3 000 元至 12 000 元的部分	10%	210
3	超过 12 000 元至 25 000 元的部分	20%	1 410

（续表）

级数	全月应纳税所得额	税率	速算扣除数
4	超过25 000元至35 000元的部分	25%	2 660
5	超过35 000元至55 000元的部分	30%	4 410
6	超过55 000元至80 000元的部分	35%	7 160
7	超过80 000元的部分	45%	15 160

在一个纳税年度，对每一个纳税人，上述计税办法只允许采用一次。实行年薪制和绩效工资的单位，个人取得年终兑现的年薪和绩效工资按上述规定执行。

例1-17 李先生2022年12月31日领取年终奖金30 000元并选择单独计算年终奖个人所得税，请计算该30 000元奖金应当缴纳多少个人所得税。

解答：首先确定该奖金所适用的税率，用年终奖除以12即可判断适用的税率。30 000÷12＝2 500（元），应当适用3%的税率，应纳税额为900元（30 000×3%）。

例1-18 赵先生综合所得为13.6万元，各项扣除总额为10万元，综合所得应纳税所得额为3.6万元，单位发放年终奖2万元，赵先生应当选择年终奖单独计税还是并入综合所得计税？

解答：如果单独计税，综合所得纳税为1 080元（36 000×3%），年终奖纳税为600元（20 000×3%），合计纳税1 680元。如果合并计算，需要纳税3 080元（56 000×10%－2 520），多纳税1 400元（3 080－1 680）。因此，如果综合所得应纳税所得额大于零，应选择年终奖单独计税。

例1-19 赵女士综合所得为8万元，各项扣除总额为10万元，综合所得应纳税所得额为0，单位发放年终奖2万元，赵女士应当选择年终奖单独计税还是并入综合所得计税？

解答：如果单独计税，年终奖纳税为 600 元（20 000×3%）。如果合并计算，综合所得为 8 万元，各项扣除总额为 10 万元，应纳税所得额仍然为 0，不需要缴纳所得税。如果单位已经扣缴了 600 元年终奖个人所得税，赵女士在汇算清缴时可以申请退税 600 元。因此，如果综合所得扣除额大于等于收入额，年终奖应当并入综合所得计税。

📖 企业员工参与企业股票期权计划取得的所得个人所得税如何征缴

1. 员工股票期权所得征税问题

实施股票期权计划企业授予该企业员工的股票期权所得，应按《个人所得税法》及其实施条例有关规定征收个人所得税。

企业员工股票期权（以下简称股票期权）是指上市公司按照规定的程序授予本公司及其控股企业员工的一项权利。该权利允许被授权员工在未来时间内以某一特定价格购买本公司一定数量的股票。

上述"某一特定价格"被称为"授予价"或"施权价"，即根据股票期权计划可以购买股票的价格，一般为股票期权授予日的市场价格或该价格的折扣价格，也可以是按照事先设定的计算方法约定的价格；"授予日"也称"授权日"，是指公司授予员工上述权利的日期；"行权"也称"执行"，是指员工根据股票期权计划选择购买股票的过程；员工行使上述权利的当日为"行权日"，也称"购买日"。

2. 股票期权所得性质的确认及其具体征税规定

（1）员工接受实施股票期权计划企业授予的股票期权时，除另有规定外，一般不作为应税所得征税。

（2）员工行权时，其从企业取得股票的实际购买价（施权价）低于购买日公平市场价（指该股票当日的收盘价，下同）的差额，是因员工在企业的表现和业绩情况而取得的与任职、受雇有关的所得，应按"工资、薪金所得"适用的规定计算缴纳个人所得税。

对因特殊情况，员工在行权日之前将股票期权转让的，以股票期权的转让净收入，作为工资、薪金所得征收个人所得税。"股票期权的转让净收入"，一般是指股票期权转让收入。如果员工以折价购入方式取得股票期权，可以股票期权转让收入扣除折价购入股票期权时实际支付的价款后的余额，作为股票期权的转让净收入。

员工行权日所在期间的工资薪金所得，应按下列公式计算工资薪金应纳税所得额：

$$\begin{pmatrix}股票期权形式的工资、\\ 薪金应纳税所得额\end{pmatrix}=\begin{pmatrix}行权股票的\\ 每股市场价\end{pmatrix}-\begin{pmatrix}员工取得该股票期权\\ 支付的每股施权价\end{pmatrix}\times\begin{pmatrix}股票\\ 数量\end{pmatrix}$$

员工取得该股票期权支付的每股施权价，一般是指员工行使股票期权购买股票实际支付的每股价格。如果员工以折价购入方式取得股票期权的，上述施权价可包括员工折价购入股票期权时实际支付的价格。

（3）员工将行权后的股票再转让时获得的高于购买日公平市场价的差额，是因个人在证券二级市场上转让股票等有价证券而获得的所得，应按照"财产转让所得"适用的征免规定计算缴纳个人所得税。目前，不需要缴纳个人所得税。

（4）员工因拥有股权而参与企业税后利润分配取得的所得，应按照"利息、股息、红利所得"适用的规定计算缴纳个人所得税。

3.应纳税款的计算

（1）认购股票所得（行权所得）的税款计算。员工因参加股票期权计划而从中国境内取得的所得，按上述规定应按工资薪金所得计算纳税的，对该股票期权形式的工资薪金所得，在2023年12月31日前，不并入当年综合所得，全额单独适用综合所得税率表，计算纳税。计算公式为：

$$应纳税额=股权激励收入\times 适用税率-速算扣除数$$

居民个人一个纳税年度内取得2次以上（含2次）股权激励的，应合并按上述规定计算纳税。2024年1月1日之后的股权激励政策另行明确。

（2）转让股票（销售）取得所得的税款计算。对于员工转让股票等有价证券取得的所得，应按现行税法和政策规定征免个人所得税，即：个人将行权后的境内上市公司股票再行转让而取得的所得，暂不征收个人所得税；个人转让境外上市公司的股票而取得的所得，应按税法的规定计算应纳税所得额和应纳税额，依法缴纳税款。

（3）参与税后利润分配取得所得的税款计算。员工因拥有股权参与税后利润分配而取得的股息、红利所得，除依照有关规定可以免税或减税的外，应全额按规定税率计算纳税。

（4）凡取得股票期权的员工在行权日不实际买卖股票，而按行权日股票期权所指定股票的市场价与施权价之间的差额，直接从授权企业取得价差收益的，该项价差收益应作为员工取得的股票期权形式的工资、薪金所得，按照上述有关规定计算缴纳个人所得税。

4. 征收管理

（1）扣缴义务人。实施股票期权计划的境内企业为个人所得税的扣缴义务人，应按税法规定履行代扣代缴个人所得税的义务。

（2）自行申报纳税。员工从2处或2处以上取得股票期权形式的工资、薪金所得和没有扣缴义务人的，该个人应在个人所得税法规定的纳税申报期限内自行申报缴纳税款。

（3）报送有关资料。实施股票期权计划的境内企业，应在股票期权计划实施之前，将企业的股票期权计划或实施方案、股票期权协议书、授权通知书等资料报送主管税务机关；应在员工行权之前，将股票期权行权通知书和行权调整通知书等资料报送主管税务机关。扣缴义务人和自行申报纳税的个人在申报纳税或代扣代缴税款时，应在税法规定的纳税申报期限内，将个人接受或转让的股票期权以及认购的股票情况（包括种类、数量、施权价格、行权价格、市场价格、转让价格等）报送主管税务机关。

扣缴义务人和自行申报纳税的个人在申报纳税或代扣代缴税款时，应在税法规定的纳税申报期限内，将个人接受或转让的股票期权以及认购的股票情况（包括种类、数量、施权价格、行权价格、市场价格、转让价格等）报送主管税务机关。

（4）处罚。实施股票期权计划的企业和因股票期权计划而取得应税所得的自行申报员工，未按规定报送上述有关报表和资料，未履行申报纳税义务或者扣缴税款义务的，按《中华人民共和国税收征收管理法》（以下简称《税收征收管理法》）及其实施细则的有关规定进行处理。

5. 可转让股票期权的处理

部分股票期权在授权时即约定可以转让，且在境内或境外存在公开市场及挂牌价格（以下称"可公开交易的股票期权"）。员工接受该可公开交易的股票期权时，按以下规定进行税务处理：

（1）员工取得可公开交易的股票期权，属于员工已实际取得有确定价值的财产，应按授权日股票期权的市场价格，作为员工授权日所在月份的工资、薪金所得，并按上述"3.应纳税款的计算"第（1）项规定计算缴纳个人所得税。如果员工以折价购入方式取得股票期权的，可以授权日股票期权的市场价格扣除折价购入股票期权时实际支付的价款后的余额，作为授权日所在月份的工资、薪金所得。

（2）员工取得上述可公开交易的股票期权后，转让该股票期权所取得的所得，属于财产转让所得，按上述"3.应纳税款的计算"第（2）项规定进行税务处理。

（3）员工取得上述可公开交易的股票期权后，实际行使该股票期权购买股票时，不再计算缴纳个人所得税。

例1-20 2022年1月31日，北京某公司实行企业员工股票期权计划，张先生在该计划中获得了1 000股股票的期权，授权日股票价格为每股10元，张先生可以10元的价格在1年以后（即2023年1月31日）购买1 000股该公司的股票。2023年1月31日，该股票的市场价格为30元，张先生以10元的价格购买了该公司1 000股股票。请计算张先生应当缴纳多少个人所得税。

解答：根据税法规定，张先生应当在2023年1月31日行权日按照工资薪金所得缴纳个人所得税。所得的数额等于行权日股票的市场价格与张先生施权价之间的差额，该差额为20 000元[（30－10）×1 000]。应纳税额为600元（20 000×3%）。

企业年金和职业年金有哪些优惠政策

自 2014 年 1 月 1 日起，企业年金和职业年金执行递延纳税政策。

1. 企业年金和职业年金缴费的个人所得税处理

（1）企业和事业单位（以下统称单位）根据国家有关政策规定的办法和标准，为在本单位任职或者受雇的全体职工缴付的企业年金或职业年金（以下统称年金）单位缴费部分，在计入个人账户时，个人暂不缴纳个人所得税。

（2）个人根据国家有关政策规定缴付的年金个人缴费部分，在不超过本人缴费工资计税基数的 4% 标准内的部分，暂从个人当期的应纳税所得额中扣除。

（3）超过上述第（1）项和第（2）项规定的标准缴付的年金单位缴费和个人缴费部分，应并入个人当期的工资、薪金所得，依法计征个人所得税。税款由建立年金的单位代扣代缴，并向主管税务机关申报解缴。

（4）企业年金个人缴费工资计税基数为本人上一年度月平均工资。月平均工资按国家统计局规定列入工资总额统计的项目计算。月平均工资超过职工工作地所在设区城市上一年度职工月平均工资 300% 以上的部分，不计入个人缴费工资计税基数。

（5）职业年金个人缴费工资计税基数为职工岗位工资和薪级工资之和。职工岗位工资和薪级工资之和超过职工工作地所在设区城市上一年度职工月平均工资 300% 以上的部分，不计入个人缴费工资计税基数。

2. 年金基金投资运营收益的个人所得税处理

年金基金投资运营收益分配计入个人账户时，个人暂不缴纳个人所得税。

3. 领取年金的个人所得税处理

（1）个人达到国家规定的退休年龄，领取的企业年金、职业年金，符合《财政部 人力资源社会保障部 国家税务总局关于企业年金 职业年金个人所得税有关问题的通知》（财税〔2013〕103 号）规定的，不并入综合所得，全额单独计算应纳税款。其中按月领取的，适用月度税率表计算纳税；按季领取的，平均分摊计入各月，按每月领取额适用月度税率表计算纳税；按年领取的，适用综合所得税率表计算纳税。

（2）对单位和个人在财税〔2013〕103 号文件实施之前开始缴付年金

缴费，个人在财税〔2013〕103号文件实施之后领取年金的，允许其从领取的年金中减除在财税〔2013〕103号文件实施之前缴付的年金单位缴费和个人缴费且已经缴纳个人所得税的部分，就其余额按照上述第（1）项的规定征税。在个人分期领取年金的情况下，可按财税〔2013〕103号文件实施之前缴付的年金缴费金额占全部缴费金额的百分比减计当期的应纳税所得额，减计后的余额，按照上述第（1）项的规定，计算缴纳个人所得税。

（3）个人因出境定居而一次性领取的年金个人账户资金，或个人死亡后，其指定的受益人或法定继承人一次性领取的年金个人账户余额，适用综合所得税率表计算纳税。对个人除上述特殊原因外一次性领取年金个人账户资金或余额的，适用月度税率表计算纳税。

（4）个人领取年金时，其应纳税款由受托人代表委托人委托托管人代扣代缴。年金账户管理人应及时向托管人提供个人年金缴费及对应的个人所得税纳税明细。托管人根据受托人指令及账户管理人提供的资料，按照规定计算扣缴个人当期领取年金待遇的应纳税款，并向托管人所在地主管税务机关申报解缴。

（5）建立年金计划的单位、年金托管人，应按照个人所得税法和税收征收管理法的有关规定，实行全员全额扣缴明细申报。受托人有责任协调相关管理人依法向税务机关办理扣缴申报、提供相关资料。

建立年金计划的单位应于建立年金计划的次月15日内，向其所在地主管税务机关报送年金方案、人力资源社会保障部门出具的方案备案函、计划确认函以及主管税务机关要求报送的其他相关资料。年金方案、受托人、托管人发生变化的，应于发生变化的次月15日内重新向其主管税务机关报送上述资料。

财政、税务、人力资源社会保障等相关部门以及年金机构之间要加强协调，通力合作，共同做好政策实施各项工作。

上述所称企业年金，是指根据《企业年金办法》（人力资源社会保障部令第36号）的规定，企业及其职工在依法参加基本养老保险的基础上，自主建立的补充养老保险制度。所称职业年金是指根据《机关事业单位职业年金办法》（国办发〔2015〕18号印发）的规定，机关事业单位及其工作人员在依法参加机关事业单位基本养老保险的基础上，建立的补充养老保险制度。

📖 股权激励有哪些优惠政策

1. 非上市公司股票期权、股权期权、限制性股票和股权奖励优惠政策

自 2016 年 9 月 1 日起，对符合条件的非上市公司股票期权、股权期权、限制性股票和股权奖励实行递延纳税政策。

（1）非上市公司授予本公司员工的股票期权、股权期权、限制性股票和股权奖励，符合规定条件的，经向主管税务机关备案，可实行递延纳税政策，即员工在取得股权激励时可暂不纳税，递延至转让该股权时纳税；股权转让时，按照股权转让收入减除股权取得成本以及合理税费后的差额，适用"财产转让所得"项目，按照 20% 的税率计算缴纳个人所得税。

股权转让时，股票（权）期权取得成本按行权价确定，限制性股票取得成本按实际出资额确定，股权奖励取得成本为零。

（2）享受递延纳税政策的非上市公司股权激励（包括股票期权、股权期权、限制性股票和股权奖励，下同）须同时满足以下条件：①属于境内居民企业的股权激励计划。②股权激励计划经公司董事会、股东（大）会审议通过；未设股东（大）会的国有单位，经上级主管部门审核批准；股权激励计划应列明激励目的、对象、标的、有效期、各类价格的确定方法、激励对象获取权益的条件、程序等。③激励标的应为境内居民企业的本公司股权；股权奖励的标的可以是技术成果投资入股到其他境内居民企业所取得的股权；激励标的股票（权）包括通过增发、大股东直接让渡以及法律法规允许的其他合理方式授予激励对象的股票（权）。④激励对象应为公司董事会或股东（大）会决定的技术骨干和高级管理人员，激励对象人数累计不得超过本公司最近

6个月在职职工平均人数的30%。⑤股票（权）期权自授予日起应持有满3年，且自行权日起持有满1年；限制性股票自授予日起应持有满3年，且解禁后持有满1年；股权奖励自获得奖励之日起应持有满3年。上述时间条件须在股权激励计划中列明。⑥股票（权）期权自授予日至行权日的时间不得超过10年。⑦实施股权奖励的公司及其奖励股权标的公司所属行业均不属于《股权奖励税收优惠政策限制性行业目录》范围。公司所属行业按公司上一纳税年度主营业务收入占比最高的行业确定。

（3）上述所称股票（权）期权是指公司给予激励对象在一定期限内以事先约定的价格购买本公司股票（权）的权利；所称限制性股票是指公司按照预先确定的条件授予激励对象一定数量的本公司股权，激励对象只有工作年限或业绩目标符合股权激励计划规定条件的才可以处置该股权；所称股权奖励是指企业无偿授予激励对象一定份额的股权或一定数量的股份。

（4）股权激励计划所列内容不同时满足上述第（2）项规定的全部条件，或递延纳税期间公司情况发生变化，不再符合上述第（2）项规定的第④至第⑥项条件的，不得享受递延纳税优惠，应按规定计算缴纳个人所得税。

2. 上市公司股票期权、限制性股票和股权奖励优惠政策

自2016年9月1日起，对上市公司股票期权、限制性股票和股权奖励适当延长纳税期限。

上市公司授予个人的股票期权、限制性股票和股权奖励，经向主管税务机关备案，个人可自股票期权行权、限制性股票解禁或取得股权奖励之日起，在不超过12个月的期限内缴纳个人所得税。上市公司股票期权、限制性股票应纳税款的计算，继续按照《财政部 国家税务总局关于个人股票期权所得征收个人所得税问题的通知》（财税〔2005〕35号）、《财政部 国家税务总局关于股票增值权所得和限制性股票所得征收个人所得税有关问题的通知》（财税〔2009〕5号）、《国家税务总局关于股权激励有关个人所得税问题的通知》（国税函〔2009〕461号）等相关规定执行。股权奖励应纳税款的计算比照上述规定执行。

相关政策具体如下：

（1）个人从任职受雇企业以低于公平市场价格取得股票（权）的，凡不

符合递延纳税条件，应在获得股票（权）时，对实际出资额低于公平市场价格的差额，按照"工资、薪金所得"项目，参照《财政部 国家税务总局关于个人股票期权所得征收个人所得税问题的通知》（财税〔2005〕35号）有关规定计算缴纳个人所得税。

（2）个人因股权激励、技术成果投资入股取得股权后，非上市公司在境内上市的，处置递延纳税的股权时，按照现行限售股有关征税规定执行。

（3）个人转让股权时，视同享受递延纳税优惠政策的股权优先转让。递延纳税的股权成本按照加权平均法计算，不与其他方式取得的股权成本合并计算。

（4）持有递延纳税的股权期间，因该股权产生的转增股本收入，以及以该递延纳税的股权再进行非货币性资产投资的，应在当期缴纳税款。

（5）全国中小企业股份转让系统挂牌公司按照上述规定执行。

适用上述规定的上市公司是指其股票在上海证券交易所、深圳证券交易所上市交易的股份有限公司。

📖 商业健康险有哪些税收优惠政策

自2017年7月1日起，将商业健康保险个人所得税试点政策推广到全国范围实施。

1. 政策内容

对个人购买符合规定的商业健康保险产品的支出，允许在当年（月）计算应纳税所得额时予以税前扣除，扣除限额为2 400元/年（200元/月）。单位统一为员工购买符合规定的商业健康保险产品的支出，应分别计入员工个人工资薪金，视同个人购买，按上述限额予以扣除。2 400元/年（200元/月）的限额扣除为个人所得税法规定减除费用标准之外的扣除。

2. 适用对象

适用商业健康保险税收优惠政策的纳税人，是指取得工资薪金所得、连续性劳务报酬所得的个人，以及取得个体工商户生产经营所得、对企事业单位的承包承租经营所得的个体工商户业主、个人独资企业投资者、合伙企业合伙人和承包承租经营者。

3. 商业健康保险产品的规范和条件

符合规定的商业健康保险产品，是指保险公司参照个人税收优惠型健康保险产品指引框架及示范条款开发的、符合下列条件的健康保险产品：

（1）健康保险产品采取具有保障功能并设立有最低保证收益账户的万能险方式，包含医疗保险和个人账户积累两项责任。被保险人个人账户由其所投保的保险公司负责管理维护。

（2）被保险人为16周岁以上、未满法定退休年龄的纳税人群。保险公司不得因被保险人既往病史拒保，并保证续保。

（3）医疗保险保障责任范围包括被保险人医保所在地基本医疗保险基金支付范围内的自付费用及部分基本医疗保险基金支付范围外的费用，费用的报销范围、比例和额度由各保险公司根据具体产品特点自行确定。

（4）同一款健康保险产品，可依据被保险人的不同情况，设置不同的保险金额，具体保险金额下限由保监会[①]规定。

（5）健康保险产品坚持"保本微利"原则，对医疗保险部分的简单赔付率低于规定比例的，保险公司要将实际赔付率与规定比例之间的差额部分返还到被保险人的个人账户。

根据目标人群已有保障项目和保障需求的不同，符合规定的健康保险产品共有三类，分别适用于：①对公费医疗或基本医疗保险报销后个人负担的医疗费用有报销意愿的人群；②对公费医疗或基本医疗保险报销后个人负担的特定大额医疗费用有报销意愿的人群；③未参加公费医疗或基本医疗保险，对个人负担的医疗费用有报销意愿的人群。

[①] 2018年3月，根据《国务院机构改革方案》，组建中国银保监会，不再保留中国保监会；2023年3月，根据《党和国家机构改革方案》，在中国银保监会基础上组建国家金融监督管理总局，不再保留中国银保监会。全书下同。

符合上述条件的个人税收优惠型健康保险产品，保险公司应按《中华人民共和国保险法》规定程序上报保监会审批。

4. 税收征管

（1）单位统一组织为员工购买或者单位和个人共同负担购买符合规定的商业健康保险产品，单位负担部分应当实名计入个人工资薪金明细清单，视同个人购买，并自购买产品次月起，在不超过200元/月的标准内按月扣除。一年内保费金额超过2 400元的部分，不得税前扣除。以后年度续保时，按上述规定执行。个人自行退保时，应及时告知扣缴单位。个人相关退保信息保险公司应及时传递给税务机关。

（2）取得工资薪金所得或连续性劳务报酬所得的个人，自行购买符合规定的商业健康保险产品的，应当及时向代扣代缴单位提供保单凭证。扣缴单位自个人提交保单凭证的次月起，在不超过200元/月的标准内按月扣除。一年内保费金额超过2 400元的部分，不得税前扣除。以后年度续保时，按上述规定执行。个人自行退保时，应及时告知扣缴义务人。

（3）个体工商户业主、企事业单位承包承租经营者、个人独资和合伙企业投资者自行购买符合条件的商业健康保险产品的，在不超过2 400元/年的标准内据实扣除。一年内保费金额超过2 400元的部分，不得税前扣除。以后年度续保时，按上述规定执行。

5. 部门协作

商业健康保险个人所得税税前扣除政策涉及环节和部门多，各相关部门应密切配合，切实落实好商业健康保险个人所得税政策。

（1）财政、税务、保监部门要做好商业健康保险个人所得税优惠政策宣传解释，优化服务。税务、保监部门应建立信息共享机制，及时共享商业健康保险涉税信息。

（2）保险公司在销售商业健康保险产品时，要为购买健康保险的个人开具发票和保单凭证，载明产品名称及缴费金额等信息，作为个人税前扣除的凭据。保险公司要与商业健康保险信息平台保持实时对接，保证信息真实准确。

（3）扣缴单位应按照本通知及税务机关有关要求，认真落实商业健康保险个人所得税前扣除政策。

（4）保险公司或商业健康保险信息平台应向税务机关提供个人购买商业健康保险的相关信息，并配合税务机关做好相关税收征管工作。

📖 个人养老金有哪些税收优惠政策

自2022年1月1日起，对个人养老金实施递延纳税优惠政策。在缴费环节，个人向个人养老金资金账户的缴费，按照12 000元/年的限额标准，在综合所得或经营所得中据实扣除；在投资环节，计入个人养老金资金账户的投资收益暂不征收个人所得税；在领取环节，个人领取的个人养老金，不并入综合所得，单独按照3%的税率计算缴纳个人所得税，其缴纳的税款计入"工资、薪金所得"项目。

个人缴费享受税前扣除优惠时，以个人养老金信息管理服务平台出具的扣除凭证为扣税凭据。取得工资薪金所得、按累计预扣法预扣预缴个人所得税劳务报酬所得的，其缴费可以选择在当年预扣预缴或次年汇算清缴时在限额标准内据实扣除。选择在当年预扣预缴的，应及时将相关凭证提供给扣缴单位。扣缴单位应按照本公告有关要求，为纳税人办理税前扣除有关事项。取得其他劳务报酬、稿酬、特许权使用费等所得或经营所得的，其缴费在次年汇算清缴时在限额标准内据实扣除。个人按规定领取个人养老金时，由开立个人养老金资金账户所在市的商业银行机构代扣代缴其应缴的个人所得税。

人力资源社会保障部门与税务部门应建立信息交换机制，通过个人养老金信息管理服务平台将个人养老金涉税信息交换至税务部门，并配合税务部门做好相关税收征管工作。

商业银行有关分支机构应及时对在该行开立个人养老金资金账户纳税人的纳税情况进行全员全额明细申报，保证信息真实准确。

各级财政、人力资源社会保障、税务、金融监管等部门应密切配合，认真做好组织落实，对本公告实施过程中遇到的困难和问题，及时向上级主管部门反映。

上述税收政策自2022年1月1日起在个人养老金先行城市实施。个人

第一部分 轻松掌握个人所得税纳税实用知识

养老金先行城市（地区）名单由人力资源社会保障部会同财政部、国家税务总局另行发布（表1-5）。上海市、福建省、苏州工业园区等已实施个人税收递延型商业养老保险试点的地区，自2022年1月1日起统一按照上述税收政策执行。

表1-5 个人养老金先行城市（地区）名单

序号	省（自治区、直辖市）	先行城市（地区）
1	北京市	北京市
2	天津市	天津市
3	河北省	石家庄市、雄安新区
4	山西省	晋城市
5	内蒙古自治区	呼和浩特市
6	辽宁省	沈阳市、大连市
7	吉林省	长春市
8	黑龙江省	哈尔滨市
9	上海市	上海市
10	江苏省	苏州市
11	浙江省	杭州市、宁波市
12	安徽省	合肥市
13	福建省	福建省
14	江西省	南昌市
15	山东省	青岛市、东营市
16	河南省	郑州市
17	湖北省	武汉市
18	湖南省	长沙市

（续表）

序号	省（自治区、直辖市）	先行城市（地区）
19	广东省	广州市、深圳市
20	广西壮族自治区	南宁市
21	海南省	海口市
22	重庆市	重庆市
23	四川省	成都市
24	贵州省	贵阳市
25	云南省	玉溪市
26	西藏自治区	拉萨市
27	陕西省	西安市
28	甘肃省	庆阳市
29	青海省	西宁市
30	宁夏回族自治区	银川市
31	新疆维吾尔自治区	乌鲁木齐市

例1-21 国家出台个人养老金个人所得税优惠政策后，李女士一直犹豫是否应当参保个人养老金。在满足什么条件时，李女士参保个人养老金是有利的？

解答： 假设李女士2022年度个人所得税应纳税所得额为12 000元，应当缴纳个人所得税360元（12 000×3%）。如果李女士参保个人养老金，则2022年度可以扣除12 000元，不需要缴纳个人所得税。未来领取该12 000元及其收益时，李女士应当缴纳个人所得税360元（12 000×3%）。这种情况下，由于参保个人养老金并未起到节税作用，李女士参保个人养老金的意义不大。

假设李女士2022年度个人所得税应纳税所得额为48 000元，应当缴纳个人所得税2 280元（48 000×10%－2 520）。如果李女士参保个人养老金，则

2022年度可以扣除12 000元，仅需要缴纳个人所得税1 080元〔（48 000 — 12 000）×3%〕。2022年度少缴纳个人所得税1 200元（2 280 — 1 080）。未来领取该12 000元及其收益时，李女士应当缴纳个人所得税360元（12 000× 3%）。李女士参保个人养老金，合计少缴纳所得税840元（1 200 — 360）。如果李女士2022年度的应纳税所得额更高，则其参保个人养老金的节税效果就更加明显。

四、劳务报酬所得纳税实用知识

劳务报酬所得预扣预缴个人所得税如何计算

扣缴义务人向居民个人支付劳务报酬所得,按次预扣预缴个人所得税。具体预扣预缴方法如下:

(1)劳务报酬所得以收入减除费用后的余额为收入额。

(2)劳务报酬所得每次收入不超过4 000元的,减除费用按800元计算;每次收入4 000元以上的,减除费用按20%计算。

(3)劳务报酬所得,以每次收入额为预扣预缴应纳税所得额。

(4)劳务报酬所得适用20%~40%的超额累进预扣率(表1-6)。

表1-6 个人所得税预扣率表

(居民个人劳务报酬所得预扣预缴适用)

级数	累计预扣预缴应纳税所得额	预扣率	速算扣除数
1	不超过20 000元的部分	20%	0
2	超过20 000元至50 000元的部分	30%	2 000
3	超过50 000元的部分	40%	7 000

(5)劳务报酬所得应预扣预缴税额等于预扣预缴应纳税所得额乘以预扣率,再减去速算扣除数。

(6)自2020年7月1日起,正在接受全日制学历教育的学生因实习取得劳务报酬所得的,扣缴义务人预扣预缴个人所得税时,可按照累计预扣法计算并预扣预缴税款。

例1-22 某高校王老师到校外一家公司讲课一次,双方约定税前劳务报酬8 000元,则邀请公司应预扣预缴个人所得税1 280元[8 000×(1—

20%）×20%〕。王老师实际到手的报酬是6 720元（8 000－1 280）。如果与公司约定税后劳务报酬8 000元，则相当于税前9 523.81元｛8 000÷〔1－（1－20%）×20%〕｝。

居民个人劳务报酬所得年度预扣预缴税额与年度应纳税额不一致的，由居民个人于次年3月1日至6月30日向主管税务机关办理综合所得年度汇算清缴，税款多退少补。

例1-23 学生小张2022年7月份在某公司实习取得劳务报酬3 000元。扣缴单位在为其预扣预缴劳务报酬所得个人所得税时，可采取累计预扣法预扣预缴税款。如果采用该方法，那么小张7月份劳务报酬扣除5 000元减除费用后无需预缴税款，比预扣预缴方法完善调整〔《国家税务总局关于完善调整部分纳税人个人所得税预扣预缴方法的公告》（国家税务总局公告2020年第13号）〕前少预缴440元。如果小张年内再无其他综合所得，也就无需办理年度汇算退税。

纳税人可根据自身情况判断是否符合规定的条件。符合条件并按照规定的方法预扣预缴税款的，应及时向扣缴义务人申明并如实提供相关佐证资料或者承诺书。如新入职的毕业大学生，可以向单位出示毕业证或者派遣证等佐证资料；实习生取得实习单位支付的劳务报酬所得，采取累计预扣法预扣税款的，可以向单位出示学生证等佐证资料；其他年中首次取得工资、薪金所得的纳税人，确实没有其他佐证资料的，可以提供承诺书。扣缴义务人收到相关佐证资料或承诺书后，即可按照完善调整后的预扣预缴方法为纳税人预扣预缴个人所得税。同时，纳税人需就向扣缴义务人提供的佐证资料及承诺书的真实性、准确性、完整性负责。相关佐证资料及承诺书的原件或复印件，纳税人及扣缴义务人需留存备查。

例1-24 正在接受全日制学历教育的学生小王2022年7月到甲公司实

习，每月取得劳务报酬5 000元。按照旧政策，甲公司应每月为小王预扣预缴个人所得税800元[5 000×（1－20%）×20%]。按照新政策，小王每月的应纳税所得额为0元（5 000－5 000），甲公司每月为小王预扣预缴个人所得税0。

方法一：在一个纳税年度内首次取得工资的居民个人，应及时向所在单位提供相应证明以享受《国家税务总局关于完善调整部分纳税人个人所得税预扣预缴方法的公告》（国家税务总局公告2020年第13号）规定的预扣预缴个人所得税优惠。

方法二：在与用人单位协商工资福利待遇时，居民个人应尽量将货币工资转化为福利待遇。如月工资8 000元，与月工资6 000元但提供住宿相比，即使劳动者每月需要支付的住宿费也是2 000元，也应选择后者。因为前者有可能需要缴纳个人所得税720元（假设社保费为1 000元，无其他扣除项目），而后者基本上不需要缴纳个人所得税。

方法三：如果用人单位能够报销一些日常开支的费用，居民个人可以选择将工资转化为报销费用。如月工资20 000元与月工资15 000元加5 000元的费用报销（交通费、通信费、快递费、办公用品、油费、过路费等），居民个人应尽量选择后者。假设劳动者每月社保费为2 000元，专项附加扣除为每月2 000元，前者应纳个人所得税10 680元[（20 000－9 000）×12×10%－2 520]，后者应纳个人所得税2 160元[（15 000－9 000）×12×3%]，可节税8 520元。

方法四：在工资总额一定的前提下，居民个人可尽量要求用人单位设置适当年终奖。如工资总额为200 000元，各项扣除为84 000元，应纳税所得额为116 000元，应纳个人所得税9 080元（116 000×10%－2 520）。如果能设置适用最低档税率的年终奖即36 000元，工资应纳个人所得税5 480元[（116 000－36 000）×10%－2 520]，年终奖纳税1 080元（36 000×3%），合计纳税6 560元，可节税2 520元。

📖 劳务报酬所得的"一次"如何判断

劳务报酬所得，属于一次性收入的，以取得该项收入为一次；属于同一项目连续性收入的，以一个月内取得的收入为一次。"同一项目"，是指劳务报酬所得列举具体劳务项目中的某一单项。"属于同一项目连续性收入的，以一个月内取得的收入为一次"，考虑属地管辖与时间划定有交叉的特殊情况，统一规定以县（含县级市、区）为一地，其管辖内的一个月内的劳务服务为一次；当月跨县地域的，则应分别计算。

📖 董事费收入应当如何纳税

个人由于担任董事职务所取得的董事费收入，属于劳务报酬所得性质，按照劳务报酬所得项目征收个人所得税。

上述董事费按劳务报酬所得项目征税方法，仅适用于个人担任公司董事、监事，且不在公司任职、受雇的情形。个人在公司（包括关联公司）任职、受雇，同时兼任董事、监事的，应将董事费、监事费与个人工资收入合并，统一按工资、薪金所得项目缴纳个人所得税。

📖 工资、薪金所得与劳务报酬所得如何区分

区分"工资、薪金所得"和"劳务报酬所得"，主要看是否存在雇佣与被雇佣的关系。"工资、薪金所得"是个人从事非独立劳动，从所在单位（雇主）领取的报酬，存在雇佣与被雇佣的关系，即在机关、团体、学校、部队、企事业单位及其他组织中任职、受雇而得到的报酬。而"劳务报酬所得"则是指个人独立从事某种技艺，独立提供某种劳务而取得的报酬，一般不存在雇佣关系。个人所得税所列各项"劳务报酬所得"一般属于个人独立从事自由职业取得的所得或属于独立个人劳动所得。如果从事某项劳务活动取得的报酬是以工资、薪金形式体现的，如演员从其所属单位领取工资，教师从学校领取工资，就属于"工资、薪金所得"，而不属于"劳务报酬所得"。如果从事某项劳务活动取得的报酬不是来自聘用、雇佣或工作单位，如演员"走穴"演出取得的报酬，教师自行举办学习班、培训班等取得的收入，就属于"劳务报酬所得"或"经营所得"。

例 1-25 李先生在 2022 年 5 月份到外地讲课一次，获得报酬 3 000 元。请计算李先生该笔报酬应当预扣预缴多少个人所得税。

解答： 李先生讲课获得的报酬属于劳务报酬所得，应当缴纳个人所得税。

该数额低于4 000元,因此,应当适用下列公式来计算:(劳务报酬—800)×20%。预扣预缴税款为440元[(3 000—800)×20%]。支付报酬的单位应当预扣预缴李先生的个人所得税。李先生在2023年3月1日至6月1日办理2022年度个人所得税汇算清缴时,应将该4 000元扣除20%的费用即3 200元计入综合所得计算个人所得税,税款多退少补。

例1-26 赵先生利用业余时间为一家单位提供翻译工作,2022年8月共翻译了4次,每次获得劳务报酬8 000元。请计算赵先生该月报酬应当预扣预缴多少个人所得税。

解答: 赵先生就同一项目提供劳务,在一个月内所获得的劳务报酬应当算作一次,因此,赵先生获得了32 000元的劳务报酬。该劳务报酬超过了4 000元,因此,应当适用下列公式来计算:劳务报酬×(1—20%)×税率—速算扣除数。预扣预缴税款为5 680元[32 000×(1—20%)×30%—2 000]。支付劳务报酬的单位应当在支付时预扣预缴个人所得税。李先生在2023年3月1日至6月1日办理2022年度个人所得税汇算清缴时,应将该32 000元扣除20%的费用即25 600元计入综合所得计算个人所得税,税款多退少补。

例1-27 某大学本科生利用周末时间去家教,每周一次,每次报酬300元。请问,该学生所取得的所得是否需要纳税?如何计算应纳税额?

解答: 根据《个人所得税法》及其实施条例以及财政部、国家税务总局的相关规定,学生勤工俭学取得的劳务报酬,免征增值税,但是应当缴纳个人所得税。根据《中华人民共和国个人所得税法实施条例》(以下简称《个人所得税法实施条例》)的规定,劳务报酬所得,属于一次性收入的,以取得该项收入为一次;属于同一项目连续性收入的,以一个月内取得的收入为一次。该大学生的家教属于同一项目连续收入,应当以一个月内取得的收入为一次。该大学生一次取得劳务报酬为1 200元(300×4)。该大学生该笔所得的预扣预缴应纳税所得额为400元(1 200—800)。劳务报酬所得预扣预缴适用20%的扣缴税率,应预扣预缴税额为80元(400×20%)。支付劳务报酬的家庭应当预扣预缴个人所得税80元。该学生在该年度结束后进行汇算清缴,税款多退少补。

第一部分　轻松掌握个人所得税纳税实用知识

支付单位替纳税人负担税款，劳务报酬预扣预缴个人所得税如何计算

单位或个人为纳税人负担个人所得税税款的，应将纳税人取得的不含税收入额换算为应纳税所得额，计算征收个人所得税。

此类情况下应纳税款的计算公式如下：

预扣预缴应纳税额＝应纳税所得额×适用税率－速算扣除数　（1-1）

其中：

（1）不含税收入额不超过3 360元（即含税收入额4 000元）的：

应纳税所得额＝（不含税收入额－800）÷（1－税率）　（1-2）

（2）不含税收入额超过3 360元的：

$$应纳税所得额 = \frac{(不含税收入额 - 速算扣除数) \times (1 - 20\%)}{1 - 税率 \times (1 - 20\%)} \quad (1-3)$$

公式（1-1）、（1-2）中的税率，是指预扣预缴应纳税所得（详见表1-7）对应的税率；公式（1-3）中的税率，是指不含税劳务报酬收入额对应的税率。

表1-7　劳务报酬应纳税所得额税率表

级数	预扣预缴应纳税所得额	不含税劳务报酬收入额	税率	速算扣除数
1	不超过20 000元的	21 000元以下的部分	20%	0
2	超过20 000元至50 000元的部分	超过21 000元至49 500元的部分	30%	2 000
3	超过50 000元的部分	超过49 500元的部分	40%	7 000

例1-28　李先生获得一笔劳务报酬2 000元，税款由支付单位负担。请问，支付单位应当为李先生预扣预缴多少税款？

解答：李先生获得的是税后所得，因此应当先将税后所得换算为税前所得。根据公式（1-2），应纳税所得额为1 500元［（2 000－800）÷（1－

20%）］，应纳税额为300元（1 500×20%）。单位应当在支付报酬时代李先生预扣预缴300元的个人所得税。

例1-29　刘先生获得一笔劳务报酬5 000元，税款由支付单位负担。请问，支付单位应当为刘先生预扣预缴多少税款？

解答：刘先生获得的是税后所得，因此应当先将税后所得换算为税前所得。根据公式（1-3），应纳税所得额=［（5 000－0）×（1－20%）］÷［1－20%×（1－20%）］=4 761.9（元），应纳税额为952.38元（4 761.9×20%）。单位应当在支付报酬时代刘先生预扣预缴952.38元的个人所得税。

第一部分　轻松掌握个人所得税纳税实用知识

五、稿酬所得纳税实用知识

📖 稿酬所得预扣预缴个人所得税如何计算

扣缴义务人向居民个人支付稿酬所得，按次预扣预缴个人所得税。稿酬所得，属于一次性收入的，以取得该项收入为一次；属于同一项目连续性收入的，以一个月内取得的收入为一次。具体预扣预缴方法如下：

（1）稿酬所得：稿酬所得以收入减除费用后的余额为收入额，稿酬所得的收入额减按70%计算。

（2）减除费用：稿酬所得每次收入不超过4 000元的，减除费用按800元计算；每次收入4 000元以上的，减除费用按20%计算。

（3）应纳税所得额：稿酬所得以每次收入额为预扣预缴应纳税所得额。

稿酬所得，以每次出版、发表取得的收入为一次。个人每次以图书、报刊方式出版、发表同一作品（文字作品、书画作品、摄影作品以及其他作品），不论出版单位是预付还是分笔支付稿酬，或者加印该作品后再付稿酬，均应合并其稿酬所得按一次计征个人所得税。在两处或两处以上出版、发表或再版同一作品而取得稿酬所得，则可分别各处取得的所得或再版所得按分次所得计征个人所得税。个人的同一作品在报刊上连载，应合并其因连载而取得的所有稿酬所得为一次，按税法规定计征个人所得税。在其连载之后又出书取得稿酬所得，或先出书后连载取得稿酬所得，应视同再版稿酬分次计征个人所得税。

任职、受雇于报纸、杂志等单位的记者、编辑等专业人员，因在本单

位的报纸、杂志上发表作品取得的所得,属于因任职、受雇而取得的所得,应与其当月工资收入合并,按"工资、薪金所得"项目征收个人所得税。除上述专业人员以外,其他人员在本单位的报纸、杂志上发表作品取得的所得,应按"稿酬所得"项目征收个人所得税。出版社的专业作者撰写、编写或翻译的作品,由本社以图书形式出版而取得的稿费收入,应按"稿酬所得"项目计算缴纳个人所得税。作者去世后,对取得其遗作稿酬的个人,按稿酬所得征收个人所得税。

例1-30 孙先生在报纸上连载一篇小说,共连载10次,每次获得稿费500元。请问,应当如何计算孙先生该笔所得的预扣预缴税款?

解答: 首先应当确定该笔所得的性质,属于稿酬所得;其次应当确定这些所得的次数,根据《征收个人所得税若干问题的规定》(国税发〔1994〕89号印发),这些所得属于一次所得。由此可以确定,收入总额为5 000元(500×10)。预扣预缴应纳税所得额为2 800元〔5 000×(1-20%)×70%〕。预扣预缴税款为560元(2 800×20%)。张先生应在该年度结束后,将2 800元计入综合所得汇算清缴,税款多退少补。

例1-31 某高校李老师2022年度在报纸上发表一篇文章,获得700元稿酬;在出版社出版一本著作,获得20 000元稿酬。报社应预扣预缴个人所得税0。出版社应预扣预缴个人所得税2 240元〔20 000×(1-20%)×70%×20%〕。

六、财产租赁、转让所得纳税实用知识

📖 财产租赁所得个人所得税如何计算

财产租赁所得，是指个人出租不动产、机器设备、车船以及其他财产取得的所得。财产租赁所得，每次收入不超过 4 000 元的，减除费用 800 元；4 000 元以上的，减除 20% 的费用，其余额为应纳税所得额。财产租赁所得，适用比例税率，税率为 20%。对个人出租房屋取得的所得暂减按 10% 的税率征收个人所得税。财产租赁所得，以一个月内取得的收入为一次。

纳税义务人在出租财产过程中缴纳的税金和国家能源交通重点建设基金、国家预算调节基金、教育费附加，可持完税（缴款）凭证，从其财产租赁收入中扣除。纳税义务人出租财产取得财产租赁收入，在计算征税时，除可依法减除规定费用和有关税、费外，还准予扣除能够提供有效、准确凭证，证明由纳税义务人负担的该出租财产实际开支的修缮费用。允许扣除的修缮费用，以每次 800 元为限，一次扣除不完的，准予在下一次继续扣除，直至扣完为止。

个人将承租房屋转租取得的租金收入，属于个人所得税应税所得，应按"财产租赁所得"项目计算缴纳个人所得税。取得转租收入的个人向房屋出租方支付的租金，凭房屋租赁合同和合法支付凭据允许在计算个人所得税时，从该项转租收入中扣除。

《国家税务总局关于个人所得税若干业务问题的批复》（国税函〔2002〕146号）有关财产租赁所得个人所得税前扣除税费的扣除次序调整为：①财产租赁过程中缴纳的税费；②向出租方支付的租金；③由纳税人负担的租赁财产实际开支的修缮费用；④税法规定的费用扣除标准。

自 2016 年 5 月 1 日起，个人出租房屋的个人所得税应税收入不含增值税，计算房屋出租所得可扣除的税费不包括本次出租缴纳的增值税。个人转租房

屋的,其向房屋出租方支付的租金及增值税额,在计算转租所得时予以扣除。免征增值税的,确定计税依据时,成交价格、租金收入、转让房地产取得的收入不扣减增值税额。

例1-32 赵先生出租房屋,2023年2~3月分别收取租金2 000元。其中,赵先生缴纳各种税费200元(缴纳房产税、城镇土地使用税,免征增值税),2023年2月20日又支付修缮费用1 000元。请问,赵先生2023年2~3月的租赁收入应纳税额应当如何计算?

解答: 首先,确定所得的性质,上述所得属于财产租赁所得。其次,确定收入的次数,财产租赁所得,以一个月内取得的收入为一次。上述所得应当分两次计算。再次,确定扣除费用的数额,上述所得可以扣除税法规定的800元费用,还可以扣除缴纳的税费和修理支出。其中,税费支出应当根据其所属的月份分别扣除,200元的税费支出应当分两次扣除;修理支出一次扣除不能超过800元,剩余的可以于下个月扣除,1 000元的修缮费用应当分两次扣除。综上,2023年2月应纳税所得额为300元(2 000－100－800－800)。2023年3月应纳税所得额为900元(2 000－100－200－800)。两个月应纳税额为120元[(300＋900)×10%]。

📖 财产转让所得个人所得税如何计算

财产转让所得,以转让财产的收入额减除财产原值和合理费用后的余额,为应纳税所得额。财产转让所得,适用比例税率,税率为20%。

财产原值,是指以下费用:

(1)有价证券,为买入价以及买入时按照规定缴纳的有关费用。

(2)建筑物,为建造费或者购进价格以及其他有关费用。

(3)土地使用权,为取得土地使用权所支付的金额、开发土地的费用以及其他有关费用。

(4)机器设备、车船,为购进价格、运输费、安装费以及其他有关费用。

(5)其他财产,参照以上方法确定。

第一部分 轻松掌握个人所得税纳税实用知识

友情提示

纳税义务人未提供完整、准确的财产原值凭证,不能正确计算财产原值的,由主管税务机关核定其财产原值。合理费用,是指卖出财产时按照规定支付的有关费用。

财产转让所得,按照一次转让财产的收入额减除财产原值和合理费用后的余额,计算纳税。

转让债权,采用"加权平均法"确定其应予减除的财产原值和合理费用,即以纳税人购进的同一种类债券买入价和买进过程中缴纳的税费总和,除以纳税人购进的该种类债券数量之和,乘以纳税人卖出的该种类债券数量,再加上卖出的该种类债券过程中缴纳的税费。用公式表示如下:

$$一次卖出某一种类债券允许扣除的买入价和费用 = \frac{纳税人购进的该种类债券买入价和买进过程中缴纳的税费总和}{纳税人购进的该种类债券总数量} \times 一次卖出的该种类债券的数量 + 卖出该种类债券过程中缴纳的税费$$

股权成功转让后,转让方个人因受让方个人未按规定期限支付价款而取得的违约金收入,属于因财产转让而产生的收入。转让方个人取得的该违约金应并入财产转让收入,按照"财产转让所得"项目计算缴纳个人所得税,税款由取得所得的转让方个人向主管税务机关自行申报缴纳。

个人转让上市公司股票取得的所得暂免征收个人所得税。

自2016年5月1日起,个人转让房屋的个人所得税应税收入不含增值税,其取得房屋时所支付价款中包含的增值税计入财产原值,计算转让所得时可扣除的税费不包括本次转让缴纳的增值税。免征增值税的,确定计税依据时,成交价格、租金收入、转让房地产取得的收入不扣减增值税额。

例 1-33 李先生2022年3月以20 000元的价格取得一幅古画,2023年2月以100 000元的价格卖出(不考虑其他税费)。请问,李先生应当缴纳多少个人所得税?

解答： 首先确定该所得的性质，属于财产转让所得；其次确定应纳税所得额为 80 000 元（100 000 − 20 000）；最后计算应纳税额为 16 000 元（80 000×20%）。李先生应当缴纳 16 000 元个人所得税，由购买者代扣代缴个人所得税，如果购买者没有代扣代缴，则由李先生到税务机关缴纳个人所得税。

例 1-34 王先生炒股，2022 年 11 月 10 日以 10 元的价格买入 10 000 股上市公司股票，2023 年 2 月 10 日以 35 元的价格卖出，共获得 250 000 元收益（其他税费忽略不计）。该 250 000 元应当缴纳多少个人所得税？

解答： 根据当前的税收政策，个人转让上市公司股票取得的所得暂免征收个人所得税。因此，王先生在股市上所获得的 250 000 元股票转让所得不需要缴纳个人所得税。

个人财产拍卖所得应当如何纳税

个人拍卖除文字作品原稿及复印件外的其他财产，应以其转让收入额减除财产原值和合理费用后的余额为应纳税所得额，按照"财产转让所得"项目适用 20% 税率缴纳个人所得税。对个人财产拍卖所得征收个人所得税时，以该项财产最终拍卖成交价格为其转让收入额。个人财产拍卖所得适用"财产转让所得"项目计算应纳税所得额时，纳税人凭合法有效凭证（税务机关监制的正式发票、相关境外交易单据或海关报关单据、完税证明等），从其转让收入额中减除相应的财产原值、拍卖财产过程中缴纳的税金及有关合理费用。

财产原值，是指售出方个人取得该拍卖品的价格（以合法有效凭证为准）。具体规定如下：

（1）通过商店、画廊等途径购买的，为购买该拍卖品时实际支付的价款。

（2）通过拍卖行拍得的，为拍得该拍卖品实际支付的价款及缴纳的相关税费。

（3）通过祖传收藏的，为其收藏该拍卖品而发生的费用。

（4）通过赠送取得的，为其受赠该拍卖品时发生的相关税费。

（5）通过其他形式取得的，参照以上原则确定财产原值。

拍卖财产过程中缴纳的税金，是指在拍卖财产时纳税人实际缴纳的相关税金及附加。

有关合理费用，是指拍卖财产时纳税人按照规定实际支付的拍卖费（佣金）、鉴定费、评估费、图录费、证书费等费用。

> 纳税人如不能提供合法、完整、准确的财产原值凭证，不能正确计算财产原值的，按转让收入额的3%征收率计算缴纳个人所得税；拍卖品为经文物部门认定是海外回流文物的，按转让收入额的2%征收率计算缴纳个人所得税。

纳税人的财产原值凭证内容填写不规范，或者一份财产原值凭证包括多件拍卖品且无法确认每件拍卖品一一对应的原值的，不得将其作为扣除财产原值的计算依据，应视为不能提供合法、完整、准确的财产原值凭证，并按上述规定的征收率计算缴纳个人所得税。

纳税人能够提供合法、完整、准确的财产原值凭证，但不能提供有关税费凭证的，不得按征收率计算纳税，应当就财产原值凭证上注明的金额据实扣除，并按照税法规定计算缴纳个人所得税。

个人财产拍卖所得应缴纳的个人所得税税款，由拍卖单位负责代扣代缴，并按规定向拍卖单位所在地主管税务机关办理纳税申报。

拍卖单位代扣代缴个人财产拍卖所得应缴纳的个人所得税税款时，应给纳税人填开完税凭证，并详细标明每件拍卖品的名称、拍卖成交价格、扣缴税款额。

个人股权转让所得应当如何纳税

个人股权是指自然人股东（以下简称个人）投资于在中国境内成立的企业或组织（以下统称被投资企业，不包括个人独资企业和合伙企业）的股权或股份。

1. 个人股权转让的情形

个人股权转让是指个人将股权转让给其他个人或法人的行为,包括以下情形:

(1)出售股权。

(2)公司回购股权。

(3)发行人首次公开发行新股时,被投资企业股东将其持有的股份以公开发行方式一并向投资者发售。

(4)股权被司法或行政机关强制过户。

(5)以股权对外投资或进行其他非货币性交易。

(6)以股权抵偿债务。

(7)其他股权转移行为。

个人转让股权,以股权转让收入减除股权原值和合理费用后的余额为应纳税所得额,按"财产转让所得"缴纳个人所得税。合理费用是指股权转让时按照规定支付的有关税费。

友情提示

个人股权转让所得个人所得税,以股权转让方为纳税人,以受让方为扣缴义务人。

扣缴义务人应于股权转让相关协议签订后5个工作日内,将股权转让的有关情况报告主管税务机关。被投资企业应当详细记录股东持有本企业股权的相关成本,如实向税务机关提供与股权转让有关的信息,协助税务机关依法执行公务。

2. 股权转让收入的确定

股权转让收入是指转让方因股权转让而获得的现金、实物、有价证券和其他形式的经济利益。

转让方取得与股权转让相关的各种款项,包括违约金、补偿金以及其他名目的款项、资产、权益等,均应当并入股权转让收入。

纳税人按照合同约定，在满足约定条件后取得的后续收入，应当作为股权转让收入。

股权转让收入应当按照公平交易原则确定。

符合下列情形之一的，主管税务机关可以核定股权转让收入：①申报的股权转让收入明显偏低且无正当理由的；②未按照规定期限办理纳税申报，经税务机关责令限期申报，逾期仍不申报的；③转让方无法提供或拒不提供股权转让收入有关资料的；④其他应核定股权转让收入的情形。

符合下列情形之一，视为股权转让收入明显偏低：①申报的股权转让收入低于股权对应的净资产份额的。其中，被投资企业拥有土地使用权、房屋、房地产企业未销售房产、知识产权、探矿权、采矿权、股权等资产的，申报的股权转让收入低于股权对应的净资产公允价值份额的。②申报的股权转让收入低于初始投资成本或低于取得该股权所支付的价款及相关税费的。③申报的股权转让收入低于相同或类似条件下同一企业同一股东或其他股东股权转让收入的。④申报的股权转让收入低于相同或类似条件下同类行业的企业股权转让收入的。⑤不具合理性的无偿让渡股权或股份。⑥主管税务机关认定的其他情形。

符合下列条件之一的股权转让收入明显偏低，视为有正当理由：①能出具有效文件，证明被投资企业因国家政策调整，生产经营受到重大影响，导致低价转让股权；②继承或将股权转让给其能提供具有法律效力身份关系证明的配偶、父母、子女、祖父母、外祖父母、孙子女、外孙子女、兄弟姐妹以及对转让人承担直接抚养或者赡养义务的抚养人或者赡养人；③相关法律、政府文件或企业章程规定，并有相关资料充分证明转让价格合理且真实的本企业员工持有的不能对外转让股权的内部转让；④股权转让双方能够提供有效证据证明其合理性的其他合理情形。

主管税务机关应依次按照下列方法核定股权转让收入：

（1）净资产核定法。股权转让收入按照每股净资产或股权对应的净资产份额核定。被投资企业的土地使用权、房屋、房地产企业未销售房产、知识产权、探矿权、采矿权、股权等资产占企业总资产比例超过20%的，主管税务机关可参照纳税人提供的具有法定资质的中介机构出具的资产评估报告核定股权转让收入。6个月内再次发生股权转让且被投资企业净资产未发生重大变化的，主管税务机关可参照上一次股权转让时被投资企业的资产评估报告核定此次股权转让收入。

（2）类比法。①参照相同或类似条件下同一企业同一股东或其他股东股权转让收入核定；②参照相同或类似条件下同类行业企业股权转让收入核定。

（3）其他合理方法。主管税务机关采用以上方法核定股权转让收入存在困难的，可以采取其他合理方法核定。

3. 个人股权转让原值的确认

个人转让股权的原值依照以下方法确认：

（1）以现金出资方式取得的股权，按照实际支付的价款与取得股权直接相关的合理税费之和确认股权原值。

（2）以非货币性资产出资方式取得的股权，按照税务机关认可或核定的投资入股时非货币性资产价格与取得股权直接相关的合理税费之和确认股权原值。

（3）通过无偿让渡方式取得股权，具备规定情形的，按取得股权发生的合理税费与原持有人的股权原值之和确认股权原值。

（4）被投资企业以资本公积、盈余公积、未分配利润转增股本，个人股东已依法缴纳个人所得税的，以转增额和相关税费之和确认其新转增股本的股权原值。

（5）除以上情形外，由主管税务机关按照避免重复征收个人所得税的原则合理确认股权原值。

股权转让人已被主管税务机关核定股权转让收入并依法征收个人所得税的，该股权受让人的股权原值以取得股权时发生的合理税费与股权转让人被主管税务机关核定的股权转让收入之和确认。

个人转让股权未提供完整、准确的股权原值凭证，不能正确计算股权原值的，由主管税务机关核定其股权原值。

对个人多次取得同一被投资企业股权的，转让部分股权时，采用"加权平均法"确定其股权原值。

4. 个人股权转让所得申报个人所得税的情形

个人股权转让所得个人所得税以被投资企业所在地地税机关为主管税务机关。

具有下列情形之一的，扣缴义务人、纳税人应当依法在次月15日内向主管税务机关申报纳税：

（1）受让方已支付或部分支付股权转让价款的。

（2）股权转让协议已签订生效的。

（3）受让方已经实际履行股东职责或者享受股东权益的。

（4）国家有关部门判决、登记或公告生效的。

（5）股权被司法或行政机关强制过户已完成的。

（7）以股权对外投资或进行其他非货币性交易已完成的。

（8）以股权抵偿债务已完成的。

（9）其他股权转移行为已完成的。

（10）税务机关认定的其他有证据表明股权已发生转移的情形。

5. 个人股权转让所得申报报个人所得税的资料

纳税人、扣缴义务人向主管税务机关办理股权转让纳税（扣缴）申报时，还应当报送以下资料：

（1）股权转让合同（协议）。

（2）股权转让双方身份证明。

（3）按规定需要进行资产评估的，需要提供具有法定资质的中介机构出具的净资产或土地房产等资产价值评估报告。

（4）计税依据明显偏低但有正当理由的证明材料。

（5）主管税务机关要求报送的其他材料。

被投资企业应当在董事会或股东会结束后5个工作日内，向主管税务机关报送与股权变动事项相关的董事会或股东会决议、会议纪要等资料。被投资企业发生个人股东变动或者个人股东所持股权变动的，应当在次月15日内向主管税务机关报送含有股东变动信息的《个人所得税基础信息表（A表）》及股东变更情况说明。主管税务机关应当及时向被投资企业核实其股权变动情况，并确认相关转让所得，及时督促扣缴义务人和纳税人履行法定义务。

转让的股权以人民币以外的货币结算的，按照结算当日人民币汇率中间价，折算成人民币计算应纳税所得额。

6.税务机关对股权转让的征管规定

税务机关应加强与工商部门合作,落实和完善股权信息交换制度,积极开展股权转让信息共享工作。

税务机关应当建立股权转让个人所得税电子台账,将个人股东的相关信息录入征管信息系统,强化对每次股权转让间股权转让收入和股权原值的逻辑审核,对股权转让实施链条式动态管理。

税务机关应当加强对股权转让所得个人所得税的日常管理和税务检查,积极推进股权转让各税种协同管理。

纳税人、扣缴义务人及被投资企业未按照规定期限办理纳税(扣缴)申报和报送相关资料的,依照《税收征收管理法》及其实施细则有关规定处理。

各地可通过政府购买服务的方式,引入中介机构参与股权转让过程中相关资产的评估工作。

友情提示

个人在上海证券交易所、深圳证券交易所转让从上市公司公开发行和转让市场取得的上市公司股票,转让限售股,以及其他有特别规定的股权转让,不适用上述规定。

七、特许权使用费所得纳税实用知识

特许权使用费所得预扣预缴个人所得税如何计算

扣缴义务人向居民个人支付特许权使用费所得，按次或者按月预扣预缴个人所得税。特许权使用费所得，属于一次性收入的，以取得该项收入为一次；属于同一项目连续性收入的，以一个月内取得的收入为一次。具体预扣预缴方法如下：

（1）特许权使用费所得以收入减除费用后的余额为收入额。

（2）减除费用：特许权使用费所得每次收入不超过4 000元的，减除费用按800元计算；每次收入4 000元以上的，减除费用按20%计算。

（3）应纳税所得额：特许权使用费所得，以每次收入额为预扣预缴应纳税所得额。

特许权使用费所得适用20%的比例预扣率。

年度结束后，在个人所得税汇算清缴时，将特许权使用费所得的80%计入综合所得计算个人所得税，税款多退少补。

例1-35 魏先生2022年度取得两项专利，其中一项专利许可给甲公司使用，获得特许权使用费3 000元，另外一项专利许可给乙公司使用，获得特许权使用费8 000元。魏先生上述两项所得应当预扣预缴多少个人所得税？

解答： 魏先生获得的第一笔特许权使用费所得低于4 000元，适用的计算公式为：预扣预缴应纳税额＝（特许权使用费所得－800）×20%。因此，该3 000元所得预扣预缴应纳税额为440元[（3 000－800）×20%]。魏先生获得的第二笔特许权使用费所得高于4 000元，适用的计算公式为：预扣预缴应纳税额＝特许权使用费所得×（1－20%）×20%。因此，该8 000元所得预扣预缴应纳税额为1 280元[8 000×（1－20%）×20%]。在进行2022年度个人所得税汇算清缴时，应将两笔特许权使用费所得的 80%，即 8 800 元计入 2022 年度的综合所得，统一计算个人所得税，税款多退少补。

📖 作者拍卖文字作品手稿原件或复印件所得如何纳税

作者将自己的文字作品手稿原件或复印件拍卖取得的所得，应以其转让收入额减除 800 元（转让收入额不超过 4 000 元的）或者 20%（转让收入额超过 4 000 元的）后的余额为应纳税所得额，按照"特许权使用费"所得项目适用 20% 税率预扣预缴个人所得税。年度结束后，在个人所得税汇算清缴时，将特许权使用费所得的 80% 计入综合所得计算个人所得税，税款多退少补。

第二部分
轻松掌握个人所得税反避税与征收管理制度

您知道个人所得税反避税制度的内容吗？您知道如何源泉扣缴个人所得税吗？您知道个人所得税如何自行纳税申报吗？您知道如何办理个人所得税汇算清缴吗？本部分将为您回答上述问题。

一、个人所得税反避税制度

📖 税法关于个人所得税反避税有哪些规定

根据《个人所得税法》第八条的规定，有下列情形之一的，税务机关有权按照合理方法进行纳税调整：

（1）个人与其关联方之间的业务往来不符合独立交易原则而减少本人或者其关联方应纳税额，且无正当理由。

（2）居民个人控制的，或者居民个人和居民企业共同控制的设立在实际税负明显偏低的国家（地区）的企业，无合理经营需要，对应当归属于居民个人的利润不作分配或者减少分配。

（3）个人实施其他不具有合理商业目的的安排而获取不当税收利益。

税务机关依照上述规定作出纳税调整，需要补征税款的，应当补征税款，并依法加收利息。

税法关于个人所得税反避税有哪些规定

根据《个人所得税法实施条例》第二十三条的规定，利息，应当按照税款所属纳税申报期最后一日中国人民银行公布的与补税期间同期的人民币贷款基准利率计算，自税款纳税申报期满次日起至补缴税款期限届满之日止按日加收。纳税人在补缴税款期限届满前补缴税款的，利息加收至补缴税款之日。

二、个人所得税源泉扣缴制度

📖 税法关于纳税人与扣缴义务人有哪些规定

根据《个人所得税法》第九条的规定,个人所得税以所得人为纳税人,以支付所得的单位或者个人为扣缴义务人。纳税人有中国居民身份证号码的,以中国居民身份证号码为纳税人识别号;纳税人没有中国居民身份证号码的,由税务机关赋予其纳税人识别号。扣缴义务人扣缴税款时,纳税人应当向扣缴义务人提供纳税人识别号。

根据《征收个人所得税若干问题的规定》(国税发〔1994〕89号印发)第十八条的规定,利息、股息、红利所得实行源泉扣缴的征收方式,其扣缴义务人应是直接向纳税义务人支付利息、股息、红利的单位。

📖 税法关于代扣代缴义务有哪些规定

根据《个人所得税法》第十一条的规定,居民个人向扣缴义务人提供专项附加扣除信息的,扣缴义务人按月预扣预缴税款时应当按照规定予以扣除,不得拒绝。非居民个人取得工资、薪金所得,劳务报酬所得,稿酬所得和特许权使用费所得,有扣缴义务人的,由扣缴义务人按月或者按次代扣代缴税款,不办理汇算清缴。

根据《个人所得税法》第十四条的规定,扣缴义务人每月或者每次预扣、代扣的税款,应当在次月15日内缴入国库,并向税务机关报送扣缴个人所得税申报表。纳税人办理汇算清缴退税或者扣缴义务人为纳税人办理汇算清缴退税的,税务机关审核后,按照国库管理的有关规定办理退税。

根据《个人所得税法实施条例》第二十四条的规定,扣缴义务人向个人支付应税款项时,应当依照个人所得税法规定预扣或者代扣税款,按时缴库,并专项记载备查。支付,包括现金支付、汇拨支付、转账支付和以有价证券、实物以及其他形式的支付。

根据《个人所得税法实施条例》第三十条的规定，扣缴义务人应当按照纳税人提供的信息计算办理扣缴申报，不得擅自更改纳税人提供的信息。纳税人发现扣缴义务人提供或者扣缴申报的个人信息、所得、扣缴税款等与实际情况不符的，有权要求扣缴义务人修改。扣缴义务人拒绝修改的，纳税人应当报告税务机关，税务机关应当及时处理。纳税人、扣缴义务人应当按照规定保存与专项附加扣除相关的资料。税务机关可以对纳税人提供的专项附加扣除信息进行抽查，具体办法由国务院税务主管部门另行规定。税务机关发现纳税人提供虚假信息的，应当责令改正并通知扣缴义务人；情节严重的，有关部门应当依法予以处理，纳入信用信息系统并实施联合惩戒。

税法关于扣缴义务人手续费有哪些规定

根据《个人所得税法》第十七条的规定，对扣缴义务人按照所扣缴的税款，付给2%的手续费。

根据《个人所得税法实施条例》第三十三条的规定，税务机关按照《个人所得税法》第十七条的规定付给扣缴义务人手续费，应当填开退还书；扣缴义务人凭退还书，按照国库管理有关规定办理退库手续。

纳税人申请代扣代缴个人所得税的手续费需要填写《代扣代缴手续费申请表》（表2-1）。

表2-1 代扣代缴手续费申请表

金额单位：人民币元（列至角分）

扣缴义务人名称			统一社会信用代码（纳税人识别号）	
联系人姓名			联系电话	
原完税情况	品目名称	税款所属时期	税票号码	实缴金额

（续表）

	品目名称	税款所属时期	税票号码	实缴金额
原完税情况				
	合计（小写）			
申请手续费金额（小写）				
声明	此表是根据国家税收法律法规及相关规定填写的，本人（单位）对填报内容（附带资料）的真实性、可靠性、完整性负责。 扣缴义务人签章：			
授权声明	如果您已委托代理人申请，请填写下列资料： 　　为代理个人所得税扣缴手续费申请相关事宜，现授权＿＿＿＿＿＿＿＿＿＿＿＿＿＿＿＿（地址）＿＿＿＿＿＿＿＿＿＿＿＿＿＿＿＿＿＿＿为代理申请人，任何与本申请有关的往来文件，都可寄于此人。 授权人签章：	税务机关填写	受理人： 受理税务机关（章）： 受理日期：	

（续表）

> **《代扣代缴手续费申请表》填表说明**
>
> 一、本表适用于申请个人所得税扣缴手续费的办理。
>
> 二、扣缴义务人退付账户与原缴税账户不一致的，须另行提交资料，并经税务机关确认。
>
> 三、本表一式四联，扣缴义务人一联、税务机关三联。
>
> 四、扣缴义务人名称：填写扣缴义务人法定名称的全称。
>
> 五、统一社会信用代码（纳税人识别号）：填写扣缴义务人的统一社会信用代码或者纳税人识别号。
>
> 六、联系人名称：填写联系人姓名。
>
> 七、联系电话：填写联系人固定电话号码或手机号码。
>
> 八、品目名称：填写扣缴个人所得税的各项应税所得名称。如工资、薪金所得。
>
> 九、原完税情况：填写退个人所得税代扣代缴手续费相关信息。分品目名称、税款所属时期、税票号码、实缴金额等项目，填写申请办理的已入库信息，上述信息应与完税费（缴款）凭证或完税电子信息一致。
>
> 十、申请手续费金额：填写申请年度计算的手续费金额。填写金额按照申请年度代扣代缴（含预扣预缴）个人所得税实际入库税额的2%计算。

📖 税法关于个人所得税扣缴申报管理有哪些规定

根据国家税务总局发布的《个人所得税扣缴申报管理办法（试行）》（国家税务总局公告2018年第61号发布）的规定，扣缴义务人，是指向个人支付所得的单位或者个人。扣缴义务人应当依法办理全员全额扣缴申报。全员全额扣缴申报，是指扣缴义务人应当在代扣税款的次月15日内，向主管税务机关报送其支付所得的所有个人的有关信息、支付所得数额、扣除事项和数额、扣缴税款的具体数额和总额以及其他相关涉税信息资料。

扣缴义务人每月或者每次预扣、代扣的税款，应当在次月15日内缴入国库，并向税务机关报送《个人所得税扣缴申报表》（表2-2）。

表2-2 个人所得税扣缴申报表

税款所属期： 年 月 日 至 年 月 日

扣缴义务人名称：

扣缴义务人纳税人识别号（统一社会信用代码）：□□□□□□□□□□□□□□□□□□

金额单位：人民币元（列至角分）

序号	姓名	身份证件类型	身份证件号码	纳税人识别号	是否为非居民个人	所得项目	收入额计算			专项扣除						其他扣除				累计情况			累计专项附加扣除					减按计税比例	准予扣除的捐赠额	税款计算					备注
							收入	费用	免税收入	减除费用	基本养老保险费	基本医疗保险费	失业保险费	住房公积金	年金	商业健康保险	税延养老保险	财产原值	允许扣除的税费	其他	累计收入额	累计减除费用	累计专项扣除	子女教育	赡养老人	住房贷款利息	住房租金	继续教育	累计其他扣除			应纳税所得额	税率/预扣率	速算扣除数	应纳税额	减免税额	已缴税额	应补/退税额	
	1	2	3	4	5	6	7	8	9	10	11	12	13	14	15	16	17	18	19	20	21	22	23	24	25	26	27	28	29	30	31	32	33	34	35	36	37	38	39	40
合计																																								

谨声明：本表是根据国家税收法律法规及相关规定填报的，是真实的、可靠的、完整的。

扣缴义务人（签章）：

经办人签字：

经办人身份证件号码：

代理机构签章：

代理机构统一社会信用代码：

受理人：

受理税务机关（章）：

受理日期： 年 月 日

《个人所得税扣缴申报表》填表说明

一、适用范围

本表适用于扣缴义务人向居民个人支付工资、薪金所得，劳务报酬所得，稿酬所得和特许权使用费所得的个人所得税全员全额预扣预缴申报；向非居民个人支付工资、薪金所得，劳务报酬所得，稿酬所得和特许权使用费所得的个人所得税全员全额扣缴申报；以及向纳税人（居民个人和非居民个人）支付利息、股息、红利所得，财产租赁所得，财产转让所得和偶然所得的个人所得税全员全额扣缴申报。

二、报送期限

扣缴义务人应当在每月或者每次预扣、代扣税款的次月15日内，将已扣税款缴入国库，并向税务机关报送本表。

三、本表各栏填写

（一）表头项目

1. 税款所属期：填写扣缴义务人预扣、代扣税款当月的第1日至最后1日。如：2019年3月20日发放工资时代扣的税款，税款所属期填写"2019年3月1日至2019年3月31日"。

2. 扣缴义务人名称：填写扣缴义务人的法定名称全称。

3. 扣缴义务人纳税人识别号（统一社会信用代码）：填写扣缴义务人的纳税人识别号或者统一社会信用代码。

（二）表内各栏

1. 第2列"姓名"：填写纳税人姓名。

2. 第3列"身份证件类型"：填写纳税人有效的身份证件名称。中国公民有中华人民共和国居民身份证的，填写居民身份证；没有居民身份证的，填写中华人民共和国护照、港澳居民来往内地通行证或者港澳居民居住证、台湾居民通行证或者台湾居民居住证、外国人永久居留身份证、外国人工作许可证或者护照等。

3. 第4列"身份证件号码"：填写纳税人有效身份证件上载明的证件号码。

4. 第5列"纳税人识别号"：有中国公民身份证号码的，填写中华人民共和国居民身份证上载明的"公民身份号码"；没有中国公民身份证号码的，填写税务机关赋予的纳税人识别号。

5. 第6列"是否为非居民个人"：纳税人为居民个人的填"否"。为非居民个人的，根据合同、任职期限、预期工作时间等不同情况，填写"是，且不超过90天"或者"是，且超过90天不超过183天"。不填默认为"否"。其中，纳税人为非居民个人的，填写"是，且不超过90天"的，当年在境内实际居住超过90天的次月15日内，填写"是，且超过90天不超过183天"。

6. 第7列"所得项目"：填写纳税人取得的个人所得税法第二条规定的应税所得项目名称。同一纳税人取得多项或者多次所得的，应分行填写。

7. 第8～21列"本月（次）情况"：填写扣缴义务人当月（次）支付给纳税人的所得，以及按规定各所得项目当月（次）可扣除的减除费用、专项扣除、其他扣除等。其中，工资、薪金所得预扣预缴个人所得税时扣除的专项附加扣除，按照纳税年度内纳税人在该任职受雇单位截至当月可享受的各专项附加扣除项目的扣除总额，填写至"累计情况"中第25～29列相应栏，本月情况中则无须填写。

（续表）

（1）"收入额计算"：包含"收入""费用""免税收入"。收入额=第8列-第9列-第10列。

①第8列"收入"：填写当月（次）扣缴义务人支付给纳税人所得的总额。

②第9列"费用"：取得劳务报酬所得、稿酬所得、特许权使用费所得时填写，取得其他各项所得时无须填写本列。居民个人取得上述所得，每次收入不超过4 000元的，费用填写"800"元；每次收入4 000元以上的，费用按收入的20%填写。非居民个人取得劳务报酬所得、稿酬所得、特许权使用费所得，费用按收入的20%填写。

③第10列"免税收入"：填写纳税人各所得项目收入总额中，包含的税法规定的免税收入金额。其中，税法规定"稿酬所得的收入额减按70%计算"，对稿酬所得的收入额减计的30%部分，填入本列。

（2）第11列"减除费用"：按税法规定的减除费用标准填写。如，2019年纳税人取得工资、薪金所得按月申报时，填写5 000元。纳税人取得财产租赁所得，每次收入不超过4 000元的，填写800元；每次收入4 000元以上的，按收入的20%填写。

（3）第12~15列"专项扣除"：分别填写按规定允许扣除的基本养老保险费、基本医疗保险费、失业保险费、住房公积金（以下简称"三险一金"）的金额。

（4）第16~21列"其他扣除"：分别填写按规定允许扣除的项目金额。

8. 第22~30列"累计情况"：本栏适用于居民个人取得工资、薪金所得，保险营销员、证券经纪人取得佣金收入等按规定采取累计预扣法预扣预缴税款时填报。

（1）第22列"累计收入额"：填写本纳税年度截至当前月份，扣缴义务人支付给纳税人的工资、薪金所得，或者支付给保险营销员、证券经纪人的劳务报酬所得的累计收入额。

（2）第23列"累计减除费用"：按照5 000元/月乘以纳税人当年在本单位的任职受雇或者从业的月份数计算。

（3）第24列"累计专项扣除"：填写本年度截至当前月份，按规定允许扣除的"三险一金"的累计金额。

（4）第25~29列"累计专项附加扣除"：分别填写截至当前月份，纳税人按规定可享受的子女教育、赡养老人、住房贷款利息或者住房租金、继续教育扣除的累计金额。大病医疗扣除由纳税人在年度汇算清缴时办理，此处无须填报。

（5）第30列"累计其他扣除"：填写本年度截至当前月份，按规定允许扣除的年金（包括企业年金、职业年金）、商业健康保险、税延养老保险及其他扣除项目的累计金额。

9. 第31列"减按计税比例"：填写按规定实行应纳税所得额减计税收优惠的减计比例。无减计规定的，可不填，系统默认为100%。如，某项税收政策实行减按60%计入应纳税所得额，则本列填60%。

10. 第32列"准予扣除的捐赠额"：是指按照税法及相关法规、政策规定，可以在税前扣除的捐赠额。

11. 第33~39列"税款计算"：填写扣缴义务人当月扣缴个人所得税款的计算情况。

（1）第33列"应纳税所得额"：根据相关列次计算填报。

①居民个人取得工资、薪金所得，填写累计收入额减除累计减除费用、累计专项扣除、累计专项附加扣除、累计其他扣除后的余额。

②非居民个人取得工资、薪金所得，填写收入额减去减除费用后的余额。

③居民个人或者非居民个人取得劳务报酬所得、稿酬所得、特许权使用费所得，填写本月（次）收入额减除其他扣除后的余额。

保险营销员、证券经纪人取得的佣金收入，填写累计收入额减除累计减除费用、累计其他扣除后的余额。

（续表）

④居民个人或者非居民个人取得利息、股息、红利所得和偶然所得，填写本月（次）收入额。

⑤居民个人或者非居民个人取得财产租赁所得，填写本月（次）收入额减去减除费用、其他扣除后的余额。

⑥居民个人或者非居民个人取得财产转让所得，填写本月（次）收入额减除财产原值、允许扣除的税费后的余额。

其中，适用"减按计税比例"的所得项目，其应纳税所得额按上述方法计算后乘以减按计税比例的金额填报。

按照税法及相关法规、政策规定，可以在税前扣除的捐赠额，可以按上述方法计算后从应纳税所得额中扣除。

（2）第34~35列"税率/预扣率""速算扣除数"：填写各所得项目按规定适用的税率（或预扣率）和速算扣除数。没有速算扣除数的，则不填。

（3）第36列"应纳税额"：根据相关列次计算填报。第36列=第33列×第34列—第35列。

（4）第37列"减免税额"：填写符合税法规定可减免的税额，并附报《个人所得税减免税事项报告表》。居民个人工资、薪金所得，以及保险营销员、证券经纪人取得佣金收入，填写本年度累计减免税额；居民个人取得工资、薪金以外的所得或非居民个人取得各项所得，填写本月（次）减免税额。

（5）第38列"已缴税额"：填写本年或本月（次）纳税人同一所得项目，已由扣缴义务人实际扣缴的税款金额。

（6）第39列"应补/退税额"：根据相关列次计算填报。第39列=第36列—第37列—第38列。

四、其他事项说明

以纸质方式报送本表的，应当一式两份，扣缴义务人、税务机关各留存一份。

实行个人所得税全员全额扣缴申报的应税所得包括：

（1）工资、薪金所得。

（2）劳务报酬所得。

（3）稿酬所得。

（4）特许权使用费所得。

（5）利息、股息、红利所得。

（6）财产租赁所得。

（7）财产转让所得。

（8）偶然所得。

扣缴义务人首次向纳税人支付所得时，应当按照纳税人提供的纳税人识别号等基础信息，填写《个人所得税基础信息表（A表）》（表2-3），并于次月扣缴申报时向税务机关报送。扣缴义务人对纳税人向其报告的相关基础信息变化情况，应当于次月扣缴申报时向税务机关报送。

表 2-3 个人所得税基础信息表（A 表）

（适用于扣缴义务人填报）

扣缴义务人名称：

扣缴义务人纳税人识别号（统一社会信用代码）：□□□□□□□□□□□□□□□□□□

序号	纳税人识别号	纳税人姓名*	身份证件类型*	身份证件号码*	出生日期*	国籍/地区*	任职受雇从业信息					联系方式				银行账户		投资信息		其他信息		华侨、港澳台、外籍个人信息（带*必填）						备注
							类型	职务	学历	任职受雇从业日期	离职日期	手机号码	户籍所在地	经常居住地	联系地址	电子邮箱	开户银行	银行账号	投资额（元）	投资比例	是否残疾、孤老、烈属	残疾/烈属证号	出生地*	性别*	首次入境时间	预计离境时间	涉税事由	
1	2	3	4	5	6	7	8	9	10	11	12	13	14	15	16	17	18	19	20	21	22	23	24	25	26	27	28	29

谨声明：本表是根据国家税收法律法规及相关规定填报的，是真实的、可靠的、完整的。

经办人签字：

经办人身份证件号码：

代理机构签章：

代理机构统一社会信用代码：

扣缴义务人（签章）：

受理人：	
受理税务机关（章）：	
受理日期： 年 月 日	

国家税务总局监制

《个人所得税基础信息表（A表）》填表说明

一、适用范围

本表由扣缴义务人填报。适用于扣缴义务人办理全员全额扣缴申报时，填报其支付所得的纳税人的基础信息。

二、报送期限

扣缴义务人首次向纳税人支付所得，或者纳税人相关基础信息发生变化的，应当填写本表，并于次月扣缴申报时向税务机关报送。

三、本表各栏填写

本表带"*"项目分为必填和条件必填，其余项目为选填。

（一）表头项目

1. 扣缴义务人名称：填写扣缴义务人的法定名称全称。

2. 扣缴义务人纳税人识别号（统一社会信用代码）：填写扣缴义务人的纳税人识别号或者统一社会信用代码。

（二）表内各栏

1. 第2～8列"纳税人基本信息"：填写纳税人姓名、证件等基本信息。

（1）第2列"纳税人识别号"：有中国公民身份证号码的，填写中华人民共和国居民身份证上载明的"公民身份号码"；没有中国公民身份证号码的，填写税务机关赋予的纳税人识别号。

（2）第3列"纳税人姓名"：填写纳税人姓名。外籍个人英文姓名按照"先姓（surname）后名（given name）"的顺序填写，确实无法区分姓和名的，按照证件上的姓名顺序填写。

（3）第4列"身份证件类型"：根据纳税人实际情况填写。

①有中国公民身份号码的，应当填写《中华人民共和国居民身份证》（简称"居民身份证"）。

②华侨应当填写《中华人民共和国护照》（简称"中国护照"）。

③港澳居民可选择填写《港澳居民来往内地通行证》（简称"港澳居民通行证"）或者《中华人民共和国港澳居民居住证》（简称"港澳居民居住证"）；台湾居民可选择填写《台湾居民来往大陆通行证》（简称"台湾居民通行证"）或者《中华人民共和国台湾居民居住证》（简称"台湾居民居住证"）。

④外籍人员可选择填写《中华人民共和国外国人永久居留身份证》（简称"外国人永久居留证"）、《中华人民共和国外国人工作许可证》（简称"外国人工作许可证"）或者"外国护照"。

⑤其他符合规定的情形填写"其他证件"。

身份证件类型选择"港澳居民居住证"的，应当同时填写"港澳居民通行证"；身份证件类型选择"台湾居民居住证"的，应当同时填写"台湾居民通行证"；身份证件类型选择"外国人永久居留证"或者"外国人工作许可证"的，应当同时填写"外国护照"。

（4）第5～6列"身份证件号码""出生日期"：根据纳税人身份证件上的信息填写。

（5）第7列"国籍/地区"：填写纳税人所属的国籍或者地区。

2. 第8～12列"任职受雇从业信息"：填写纳税人与扣缴义务人之间的任职受雇从业信息。

（续表）

（1）第8列"类型"：根据实际情况填写"雇员""保险营销员""证券经纪人"或者"其他"。

（2）第9～12列"职务""学历""任职受雇从业日期""离职日期"：其中，当第9列"类型"选择"雇员""保险营销员"或者"证券经纪人"时，填写纳税人与扣缴义务人建立或者解除相应劳动或者劳务关系的日期。

3. 第13～17列"联系方式"：

（1）第13列"手机号码"：填写纳税人境内有效手机号码。

（2）第14～16列"户籍所在地""经常居住地""联系地址"：填写纳税人境内有效户籍所在地、经常居住地或者联系地址。按以下格式填写（具体到门牌号）：_____省（区、市）_____市_____区（县）_____街道（乡、镇）_____。

（3）第17列"电子邮箱"：填写有效的电子邮箱。

4. 第18～19列"银行账户"：填写个人境内有效银行账户信息，开户银行填写到银行总行。

5. 第20～21列"投资信息"：纳税人为扣缴单位的股东、投资者的，填写本栏。

6. 第22～23列"其他信息"：如纳税人有"残疾、孤老、烈属"情况的，填写本栏。

7. 第24～28列"华侨、港澳台、外籍个人信息"：纳税人为华侨、港澳台居民、外籍个人的填写本栏。

（1）第24列"出生地"：填写华侨、港澳台居民、外籍个人的出生地，具体到国家或者地区。

（2）第26～27列"首次入境时间""预计离境时间"：填写华侨、港澳台居民、外籍个人首次入境和预计离境的时间，具体到年月日。预计离境时间发生变化的，应及时进行变更。

（3）第28列"涉税事由"：填写华侨、港澳台居民、外籍个人在境内涉税的具体事由，包括"任职受雇""提供临时劳务""转让财产""从事投资和经营活动""其他"。如有多项事由的，应同时填写。

四、其他事项说明

以纸质方式报送本表的，应当一式两份，扣缴义务人、税务机关各留存一份。

扣缴义务人向居民个人支付工资、薪金所得时，应当按照累计预扣法计算预扣税款，并按月办理扣缴申报。

扣缴义务人支付利息、股息、红利所得，财产租赁所得，财产转让所得或者偶然所得时，应当依法按次或者按月代扣代缴税款。

劳务报酬所得、稿酬所得、特许权使用费所得，属于一次性收入的，以取得该项收入为1次；属于同一项目连续性收入的，以1个月内取得的收入为1次。财产租赁所得，以1个月内取得的收入为1次。利息、股息、红利所得，以支付利息、股息、红利时取得的收入为1次。偶然所得，以每次取得该项收入为1次。

纳税人需要享受税收协定待遇的，应当在取得应税所得时主动向扣缴义务人提出，并提交相关信息、资料，扣缴义务人代扣代缴税款时按照享受税收协定待遇有关办法办理。

支付工资、薪金所得的扣缴义务人应当于年度终了后两个月内，向纳税人提供其个人所得和已扣缴税款等信息。纳税人年度中间需要提供上述信息的，扣缴义务人应当提供。纳税人取得除工资、薪金所得以外的其他所得，扣缴义务人应当在扣缴税款后，及时向纳税人提供其个人所得和已扣缴税款等信息。

扣缴义务人应当按照纳税人提供的信息计算税款、办理扣缴申报，不得擅自更改纳税人提供的信息。扣缴义务人发现纳税人提供的信息与实际情况不符的，可以要求纳税人修改。纳税人拒绝修改的，扣缴义务人应当报告税务机关，税务机关应当及时处理。纳税人发现扣缴义务人提供或者扣缴申报的个人信息、支付所得、扣缴税款等信息与实际情况不符的，有权要求扣缴义务人修改。扣缴义务人拒绝修改的，纳税人应当报告税务机关，税务机关应当及时处理。

扣缴义务人对纳税人提供的《个人所得税专项附加扣除信息表》，应当按照规定妥善保存备查。扣缴义务人应当依法对纳税人报送的专项附加扣除等相关涉税信息和资料保密。

对扣缴义务人按照规定扣缴的税款，按年付给2%的手续费。不包括税务机关、司法机关等查补或者责令补扣的税款。扣缴义务人领取的扣缴手续费可用于提升办税能力、奖励办税人员。

扣缴义务人依法履行代扣代缴义务，纳税人不得拒绝。纳税人拒绝的，扣缴义务人应当及时报告税务机关。扣缴义务人有未按照规定向税务机关报送资料和信息、未按照纳税人提供信息虚报虚扣专项附加扣除、应扣未扣税款、不缴或少缴已扣税款、借用或冒用他人身份等行为的，依照《税收征收管理法》等相关法律、行政法规处理。

三、个人所得税自行纳税申报制度

📖 取得综合所得如何自行纳税申报

根据《个人所得税法》第十条的规定,取得综合所得需要办理汇算清缴的,纳税人应当依法办理纳税申报。

根据《个人所得税法实施条例》第二十五条的规定,取得综合所得需要办理汇算清缴的情形包括:①从两处以上取得综合所得,且综合所得年收入额减除专项扣除的余额超过6万元;②取得劳务报酬所得、稿酬所得、特许权使用费所得中一项或者多项所得,且综合所得年收入额减除专项扣除的余额超过6万元;③纳税年度内预缴税额低于应纳税额;④纳税人申请退税。纳税人申请退税,应当提供其在中国境内开设的银行账户,并在汇算清缴地就地办理税款退库。

根据《个人所得税法》第十一条的规定,居民个人取得综合所得,按年计算个人所得税;有扣缴义务人的,由扣缴义务人按月或者按次预扣预缴税款;需要办理汇算清缴的,应当在取得所得的次年3月1日至6月30日内办理汇算清缴。预扣预缴办法由国务院税务主管部门制定。

根据《个人所得税法》第十条的规定,扣缴义务人应当按照国家规定办理全员全额扣缴申报,并向纳税人提供其个人所得和已扣缴税款等信息。

根据《个人所得税法实施条例》第二十六条的规定,全员全额扣缴申报,是指扣缴义务人在代扣税款的次月15日内,向主管税务机关报送其支付所得的所有个人的有关信息、支付所得数额、扣除事项和数额、扣缴税款的具体数额和总额以及其他相关涉税信息资料。

根据《个人所得税法实施条例》第三十一条的规定,纳税人申请退税时提供的汇算清缴信息有错误的,税务机关应当告知其更正;纳税人更正的,税务机关应当及时办理退税。扣缴义务人未将扣缴的税款解缴入库的,不影响纳税人按照规定申请退税，税务机关应当凭纳税人提供的有关资料办理退税。

根据《国家税务总局关于个人所得税自行纳税申报有关问题的公告》（国家税务总局公告2018年第62号）第一条的规定，取得综合所得且符合下列情形之一的纳税人，应当依法办理汇算清缴：①从两处以上取得综合所得，且综合所得年收入额减除专项扣除后的余额超过6万元；②取得劳务报酬所得、稿酬所得、特许权使用费所得中一项或者多项所得，且综合所得年收入额减除专项扣除的余额超过6万元；③纳税年度内预缴税额低于应纳税额；④纳税人申请退税。需要办理汇算清缴的纳税人，应当在取得所得的次年3月1日至6月30日内，向任职、受雇单位所在地主管税务机关办理纳税申报，并报送《个人所得税年度自行纳税申报表（A表）》（表2-4）、《个人所得税年度自行纳税申报表（简易版）》（表2-5）或者《个人所得税年度自行纳税申报表（问答版）》（表2-6）。

纳税人有两处以上任职、受雇单位的，选择向其中一处任职、受雇单位所在地主管税务机关办理纳税申报；纳税人没有任职、受雇单位的，向户籍所在地或经常居住地主管税务机关办理纳税申报。纳税人办理综合所得汇算清缴，应当准备与收入、专项扣除、专项附加扣除、依法确定的其他扣除、捐赠、享受税收优惠等相关的资料，并按规定留存备查或报送。

表2-4 个人所得税年度自行纳税申报表（A表）

（仅取得境内综合所得年度汇算适用）

税款所属期： 　年　月　日至　年　月　日
纳税人姓名：
纳税人识别号：□□□□□□□□□□□□□□□□□□-□□

金额单位：人民币元（列至角分）

基本情况				
手机号码		电子邮箱	邮政编码	□□□□□□
联系地址	＿＿省（区、市）＿＿＿＿市＿＿＿＿区（县）＿＿＿＿街道（乡、镇）＿＿＿＿			
纳税地点（单选）				
1. 有任职受雇单位的，需选本项并填写"任职受雇单位信息"：			□任职受雇单位所在地	

（续表）

任职受雇单位信息	名称	
	纳税人识别号	☐☐☐☐☐☐☐☐☐☐☐☐☐☐☐☐☐☐
2. 没有任职受雇单位的，可以从本栏次选择一地：		☐户籍所在地　☐经常居住地 ☐主要收入来源地
户籍所在地/经常居住地/主要收入来源地		＿＿＿＿省（区、市）＿＿＿＿市＿＿＿＿区（县）＿＿＿＿街道（乡、镇）＿＿＿＿＿＿＿＿＿＿

申报类型（单选）
☐首次申报　　　　　　　　　　　　　　　　☐更正申报

综合所得个人所得税计算

项目	行次	金额
一、收入合计（第1行＝第2行＋第3行＋第4行＋第5行）	1	
（一）工资、薪金	2	
（二）劳务报酬	3	
（三）稿酬	4	
（四）特许权使用费	5	
二、费用合计 [第6行＝（第3行＋第4行＋第5行）×20%]	6	
三、免税收入合计（第7行＝第8行＋第9行）	7	
（一）稿酬所得免税部分 [第8行＝第4行×（1－20%）×30%]	8	
（二）其他免税收入（附报《个人所得税减免税事项报告表》）	9	
四、减除费用	10	
五、专项扣除合计（第11行＝第12行＋第13行＋第14行＋第15行）	11	
（一）基本养老保险费	12	
（二）基本医疗保险费	13	
（三）失业保险费	14	
（四）住房公积金	15	
六、专项附加扣除合计（附报《个人所得税专项附加扣除信息表》）（第16行＝第17行＋第18行＋第19行＋第20行＋第21行＋第22行＋第23行）	16	
（一）子女教育	17	
（二）继续教育	18	
（三）大病医疗	19	

（续表）

项目	行次	金额
（四）住房贷款利息	20	
（五）住房租金	21	
（六）赡养老人	22	
（七）3岁以下婴幼儿照护	23	
七、其他扣除合计（第24行＝第25行＋第26行＋第27行＋第28行＋第29行＋第30行）	24	
（一）年金	25	
（二）商业健康保险（附报《商业健康保险税前扣除情况明细表》）	26	
（三）税延养老保险（附报《个人税收递延型商业养老保险税前扣除情况明细表》）	27	
（四）允许扣除的税费	28	
（五）个人养老金	29	
（六）其他	30	
八、准予扣除的捐赠额（附报《个人所得税公益慈善事业捐赠扣除明细表》）	31	
九、应纳税所得额（第32行＝第1行－第6行－第7行－第10行－第11行－第16行－第24行－第31行）	32	
十、税率（%）	33	
十一、速算扣除数	34	
十二、应纳税额（第35行＝第32行 × 第33行－第34行）	35	
全年一次性奖金个人所得税计算 （无住所居民个人预判为非居民个人取得的数月奖金，选择按全年一次性奖金计税的填写本部分）		
一、全年一次性奖金收入	36	
二、准予扣除的捐赠额（附报《个人所得税公益慈善事业捐赠扣除明细表》）	37	
三、税率（%）	38	
四、速算扣除数	39	
五、应纳税额 [第40行＝（第36行－第37行）× 第38行－第39行]	40	
税额调整		
一、综合所得收入调整额（需在"备注"栏说明调整具体原因、计算方式等）	41	
二、应纳税额调整额	42	

（续表）

项目	行次	金额
应补/退个人所得税计算		
一、应纳税额合计（第43行＝第35行＋第40行＋第42行）	43	
二、减免税额（附报《个人所得税减免税事项报告表》）	44	
三、已缴税额	45	
四、应补/退税额（第46行＝第43行－第44行－第45行）	46	
无住所个人附报信息		
纳税年度内在中国境内居住天数		已在中国境内居住年数
退税申请（应补/退税额小于0的填写本部分）		
□ 申请退税（需填写"开户银行名称""开户银行省份""银行账号"）		□ 放弃退税
开户银行名称		开户银行省份
银行账号		
备注		

谨声明：本表是根据国家税收法律法规及相关规定填报的，本人对填报内容（附带资料）的真实性、可靠性、完整性负责。

纳税人签字： 　　　年　　月　　日

经办人签字： 经办人身份证件类型： 经办人身份证件号码： 代理机构签章： 代理机构统一社会信用代码：	受理人： 受理税务机关（章）： 受理日期：　　年　　月　　日

国家税务总局监制

（续表）

《个人所得税年度自行纳税申报表》（A 表）填表说明
（仅取得境内综合所得年度汇算适用）

一、适用范围

本表适用于居民个人纳税年度内仅从中国境内取得工资薪金所得、劳务报酬所得、稿酬所得、特许权使用费所得（以下称"综合所得"），按照税法规定进行个人所得税综合所得汇算清缴。居民个人纳税年度内取得境外所得的，不适用本表。

二、报送期限

居民个人取得综合所得需要办理汇算清缴的，应当在取得所得的次年 3 月 1 日至 6 月 30 日内，向主管税务机关办理个人所得税综合所得汇算清缴申报，并报送本表。

三、本表各栏填写

（一）表头项目

1. 税款所属期：填写居民个人取得综合所得当年的第 1 日至最后 1 日。如：2022 年 1 月 1 日至 2022 年 12 月 31 日。

2. 纳税人姓名：填写居民个人姓名。

3. 纳税人识别号：有中国公民身份证号码的，填写中华人民共和国居民身份证上载明的"公民身份号码"；没有中国公民身份证号码的，填写税务机关赋予的纳税人识别号。

（二）基本情况

1. 手机号码：填写居民个人中国境内的有效手机号码。

2. 电子邮箱：填写居民个人有效电子邮箱地址。

3. 联系地址：填写居民个人能够接收信件的有效地址。

4. 邮政编码：填写居民个人"联系地址"对应的邮政编码。

（三）纳税地点

居民个人根据任职受雇情况，在选项 1 和选项 2 之间选择其一，并填写相应信息。若居民个人逾期办理汇算清缴申报被指定主管税务机关的，无需填写本部分。

1. 任职受雇单位信息：勾选"任职受雇单位所在地"并填写相关信息。按累计预扣法预扣预缴居民个人劳务报酬所得个人所得税的单位，视同居民个人的任职受雇单位。其中，按累计预扣法预扣预缴个人所得税的劳务报酬包括保险营销员和证券经纪人取得的佣金收入，以及正在接受全日制学历教育的学生实习取得的劳务报酬。

（1）名称：填写任职受雇单位的法定名称全称。

（2）纳税人识别号：填写任职受雇单位的纳税人识别号或者统一社会信用代码。

2. 户籍所在地/经常居住地：勾选"户籍所在地"的，填写居民户口簿中登记的住址。勾选"经常居住地"的，填写居民个人申领居住证上登载的居住地址；没有申领居住证的，填写居民个人实际居住地；实际居住地不在中国境内的，填写支付或者实际负担综合所得的境内单位或个人所在地。勾选"主要收入来源地"的，填写居民个人纳税年度内取得的劳务报酬、稿酬及特许权使用费三项所得累计收入最大的扣缴义务人所在地。

（四）申报类型

未曾办理过年度汇算申报，勾选"首次申报"；已办理过年度汇算申报，但有误需要更正的，勾选"更正申报"。

（续表）

（五）综合所得个人所得税计算

1. 第1行"收入合计"：填写居民个人取得的综合所得收入合计金额。

第1行＝第2行＋第3行＋第4行＋第5行。

2. 第2～5行"工资、薪金""劳务报酬""稿酬""特许权使用费"：填写居民个人取得的需要并入综合所得计税的"工资、薪金""劳务报酬""稿酬""特许权使用费"所得收入金额。

3. 第6行"费用合计"：根据相关行次计算填报。

第6行＝（第3行＋第4行＋第5行）×20%。

4. 第7行"免税收入合计"：填写居民个人取得的符合税法规定的免税收入合计金额。

第7行＝第8行＋第9行。

5. 第8行"稿酬所得免税部分"：根据相关行次计算填报。

第8行＝第4行×（1－20%）×30%。

6. 第9行"其他免税收入"：填写居民个人取得的除第8行以外的符合税法规定的免税收入合计，并按规定附报《个人所得税减免税事项报告表》。

7. 第10行"减除费用"：填写税法规定的减除费用。

8. 第11行"专项扣除合计"：根据相关行次计算填报。

第11行＝第12行＋第13行＋第14行＋第15行。

9. 第12～15行"基本养老保险费""基本医疗保险费""失业保险费""住房公积金"：填写居民个人按规定可以在税前扣除的基本养老保险费、基本医疗保险费、失业保险费、住房公积金金额。

10. 第16行"专项附加扣除合计"：根据相关行次计算填报，并按规定附报《个人所得税专项附加扣除信息表》。

第16行＝第17行＋第18行＋第19行＋第20行＋第21行＋第22行＋第23行。

11. 第17～23行"子女教育""继续教育""大病医疗""住房贷款利息""住房租金""赡养老人""3岁以下婴幼儿照护"：填写居民个人按规定可以在税前扣除的子女教育、继续教育、大病医疗、住房贷款利息、住房租金、赡养老人、3岁以下婴幼儿照护等专项附加扣除的金额。

12. 第24行"其他扣除合计"：根据相关行次计算填报。

第24行＝第25行＋第26行＋第27行＋第28行＋第29行＋第30行。

13. 第25～30行"年金""商业健康保险""税延养老保险""允许扣除的税费""个人养老金""其他"：填写居民个人按规定可在税前扣除的年金、商业健康保险、税延养老保险、允许扣除的税费、个人养老金和其他扣除项目的金额。其中，填写商业健康保险的，应当按规定附报《商业健康保险税前扣除情况明细表》；填写税延养老保险的，应当按规定附报《个人税收递延型商业养老保险税前扣除情况明细表》。

14. 第31行"准予扣除的捐赠额"：填写居民个人按规定准予在税前扣除的公益慈善事业捐赠金额，并按规定附报《个人所得税公益慈善事业捐赠扣除明细表》。

15. 第32行"应纳税所得额"：根据相关行次计算填报。

第32行＝第1行－第6行－第7行－第10行－第11行－第16行－第24行－第31行。

16. 第33、34行"税率""速算扣除数"：填写按规定适用的税率和速算扣除数。

17. 第35行"应纳税额"：按照相关行次计算填报。

第35行＝第32行×第33行－第34行。

（六）全年一次性奖金个人所得税计算

无住所居民个人预缴时因预判为非居民个人而按取得数月奖金计算缴税的，汇缴时可以根据自身情况，将一笔数月奖金按照全年一次性奖金单独计算。

（续表）

1. 第36行"全年一次性奖金收入"：填写无住所的居民个人纳税年度内预判为非居民个人时取得的一笔数月奖金收入金额。

2. 第37行"准予扣除的捐赠额"：填写无住所的居民个人按规定准予在税前扣除的公益慈善事业捐赠金额，并按规定附报《个人所得税公益慈善事业捐赠扣除明细表》。

3. 第38、39行"税率""速算扣除数"：填写按照全年一次性奖金政策规定适用的税率和速算扣除数。

4. 第40行"应纳税额"：按照相关行次计算填报。

第40行＝（第36行－第37行）× 第38行－第39行。

（七）税额调整

1. 第41行"综合所得收入调整额"：填写居民个人按照税法规定可以办理的除第41行之前所填报内容之外的其他可以进行调整的综合所得收入的调整金额，并在"备注"栏说明调整的具体原因、计算方式等信息。

2. 第42行"应纳税额调整额"：填写居民个人按照税法规定调整综合所得收入后所应调整的应纳税额。

（八）应补/退个人所得税计算

1. 第43行"应纳税额合计"：根据相关行次计算填报。

第43行 ＝ 第35行＋第40行＋第42行。

2. 第44行"减免税额"：填写符合税法规定的可以减免的税额，并按规定附报《个人所得税减免税事项报告表》。

3. 第45行"已缴税额"：填写居民个人取得在本表中已填报的收入对应的已经缴纳或者被扣缴的个人所得税。

4. 第46行"应补/退税额"：根据相关行次计算填报。

第46行＝第42行－第44行－第45行。

（九）无住所个人附报信息

本部分由无住所居民个人填写。不是，则不填。

1. 纳税年度内在中国境内居住天数：填写纳税年度内，无住所居民个人在中国境内居住的天数。

2. 已在中国境内居住年数：填写无住所居民个人已在中国境内连续居住的年份数。其中，年份数自2019年（含）开始计算且不包含本纳税年度。

（十）退税申请

本部分由应补/退税额小于0且勾选"申请退税"的居民个人填写。

1. "开户银行名称"：填写居民个人在中国境内开立银行账户的银行名称。

2. "开户银行省份"：填写居民个人在中国境内开立的银行账户的开户银行所在省、自治区、直辖市或者计划单列市。

3. "银行账号"：填写居民个人在中国境内开立的银行账户的银行账号。

（十一）备注

填写居民个人认为需要特别说明的或者按照有关规定需要说明的事项。

四、其他事项说明

以纸质方式报送本表的，建议通过计算机填写打印，一式两份，纳税人、税务机关各留存一份。

第二部分　轻松掌握个人所得税反避税与征收管理制度

表2-5　个人所得税年度自行纳税申报表（简易版）

（纳税年度：20　　）

一、填表须知

> 填写本表前，请仔细阅读以下内容：
> 1. 如果您年综合所得收入额不超过6万元且在纳税年度内未取得境外所得的，可以填写本表；
> 2. 您可以在纳税年度的次年3月1日至6月30日使用本表办理汇算清缴申报，并在该期限内申请退税；
> 3. 建议您下载并登录个人所得税App，或者直接登录税务机关官方网站在线办理汇算清缴申报，体验更加便捷的申报方式；
> 4. 如果您对于申报填写的内容有疑问，您可以参考相关办税指引，咨询您的扣缴单位、专业人士，或者拨打12366纳税服务热线。
> 5. 以纸质方式报送本表的，建议通过计算机填写打印，一式两份，纳税人、税务机关各留存一份。

二、个人基本情况

1. 姓名	
2. 公民身份证号码/纳税人识别号	□□□□□□□□□□□□□□□□-□□（无校验码不填后两位）
说明：有中国公民身份证号码的，填写中华人民共和国居民身份证上载明的"公民身份号码"；没有中国公民身份证号码的，填写税务机关赋予的纳税人识别号。	
3. 手机号码	□□□□□□□□□□□
提示：中国境内有效手机号码，请准确填写，以方便与您联系。	
4. 电子邮箱	
5. 联系地址	＿＿＿＿省（区、市）＿＿＿市＿＿＿区（县）＿＿＿＿街道（乡、镇）＿＿＿＿
提示：能够接收信件的有效通信地址。	
6. 邮政编码	□□□□□□

三、纳税地点（单选）

1. 有任职受雇单位的，需选本项并填写"任职受雇单位信息"：		□任职受雇单位所在地
任职受雇单位信息	名称	
	纳税人识别号	□□□□□□□□□□□□□□□□□
2. 没有任职受雇单位的，可以从本栏次选择一地：		□户籍所在地　□经常居住地　□主要收入来源地

（续表）

户籍所在地 / 经常居住地 / 主要收入来源地	＿＿＿省（区、市）＿＿市＿＿区（县）＿＿＿＿ 街道（乡、镇）＿＿＿＿

四、申报类型

请您选择本次申报类型，未曾办理过年度汇算申报，勾选"首次申报"；已办理过年度汇算申报，但有误需要更正的，勾选"更正申报"： □首次申报　　　　　　　　□更正申报

五、纳税情况

已缴税额	□□，□□□.□□（元）
纳税年度内取得综合所得时，扣缴义务人预扣预缴以及个人自行申报缴纳的个人所得税。	

六、退税申请

1. 是否申请退税？	□申请退税【选择此项的，填写个人账户信息】　　□放弃退税
2. 个人账户信息	开户银行名称：＿＿＿＿＿＿＿＿开户银行省份：＿＿＿＿＿＿＿＿ 银行账号：＿＿＿＿＿＿＿＿＿＿＿
说明：开户银行名称填写居民个人在中国境内开立银行账户的银行名称。	

七、备注

如果您有需要特别说明或者税务机关要求说明的事项，请在本栏填写：

八、承诺及申报受理

谨声明： 1. 本人纳税年度内取得的综合所得收入额合计不超过 6 万元。 2. 本表是根据国家税收法律法规及相关规定填报的，本人对填报内容（附带资料）的真实性、可靠性、完整性负责。 　　　　　　　　　　　　　　　　纳税人签名：＿＿＿年＿＿＿月＿＿＿日

第二部分 轻松掌握个人所得税反避税与征收管理制度

（续表）

经办人签字： 经办人身份证件类型： 经办人身份证件号码： 代理机构签章： 代理机构统一社会信用代码：	受理人： 受理税务机关（章）： 受理日期：　　年　月　日

国家税务总局监制

表2-6　个人所得税年度自行纳税申报表（问答版）

（纳税年度：20　　）

一、填表须知

> 填写本表前，请仔细阅读以下内容：
> 1. 如果您需要办理个人所得税综合所得汇算清缴，并且未在纳税年度内取得境外所得的，可以填写本表；
> 2. 您需要在纳税年度的次年3月1日至6月30日办理汇算清缴申报，并在该期限内补缴税款或者申请退税；
> 3. 建议您下载并登录个人所得税App，或者直接登录税务机关官方网站在线办理汇算清缴申报，体验更加便捷的申报方式；
> 4. 如果您对于申报填写的内容有疑问，您可以参考相关办税指引，咨询您的扣缴单位、专业人士，或者拨打12366纳税服务热线。
> 5. 以纸质方式报送本表的，建议通过计算机填写打印，一式两份，纳税人、税务机关各留存一份。

二、基本情况

1. 姓　名	
2. 公民身份证号码/纳税人识别号	□□□□□□□□□□□□□□□□-□□（无校验码不填后两位）
说明：有中国公民身份证号码的，填写中华人民共和国居民身份证上载明的"公民身份号码"；没有中国公民身份证号码的，填写税务机关赋予的纳税人识别号。	
3. 手机号码	□□□□□□□□□□□
提示：中国境内有效手机号码，请准确填写，以方便与您联系。	
4. 电子邮箱	
5. 联系地址	_____省（区、市）____市____区（县）_____街道（乡、镇）_____
提示：能够接收信件的有效通信地址。	
6. 邮政编码	□□□□□□

三、纳税地点

7. 您是否有任职受雇单位，并取得工资薪金？（单选）
□有任职受雇单位（需要回答问题8）　　　□没有任职受雇单位（需要回答问题9）

8. 如果您有任职受雇单位，您可以选择一处任职受雇单位所在地办理汇算清缴，请提供该任职受雇单位的具体情况：
任职受雇单位名称（全称）：_____
任职受雇单位纳税人识别号：□□□□□□□□□□□□□□□□□□

9. 如果您没有任职受雇单位，您可以选择在以下地点办理汇算清缴：（单选）
□户籍所在地　　　　　　　　　　　　□经常居住地
具体地址：_____省（区、市）____市____区（县）_____街道（乡、镇）_____
说明：1. 户籍所在地是指居民户口簿中登记的地址。
2. 经常居住地是指居民个人申领居住证上登载的居住地址，若没有申领居住证，指居民个人当前实际居住的地址；若居民个人不在中国境内的，指支付或者实际负担综合所得的境内单位或个人所在地。

四、申报类型

10. 未曾办理过年度汇算申报，勾选"首次申报"；已办理过年度汇算申报，但有误需要更正的，勾选"更正申报"：
□首次申报　　　　　　　　　　　　　□更正申报

五、收入-A（工资薪金）

11. 您在纳税年度内取得的工资薪金收入有多少？
（A1）工资薪金收入（包括并入综合所得计算的全年一次性奖金）：
□□，□□□，□□□．□□（元）　□无此类收入
说明：
（1）工资薪金是指，个人因任职或者受雇，取得的工资薪金收入。包括工资、薪金、奖金、年终加薪、劳动分红、津贴、补贴以及与任职或者受雇有关的其他收入。全年一次性奖金是指，行政机关、企事业单位等扣缴义务人根据其全年经济效益和对雇员全年工作业绩的综合考核情况，向雇员发放的一次性奖金。包括年终加薪、实行年薪制和绩效工资办法的单位根据考核情况兑现的年薪和绩效工资。
（2）全年一次性奖金可以单独计税，也可以并入综合所得计税。具体方法请查阅财税〔2018〕164号文件规定。选择何种方式计税对您更为有利，可以咨询专业人士。
（3）工资薪金收入不包括单独计税的全年一次性奖金。

六、收入-A（劳务报酬）

12. 您在纳税年度内取得的劳务报酬收入有多少？
（A2）劳务报酬收入：□□，□□□，□□□．□□（元）　□无此类收入

第二部分　轻松掌握个人所得税反避税与征收管理制度

（续表）

说明：劳务报酬收入是指，个人从事设计、装潢、安装、制图、化验、测试、医疗、法律、会计、咨询、讲学、翻译、审稿、书画、雕刻、影视、录音、录像、演出、表演、广告、展览、技术服务、介绍服务、经纪服务、代办服务以及其他劳务取得的收入。

七、收入-A（稿酬）

13. 您在纳税年度内取得的稿酬收入有多少？
（A3）稿酬收入：□□,□□□,□□□,□□□.□□（元）　□无此类收入
说明：稿酬收入是指，个人作品以图书、报刊等形式出版、发表而取得的收入。

八、收入-A（特许权使用费）

14. 您在纳税年度内取得的特许权使用费收入有多少？
（A4）特许权使用费收入：□□,□□□,□□□,□□□.□□（元）　□无此类收入
说明：特许权使用费收入是指，个人提供专利权、商标权、著作权、非专利技术以及其他特许权的使用权取得的收入。

九、免税收入-B

15. 您在纳税年度内取得的综合所得收入中，免税收入有多少？（需附报《个人所得税减免税事项报告表》）
（B1）免税收入：□□,□□□,□□□,□□□.□□（元）　□无此类收入
提示：免税收入是指按照税法规定免征个人所得税的收入。其中，税法规定"稿酬所得的收入额减按70%计算"，对稿酬所得的收入额减计30%的部分无需填入本项，将在后续计算中扣减该部分。

十、专项扣除-C

16. 您在纳税年度内个人负担的，按规定可以在税前扣除的基本养老保险费、基本医疗保险费、失业保险费、住房公积金是多少？
（C1）基本养老保险费：□□□,□□□.□□（元）　□无此类扣除
（C2）基本医疗保险费：□□□,□□□.□□（元）　□无此类扣除
（C3）失业保险费：　　□□□,□□□.□□（元）　□无此类扣除
（C4）住房公积金：　　□□□,□□□.□□（元）　□无此类扣除
说明：个人实际负担的三险一金可以扣除。

十一、专项附加扣除-D

17. 您在纳税年度内可以扣除的子女教育支出是多少？（需附报《个人所得税专项附加扣除信息表》）
（D1）子女教育：□□□,□□□.□□（元）　□无此类扣除

（续表）

说明：
子女教育支出可扣除金额（D1）=每一子女可扣除金额合计；
每一子女可扣除金额=纳税年度内符合条件的扣除月份数 ×1 000 元 × 扣除比例。
纳税年度内符合条件的扣除月份数包括子女年满 3 周岁当月起至受教育前一月、实际受教育月份以及寒暑假休假月份等。
扣除比例：由夫妻双方协商确定，每一子女可以在本人或配偶处按照 100% 扣除，也可由双方分别按照 50% 扣除。

18. 您在纳税年度内可以扣除的继续教育支出是多少？（需附报《个人所得税专项附加扣除信息表》）

（D2）继续教育：□□□，□□□.□□（元）　□无此类扣除

说明：
继续教育支出可扣除金额（D2）=学历（学位）继续教育可扣除金额+职业资格继续教育可扣除金额；
学历（学位）继续教育可扣除金额=纳税年度内符合条件的扣除月份数 ×400 元；
纳税年度内符合条件的扣除月份数包括受教育月份、寒暑假休假月份等，但同一学历（学位）教育扣除期限不能超过 48 个月。
纳税年度内，个人取得符合条件的技能人员、专业技术人员相关职业资格证书的，职业资格继续教育可扣除金额= 3 600 元。

19. 您在纳税年度内可以扣除的大病医疗支出是多少？（需附报《个人所得税专项附加扣除信息表》）

（D3）大病医疗：□，□□□，□□□.□□（元）　□无此类扣除

说明：
大病医疗支出可扣除金额（D3）=选择由您扣除的每一家庭成员的大病医疗可扣除金额合计；
某一家庭成员的大病医疗可扣除金额（不超过 80 000 元）=纳税年度内医保目录范围内的自付部分— 15 000 元；
家庭成员包括个人本人、配偶、未成年子女。

20. 您在纳税年度内可以扣除的住房贷款利息支出是多少？（需附报《个人所得税专项附加扣除信息表》）

（D4）住房贷款利息：□□，□□□.□□（元）　□无此类扣除

说明：
住房贷款利息支出可扣除金额（D4）=符合条件的扣除月份数 × 扣除定额。
符合条件的扣除月份数为纳税年度内实际贷款月份数。
扣除定额：正常情况下，由夫妻双方协商确定，由其中 1 人扣除 1 000 元 / 月；婚前各自购房，均符合扣除条件的，婚后可选择由其中 1 人扣除 1 000 元 / 月，也可以选择各自扣除 500 元 / 月。

21. 您在纳税年度内可以扣除的住房租金支出是多少？（需附报《个人所得税专项附加扣除信息表》）

（续表）

（D5）住房租金：□□,□□□.□□（元）　□无此类扣除 说明： 住房租金支出可扣除金额（D5）=纳税年度内租房月份的月扣除定额之和 月扣除定额：直辖市、省会（首府）城市、计划单列市以及国务院确定的其他城市，扣除标准为 1 500 元/月；市辖区户籍人口超过 100 万的城市，扣除标准为 1 100 元/月；市辖区户籍人口不超过 100 万的城市，扣除标准为 800 元/月。
22. 您在纳税年度内可以扣除的赡养老人支出是多少？（需附报《个人所得税专项附加扣除信息表》） （D6）赡养老人：□□,□□□.□□（元）　□无此类扣除 说明： 赡养老人支出可扣除金额（D6）=纳税年度内符合条件的月份数 × 月扣除定额 符合条件的月份数：纳税年度内满 60 岁的老人，自满 60 岁当月起至 12 月份计算；纳税年度前满 60 岁的老人，按照 12 个月计算。 月扣除定额：独生子女，月扣除定额 2 000 元/月；非独生子女，月扣除定额由被赡养人指定分摊，也可由赡养人均摊或约定分摊，但每月不超过 1 000 元/月。
23. 您在纳税年度内可以扣除的 3 岁以下婴幼儿照护支出是多少？（需附报《个人所得税专项附加扣除信息表》） （D7）3 岁以下婴幼儿照护：□□,□□□.□□（元）　□无此类扣除 说明： 3 岁以下婴幼儿照护支出可扣除金额（D7）=每一 3 岁以下婴幼儿照护可扣除金额合计；每一 3 岁以下婴幼儿照护可扣除金额=纳税年度内符合条件的扣除月份数 × 1 000 元 × 扣除比例。 纳税年度内符合条件的扣除月份数为婴幼儿出生的当月至年满 3 周岁的前一个月。 扣除比例：由夫妻双方协商确定，每一婴幼儿子女可以在本人或配偶处按照 100% 扣除，也可由双方分别按照 50% 扣除。

十二、其他扣除 -E

24. 您在纳税年度内可以扣除的企业年金、职业年金是多少？ （E1）年金：□□□,□□□.□□（元）　□无此类扣除
25. 您在纳税年度内可以扣除的商业健康保险是多少？（需附报《商业健康保险税前扣除情况明细表》） （E2）商业健康保险：□,□□□.□□（元）　□无此类扣除
26. 您在纳税年度内可以扣除的税收递延型商业养老保险是多少？（需附报《个人税收递延型商业养老保险税前扣除情况明细表》） （E3）税延养老保险：□□,□□□.□□（元）　□无此类扣除
27. 您在纳税年度内可以扣除的税费是多少？ （E4）允许扣除的税费：□□,□□□,□□□.□□（元）　□无此类扣除 说明：允许扣除的税费是指，个人取得劳务报酬、稿酬、特许权使用费收入时，发生的合理税费支出。
28. 您在纳税年度内可以扣除的个人养老金是多少？ （E5）个人养老金：□□,□□□.□□（元）　□无此类扣除

（续表）

29. 您在纳税年度内发生的除上述扣除以外的其他扣除是多少？
（E6）其他扣除：□□，□□□，□□□，□□□.□□（元）　□无此类扣除
提示：其他扣除（其他）包括保险营销员、证券经纪人佣金收入的展业成本。

十三、捐赠 -F

30. 您在纳税年度内可以扣除的捐赠支出是多少？（需附报《个人所得税公益慈善事业捐赠扣除明细表》）
（F1）准予扣除的捐赠额：□□，□□□，□□□，□□□.□□（元）　□无此类扣除

十四、全年一次性奖金 -G

31. 您在纳税年度内取得的一笔要转换为全年一次性奖金的数月奖金是多少？
（G1）全年一次性奖金：□□，□□□，□□□，□□□.□□（元）　□无此类情况
（G2）全年一次性奖金应纳个人所得税＝G1×适用税率－速算扣除数＝□□，□□□，□□□，□□□.□□（元）
说明：仅适用于无住所居民个人预缴时因预判为非居民个人而按取得数月奖金计算缴税，汇缴时可以根据自身情况，将一笔数月奖金按照全年一次性奖金单独计算。

十五、税额计算 -H（使用纸质申报的居民个人需要自行计算填写本项）

32. 综合所得应纳个人所得税计算
（H1）综合所得应纳个人所得税＝[（A1＋A2×80%＋A3×80%×70%＋A4×80%）－B1－60 000－（C1＋C2＋C3＋C4）－（D1＋D2＋D3＋D4＋D5＋D6）－（E1＋E2＋E3＋E4＋E5）－F1]×适用税率－速算扣除数＝□□，□□□，□□□，□□□.□□（元）

说明：适用税率和速算扣除数如下

级数	全年应纳税所得额	税率	速算扣除数
1	不超过36 000元的	3%	0
2	超过36 000元至144 000元的部分	10%	2 520
3	超过144 000元至300 000元的部分	20%	16 920
4	超过300 000元至420 000元的部分	25%	31 920
5	超过420 000元至660 000元的部分	30%	52 920
6	超过660 000元至960 000元的部分	35%	85 920
7	超过960 000元	45%	181 920

第二部分　轻松掌握个人所得税反避税与征收管理制度

十六、减免税额 -J

33. 您可以享受的减免税类型有哪些？
□残疾　□孤老　□烈属　□其他（需附报《个人所得税减免税事项报告表》）
□无此类情况

34. 您可以享受的减免税金额是多少？
（J1）减免税额：□□,□□□,□□□,□□□.□□（元）　□无此类情况

十七、已缴税额 -K

35. 您在纳税年度内取得本表填报的各项收入时，已经缴纳的个人所得税是多少？
（K1）已纳税额：□□,□□□,□□□,□□□.□□（元）　□无此类情况

十八、应补/退税额 -L（使用纸质申报的居民个人需要自行计算填写本项）

36. 您本次汇算清缴应补/退的个人所得税税额是：
（L1）应补/退税额 = G2 + H1 − J1 − K1 = □□,□□□,□□□,□□□.□□（元）

十九、无住所个人附报信息（有住所个人无需填写本项）

37. 您在纳税年度内，在中国境内的居住天数是多少？
纳税年度内在中国境内居住天数：　　　天。

38. 您在中国境内的居住年数是多少？
中国境内居住年数：＿＿＿＿年。
说明：境内居住年数自2019年（含）以后年度开始计算。境内居住天数和年数的具体计算方法参见财政部、税务总局公告2019年第34号。

二十、退税申请（应补/退税额小于0的填写本项）

39. 您是否申请退税？
□申请退税　　　　□放弃退税

40. 如果您申请退税，请提供您的有效银行账户。
开户银行名称：＿＿＿＿＿＿＿＿＿＿开户银行省份：＿＿＿＿＿＿＿＿＿＿
银行账号：＿＿＿＿＿＿＿＿＿＿＿＿＿＿
说明：开户银行名称填写居民个人在中国境内开立银行账户的银行名称。

二十一、备注

如果您有需要特别说明或者税务机关要求说明的事项，请在本栏填写：

二十二、申报受理

谨声明：本表是根据国家税收法律法规及相关规定填报的，本人对填报内容（附带资料）的真实性、可靠性、完整性负责。	
个人签名：＿＿＿＿＿＿＿＿＿＿＿＿＿＿＿＿＿＿＿＿＿＿＿年＿＿＿月＿＿＿日	
经办人签字： 经办人身份证件类型： 经办人身份证件号码： 代理机构签章： 代理机构统一社会信用代码：	受理人： 受理税务机关（章）： 受理日期：　　　年　　月　　日

国家税务总局监制

📖 没有扣缴义务人如何自行纳税申报

根据《个人所得税法》第十条的规定，取得应税所得没有扣缴义务人的，纳税人应当依法办理纳税申报。

根据《个人所得税法》第十二条的规定，纳税人取得经营所得，按年计算个人所得税，由纳税人在月度或者季度终了后15日内向税务机关报送纳税申报表，并预缴税款；在取得所得的次年3月31日前办理汇算清缴。纳税人取得利息、股息、红利所得，财产租赁所得，财产转让所得和偶然所得，按月或者按次计算个人所得税，有扣缴义务人的，由扣缴义务人按月或者按次代扣代缴税款。

根据《个人所得税法》第十三条的规定，纳税人取得应税所得没有扣缴义务人的，应当在取得所得的次月15日内向税务机关报送纳税申报表，并缴纳税款。

根据《国家税务总局关于个人所得税自行纳税申报有关问题的公告》（国家税务总局公告2018年第62号）第二条的规定，个体工商户业主、个人独资企业投资者、合伙企业个人合伙人、承包承租经营者个人以及其他从事生产、经营活动的个人取得经营所得，包括以下情形：

（1）个体工商户从事生产、经营活动取得的所得，个人独资企业投资人、合伙企业的个人合伙人来源于境内注册的个人独资企业、合伙企业生产、经营的所得。

（2）个人依法从事办学、医疗、咨询以及其他有偿服务活动取得的所得。

（3）个人对企业、事业单位承包经营、承租经营以及转包、转租取得的所得。

（4）个人从事其他生产、经营活动取得的所得。

纳税人取得经营所得，按年计算个人所得税，由纳税人在月度或季度终了后15日内，向经营管理所在地主管税务机关办理预缴纳税申报，并报送《个人所得税经营所得纳税申报表（A表）》。在取得所得的次年3月31日前，向经营管理所在地主管税务机关办理汇算清缴，并报送《个人所得税经营所得纳税申报表（B表）》；从两处以上取得经营所得的，选择向其中一处经营管理所在地主管税务机关办理年度汇总申报，并报送《个人所得税经营所得纳税申报表（C表）》。

未扣缴税款如何自行纳税申报

根据《个人所得税法》第十条的规定，取得应税所得，扣缴义务人未扣缴税款的，纳税人应当依法办理纳税申报。

根据《个人所得税法》第十三条的规定，纳税人取得应税所得，扣缴义务人未扣缴税款的，纳税人应当在取得所得的次年6月30日前，缴纳税款；税务机关通知限期缴纳的，纳税人应当按照期限缴纳税款。

根据《国家税务总局关于个人所得税自行纳税申报有关问题的公告》（国家税务总局公告2018年第62号）第三条的规定，纳税人取得应税所得，扣缴义务人未扣缴税款的，应当区别以下情形办理纳税申报：

（1）居民个人取得综合所得的，按照该公告第一条办理。

（2）非居民个人取得工资、薪金所得，劳务报酬所得，稿酬所得，特许权使用费所得的，应当在取得所得的次年6月30日前，向扣缴义务人所在地主管税务机关办理纳税申报，并报送《个人所得税自行纳税申报表（A表）》。有两个以上扣缴义务人均未扣缴税款的，选择向其中一处扣缴义务人所在地主管税务机关办理纳税申报。非居民个人在次年6月30日前离境（临时离境除外）的，应当在离境前办理纳税申报。

（3）纳税人取得利息、股息、红利所得，财产租赁所得，财产转让所得和偶然所得的，应当在取得所得的次年6月30日前，按相关规定向主管税务机关办理纳税申报，并报送《个人所得税自行纳税申报表（A表）》（表2-7）。税务机关通知限期缴纳的，纳税人应当按照期限缴纳税款。

表 2-7 个人所得税自行纳税申报表（A表）

税款所属期：　　年　月　日 至　　年　月　日

纳税人姓名：

纳税人识别号：□□□□□□□□□□□□□□□□□□

| 自行申报情形 | □居民个人取得应税所得，扣缴义务人未扣缴税款
□非居民个人取得应税所得，扣缴义务人未扣缴税款
□非居民个人在中国境内从两处以上取得工资、薪金所得　　□其他_____ | 是否为非居民个人 | □是　□否 | 金额单位：人民币元（列至角分）
□不超过 90 天
□超过 90 天不超过 183 天 |

序号	所得项目	收入额计算				专项扣除				其他扣除				准予扣除的捐赠额	应纳税所得额	税款计算				非居民个人本年度境内居住天数		备注
		收入	费用	免税收入	减除费用	基本养老保险费	基本医疗保险费	失业保险费	住房公积金	财产原值	允许扣除的税费	其他	减按计税比例			税率	速算扣除数	应纳税额	减免税额	已缴税额	应补/退税额	
1	2	3	4	5	6	7	8	9	10	11	12	13	14	15	16	17	18	19	20	21	22	23

谨声明：本表是根据国家税收法律法规及相关规定填报的，是真实的、可靠的、完整的。

经办人签字：

代理人身份证件号码：

代理机构签章：

代理机构统一社会信用代码：

纳税人签字：　　　　　　　　　　年　月　日

受理人：

受理税务机关（章）：

受理日期：　　年　月　日

国家税务总局监制

《个人所得税年度自行纳税申报表》（A表）填表说明

一、适用范围

本表适用于居民个人取得应税所得，扣缴义务人未扣缴税款，非居民个人取得应税所得扣缴义务人未扣缴税款，非居民个人在中国境内从两处以上取得工资、薪金所得等情形在办理自行纳税申报时，向税务机关报送。

二、报送期限

（一）居民个人取得应税所得扣缴义务人未扣缴税款，应当在取得所得的次年6月30日前办理纳税申报。税务机关通知限期缴纳的，纳税人应当按照期限缴纳税款。

（二）非居民个人取得应税所得，扣缴义务人未扣缴税款的，应当在取得所得的次年6月30日前办理纳税申报。非居民个人在次年6月30日前离境（临时离境除外）的，应当在离境前办理纳税申报。

（三）非居民个人在中国境内从两处以上取得工资、薪金所得的，应当在取得所得的次月15日内办理纳税申报。

（四）其他需要纳税人办理自行申报的情形，按规定的申报期限办理。

三、本表各栏填写

（一）表头项目

1. 税款所属期：填写纳税人取得所得应纳个人所得税款的所属期间，填写具体的起止年月日。

2. 纳税人姓名：填写自然人纳税人姓名。

3. 纳税人识别号：有中国公民身份证号码的，填写中华人民共和国居民身份证上载明的"公民身份号码"；没有中国公民身份证号码的，填写税务机关赋予的纳税人识别号。

（二）表内各栏

1. "自行申报情形"：纳税人根据自身情况在对应框内打"√"。选择"其他"的，应当填写具体自行申报情形。

2. "是否为非居民个人"：非居民个人选"是"，居民个人选"否"。不填默认为"否"。

3. "非居民个人本年度境内居住天数"：非居民个人根据合同、任职期限、预期工作时间等不同情况，填写"不超过90天"或者"超过90天不超过183天"。

4. 第2列"所得项目"：按照个人所得税法第二条规定的项目填写。纳税人取得多项所得或者多次取得所得的，分行填写。

5. 第3~5列"收入额计算"：包含"收入""费用""免税收入"。

收入额＝第3列－第4列－第5列。

（1）第3列"收入"：填写纳税人实际取得所得的收入总额。

（2）第4列"费用"：取得劳务报酬所得、稿酬所得、特许权使用费所得时填写，取得其他各项所得时无须填写本列。非居民个人取得劳务报酬所得、稿酬所得、特许权使用费所得，费用按收入的20%填写。

（3）第5列"免税收入"：填写符合税法规定的免税收入金额。其中，税法规定"稿酬所得的收入额减按70%计算"，对减计的30%部分，填入本列。

6. 第6列"减除费用"：按税法规定的减除费用标准填写。

7. 第7~10列"专项扣除"：分别填写按规定允许扣除的基本养老保险费、基本医疗保险费、失业保险费、住房公积金的金额。

（续表）

8. 第 11～13 列"其他扣除"：包含"财产原值""允许扣除的税费""其他"，分别填写按照税法规定当月（次）允许扣除的金额。

（1）第 11 列"财产原值"：纳税人取得财产转让所得时填写本栏。

（2）第 12 列"允许扣除的税费"：填写按规定可以在税前扣除的税费。

①纳税人取得劳务报酬所得时，填写劳务发生过程中实际缴纳的可依法扣除的税费。

②纳税人取得特许权使用费所得时，填写提供特许权过程中发生的中介费和实际缴纳的可依法扣除的税费。

③纳税人取得财产租赁所得时，填写修缮费和出租财产过程中实际缴纳的可依法扣除的税费。

④纳税人取得财产转让所得时，填写转让财产过程中实际缴纳的可依法扣除的税费。

（3）第 13 列"其他"：填写按规定其他可以在税前扣除的项目。

9. 第 14 列"减按计税比例"：填写按规定实行应纳税所得额减计税收优惠的减计比例。无减计规定的，则不填，系统默认为 100%。如，某项税收政策实行减按 60% 计入应纳税所得额，则本列填 60%。

10. 第 15 列"准予扣除的捐赠额"：是指按照税法及相关法规、政策规定，可以在税前扣除的捐赠额。

11. 第 16 列"应纳税所得额"：根据相关列次计算填报。

12. 第 17～18 列"税率""速算扣除数"：填写所得项目按规定适用的税率和速算扣除数。所得项目没有速算扣除数的，则不填。

13. 第 19 列"应纳税额"：根据相关列次计算填报。

第 19 列＝第 16 列 × 第 17 列－第 18 列。

14. 第 20 列"减免税额"：填写符合税法规定的可以减免的税额，并附报《个人所得税减免税事项报告表》。

15. 第 21 列"已缴税额"：填写纳税人当期已实际缴纳或者被扣缴的个人所得税款。

16. 第 22 列"应补/退税额"：根据相关列次计算填报。

第 22 列＝第 19 列－第 20 列－第 21 列。

四、其他事项说明

以纸质方式报送本表的，应当一式两份，纳税人、税务机关各留存一份。

取得境外所得如何自行纳税申报

根据《个人所得税法》第十条的规定，取得境外所得的，纳税人应当依法办理纳税申报。

根据《个人所得税法》第十三条的规定，居民个人从中国境外取得所得的，应当在取得所得的次年 3 月 1 日至 6 月 30 日申报纳税。

根据《国家税务总局关于个人所得税自行纳税申报有关问题的公告》（国家税务总局公告 2018 年第 62 号）第四条的规定，居民个人从中国境外取得所

第二部分 轻松掌握个人所得税反避税与征收管理制度

得的,应当在取得所得的次年3月1日至6月30日,向中国境内任职、受雇单位所在地主管税务机关办理纳税申报;在中国境内没有任职、受雇单位的,向户籍所在地或中国境内经常居住地主管税务机关办理纳税申报;户籍所在地与中国境内经常居住地不一致的,选择其中一地主管税务机关办理纳税申报;在中国境内没有户籍的,向中国境内经常居住地主管税务机关办理纳税申报。

纳税人取得境外所得,应报送《个人所得税年度自行纳税申报表(B表)》(表2-8)和《境外所得个人所得税抵免明细表》(表2-9)。

表2-8 个人所得税年度自行纳税申报表(B表)
(居民个人取得境外所得适用)

税款所属期: 　年　月　日至　年　月　日
纳税人姓名:
纳税人识别号:□□□□□□□□□□□□□□□-□□

金额单位:人民币元(列至角分)

基本情况						
手机号码		电子邮箱		邮政编码		□□□□□□
联系地址	_____省(区、市)____市____区(县)_____街道(乡、镇)_____					
纳税地点(单选)						
1.有任职受雇单位的,需选本项并填写"任职受雇单位信息":				□任职受雇单位所在地		
任职受雇单位信息	名称					
	纳税人识别号					
2.没有任职受雇单位的,可以从本栏次选择一地:				□户籍所在地　□经常居住地 □主要收入来源地		
户籍所在地/经常居住地/主要收入来源地	_____省(区、市)____市____区(县)_____街道(乡、镇)_____					
申报类型(单选)						
□首次申报				□更正申报		

（续表）

综合所得个人所得税计算		
项目	行次	金额
一、境内收入合计（第1行＝第2行＋第3行＋第4行＋第5行）	1	
（一）工资、薪金	2	
（二）劳务报酬	3	
（三）稿酬	4	
（四）特许权使用费	5	
二、境外收入合计（附报《境外所得个人所得税抵免明细表》）（第6行＝第7行＋第8行＋第9行＋第10行）	6	
（一）工资、薪金	7	
（二）劳务报酬	8	
（三）稿酬	9	
（四）特许权使用费	10	
三、费用合计[第11行＝（第3行＋第4行＋第5行＋第8行＋第9行＋第10行）×20%]	11	
四、免税收入合计（第12行＝第13行＋第14行）	12	
（一）稿酬所得免税部分[第13行＝（第4行＋第9行）×（1－20%）×30%]	13	
（二）其他免税收入（附报《个人所得税减免税事项报告表》）	14	
五、减除费用	15	
六、专项扣除合计（第16行＝第17行＋第18行＋第19行＋第20行）	16	
（一）基本养老保险费	17	
（二）基本医疗保险费	18	
（三）失业保险费	19	
（四）住房公积金	20	
七、专项附加扣除合计（附报《个人所得税专项附加扣除信息表》）（第21行＝第22行＋第23行＋第24行＋第25行＋第26行＋第27行＋第28行）	21	

第二部分　轻松掌握个人所得税反避税与征收管理制度

（续表）

项目	行次	金额
（一）子女教育	22	
（二）继续教育	23	
（三）大病医疗	24	
（四）住房贷款利息	25	
（五）住房租金	26	
（六）赡养老人	27	
（七）3岁以下婴幼儿照护	28	
八、其他扣除合计（第29行＝第30行＋第31行＋第32行＋第33行＋第34行＋第35行）	29	
（一）年金	30	
（二）商业健康保险（附报《商业健康保险税前扣除情况明细表》）	31	
（三）税延养老保险（附报《个人税收递延型商业养老保险税前扣除情况明细表》）	32	
（四）允许扣除的税费	33	
（五）个人养老金	34	
（六）其他	35	
九、准予扣除的捐赠额（附报《个人所得税公益慈善事业捐赠扣除明细表》）	36	
十、应纳税所得额 （第37行＝第1行＋第6行－第11行－第12行－第15行－第16行－第21行－第29行－第36行）	37	
十一、税率（％）	38	
十二、速算扣除数	39	
十三、应纳税额（第40行＝第37行×第38行－第39行）	40	
除综合所得外其他境外所得个人所得税计算 （无相应所得不填本部分，有相应所得另需附报《境外所得个人所得税抵免明细表》）		
一、经营所得	（一）经营所得应纳税所得额（第41行＝第42行＋第43行）	41	
	其中：境内经营所得应纳税所得额	42	

(续表)

项目		行次	金额
一、经营所得	境外经营所得应纳税所得额	43	
	（二）税率（%）	44	
	（三）速算扣除数	45	
	（四）应纳税额（第46行=第41行×第44行－第45行）	46	
二、利息、股息、红利所得	（一）境外利息、股息、红利所得应纳税所得额	47	
	（二）税率（%）	48	
	（三）应纳税额（第49行=第47行×第48行）	49	
三、财产租赁所得	（一）境外财产租赁所得应纳税所得额	50	
	（二）税率（%）	51	
	（三）应纳税额（第52行=第50行×第51行）	52	
四、财产转让所得	（一）境外财产转让所得应纳税所得额	53	
	（二）税率（%）	54	
	（三）应纳税额（第55行=第53行×第54行）	55	
五、偶然所得	（一）境外偶然所得应纳税所得额	56	
	（二）税率（%）	57	
	（三）应纳税额（第58行=第56行×第57行）	58	
六、其他所得	（一）其他境内、境外所得应纳税所得额合计（需在"备注"栏说明具体项目）	59	
	（二）应纳税额	60	
股权激励个人所得税计算（无境外股权激励所得不填本部分，有相应所得另需附报《境外所得个人所得税抵免明细表》）			
一、境内、境外单独计税的股权激励收入合计		61	
二、税率（%）		62	
三、速算扣除数		63	
四、应纳税额（第64行=第61行×第62行－第63行）		64	

（续表）

项目	行次	金额
全年一次性奖金个人所得税计算 （无住所个人预判为非居民个人取得的数月奖金，选择按全年一次性奖金计税的填写本部分）		
一、全年一次性奖金收入	65	
二、准予扣除的捐赠额（附报《个人所得税公益慈善事业捐赠扣除明细表》）	66	
三、税率（%）	67	
四、速算扣除数	68	
五、应纳税额 [第 69 行＝（第 65 行－第 66 行）× 第 67 行－第 68 行]	69	
税额调整		
一、综合所得收入调整额（需在"备注"栏说明调整具体原因、计算方法等）	70	
二、应纳税额调整额	71	
应补/退个人所得税计算		
一、应纳税额合计 （第 72 行＝第 40 行＋第 46 行＋第 49 行＋第 50 行＋第 55 行＋第 58 行＋第 60 行＋第 64 行＋第 69 行＋第 71 行）	72	
二、减免税额（附报《个人所得税减免税事项报告表》）	73	
三、已缴税额（境内）	74	
其中：境外所得境内支付部分已缴税额	75	
境外所得境外支付部分预缴税额	76	
四、境外所得已纳所得税抵免额（附报《境外所得个人所得税抵免明细表》）	77	
五、应补/退税额（第 78 行＝第 72 行－第 73 行－第 74 行－第 77 行）	78	
无住所个人附报信息		
纳税年度内在中国境内居住天数		已在中国境内居住年数	

（续表）

退税申请 （应补/退税额小于0的填写本部分）			
☐ 申请退税（需填写"开户银行名称""开户银行省份""银行账号"） ☐ 放弃退税			
开户银行名称		开户银行省份	
银行账号			
备注			

谨声明：本表是根据国家税收法律法规及相关规定填报的，本人对填报内容（附带资料）的真实性、可靠性、完整性负责。

纳税人签字： 年 月 日

经办人签字： 经办人身份证件类型： 经办人身份证件号码： 代理机构签章： 代理机构统一社会信用代码：	受理人： 受理税务机关（章）： 受理日期： 年 月 日

国家税务总局监制

《个人所得税年度自行纳税申报表》（B表）填表说明
（居民个人取得境外所得适用）

一、适用范围

本表适用于居民个人纳税年度内取得境外所得，按照税法规定办理取得境外所得个人所得税自行申报。申报本表时应当一并附报《境外所得个人所得税抵免明细表》。

二、报送期限

居民个人取得境外所得需要办理自行申报的，应当在取得所得的次年3月1日至6月30日内，向主管税务机关办理纳税申报，并报送本表。

三、本表各栏填写

（一）表头项目

1.税款所属期：填写居民个人取得所得当年的第1日至最后1日。如：2022年1月1日至2022年12月31日。

2.纳税人姓名：填写居民个人姓名。

3.纳税人识别号：有中国公民身份证号码的，填写中华人民共和国居民身份证上载明的"公民身份号码"；没有中国公民身份证号码的，填写税务机关赋予的纳税人识别号。

（二）基本情况

1.手机号码：填写居民个人中国境内的有效手机号码。

2.电子邮箱：填写居民个人有效电子邮箱地址。

3.联系地址：填写居民个人能够接收信件的有效地址。

4.邮政编码：填写居民个人"联系地址"所对应的邮政编码。

（三）纳税地点

居民个人根据任职受雇情况，在选项1和选项2之间选择其一，并填写相应信息。若居民个人逾期办理汇算清缴申报被指定主管税务机关的，无需填写本部分。

1.任职受雇单位信息：勾选"任职受雇单位所在地"并填写相关信息。按累计预扣法预扣预缴居民个人劳务报酬所得个人所得税的单位，视同居民个人的任职受雇单位。其中，按累计预扣法预扣预缴个人所得税的劳务报酬包括保险营销员和证券经纪人取得的佣金收入，以及正在接受全日制学历教育的学生实习取得的劳务报酬。

（1）名称：填写任职受雇单位的法定名称全称。

（2）纳税人识别号：填写任职受雇单位的纳税人识别号或者统一社会信用代码。

2.户籍所在地/经常居住地：勾选"户籍所在地"的，填写居民户口簿中登记的住址。勾选"经常居住地"的，填写居民个人申领居住证上登载的居住地址；没有申领居住证的，填写居民个人实际居住地；实际居住地不在中国境内的，填写支付或者实际负担综合所得的境内单位或个人所在地。勾选"主要收入来源地"的，填写居民个人纳税年度内取得的劳务报酬、稿酬及特许权使用费三项所得累计收入最大的扣缴义务人所在地。

（四）申报类型

未曾办理过年度汇算申报，勾选"首次申报"；已办理过年度汇算申报，但有误需要更正的，勾选"更正申报"。

（五）综合所得个人所得税计算

1.第1行"境内收入合计"：填写居民个人取得的境内综合所得收入合计金额。第1行＝第2行＋第3行＋第4行＋第5行。

（续表）

2. 第2～5行"工资、薪金""劳务报酬""稿酬""特许权使用费"：填写居民个人取得的需要并入境内综合所得计税的"工资、薪金""劳务报酬""稿酬""特许权使用费"所得收入金额。

3. 第6行"境外收入合计"：填写居民个人取得的境外综合所得收入合计金额，并按规定附报《境外所得个人所得税抵免明细表》。

第6行＝第7行＋第8行＋第9行＋第10行。

4. 第7～10行"工资、薪金""劳务报酬""稿酬""特许权使用费"：填写居民个人取得的需要并入境外综合所得计税的"工资、薪金""劳务报酬""稿酬""特许权使用费"所得收入金额。

5. 第11行"费用合计"：根据相关行次计算填报。

第11行＝（第3行＋第4行＋第5行＋第8行＋第9行＋第10行）×20%。

6. 第12行"免税收入合计"：填写居民个人取得的符合税法规定的免税收入合计金额。

第12行＝第13行＋第14行。

7. 第13行"稿酬所得免税部分"：根据相关行次计算填报。

第13行＝（第4行＋第9行）×（1－20%）×30%。

8. 第14行"其他免税收入"：填写居民个人取得的除第13行以外的符合税法规定的免税收入合计，并按规定附报《个人所得税减免税事项报告表》。

9. 第15行"减除费用"：填写税法规定的减除费用。

10. 第16行"专项扣除合计"：根据相关行次计算填报。

第16行＝第17行＋第18行＋第19行＋第20行。

11. 第17～20行"基本养老保险费""基本医疗保险费""失业保险费""住房公积金"：填写居民个人按规定可以在税前扣除的基本养老保险费、基本医疗保险费、失业保险费、住房公积金金额。

12. 第21行"专项附加扣除合计"：根据相关行次计算填报，并按规定附报《个人所得税专项附加扣除信息表》。

第21行＝第22行＋第23行＋第24行＋第25行＋第26行＋第27行＋第28行。

13. 第22～28行"子女教育""继续教育""大病医疗""住房贷款利息""住房租金""赡养老人""3岁以下婴幼儿照护"：填写居民个人按规定可以在税前扣除的子女教育、继续教育、大病医疗、住房贷款利息、住房租金、赡养老人、3岁以下婴幼儿照护等专项附加扣除的金额。

14. 第29行"其他扣除合计"：根据相关行次计算填报。

第29行＝第30行＋第31行＋第32行＋第33行＋第34行＋第35行。

15. 第30～35行"年金""商业健康保险""税延养老保险""允许扣除的税费""个人养老金""其他"：填写居民个人按规定可在税前扣除的年金、商业健康保险、税延养老保险、允许扣除的税费、个人养老金和其他扣除项目的金额。其中，填写商业健康保险的，应当按规定附报《商业健康保险税前扣除情况明细表》；填写税延养老保险的，应当按规定附报《个人税收递延型商业养老保险税前扣除情况明细表》。

16. 第36行"准予扣除的捐赠额"：填写居民个人按规定准予在税前扣除的公益慈善事业捐赠金额，并按规定附报《个人所得税公益慈善事业捐赠扣除明细表》。

17. 第37行"应纳税所得额"：根据相应行次计算填报。

第37行＝第1行＋第6行－第11行－第12行－第15行－第16行－第21行－第29行－第36行。

（续表）

18. 第38、39行"税率""速算扣除数"：填写按规定适用的税率和速算扣除数。

19. 第40行"应纳税额"：按照相关行次计算填报。

第40行＝第37行 × 第38行－第39行。

（六）除综合所得外其他境外所得个人所得税计算

居民个人取得除综合所得外其他境外所得的，填写本部分，并按规定附报《境外所得个人所得税抵免明细表》。

1. 第41行"经营所得应纳税所得额"：根据相应行次计算填报。

第41行＝第42行＋第43行。

2. 第42行"境内经营所得应纳税所得额"：填写居民个人取得的境内经营所得应纳税所得额合计金额。

3. 第43行"境外经营所得应纳税所得额"：填写居民个人取得的境外经营所得应纳税所得额合计金额。

4. 第44、45行"税率""速算扣除数"：填写按规定适用的税率和速算扣除数。

5. 第46行"应纳税额"：按照相关行次计算填报。

第46行＝第41行 × 第44行－第45行。

6. 第47行"境外利息、股息、红利所得应纳税所得额"：填写居民个人取得的境外利息、股息、红利所得应纳税所得额合计金额。

7. 第48行"税率"：填写按规定适用的税率。

8. 第49行"应纳税额"：按照相关行次计算填报。

第49行＝第47行 × 第48行。

9. 第50行"境外财产租赁所得应纳税所得额"：填写居民个人取得的境外财产租赁所得应纳税所得额合计金额。

10. 第51行"税率"：填写按规定适用的税率。

11. 第52行"应纳税额"：按照相关行次计算填报。

第52行＝第56行 × 第51行。

12. 第53行"境外财产转让所得应纳税所得额"：填写居民个人取得的境外财产转让所得应纳税所得额合计金额。

13. 第54行"税率"：填写按规定适用的税率。

14. 第55行"应纳税额"：按照相关行次计算填报。

第55行＝第53行 × 第54行。

15. 第56行"境外偶然所得应纳税所得额"：填写居民个人取得的境外偶然所得应纳税所得额合计金额。

16. 第57行"税率"：填写按规定适用的税率。

17. 第58行"应纳税额"：按照相关行次计算填报。

第58行＝第56行 × 第57行。

18. 第59行"其他境内、境外所得应纳税所得额"：填写居民个人取得的其他境内、境外所得应纳税所得额合计金额，并在"备注"栏说明具体项目、计算方法等信息。

19. 第60行"应纳税额"：根据适用的税率计算填报。

（七）境外股权激励个人所得税计算

居民个人取得境外股权激励，填写本部分，并按规定附报《境外所得个人所得税抵免明细表》。

（续表）

1. 第 61 行"境内、境外单独计税的股权激励收入合计"：填写居民个人取得的境内、境外单独计税的股权激励收入合计金额。

2. 第 62、63 行"税率""速算扣除数"：根据单独计税的股权激励政策规定适用的税率和速算扣除数。

3. 第 64 行"应纳税额"：按照相关行次计算填报。

第 64 行＝第 61 行 × 第 62 行－第 63 行。

（八）全年一次性奖金个人所得税计算

无住所居民个人预缴时因预判为非居民个人而按取得数月奖金计算缴税的，汇缴时可以根据自身情况，将一笔数月奖金按照全年一次性奖金单独计算。

1. 第 65 行"全年一次性奖金收入"：填写无住所的居民个人纳税年度内预判为非居民个人时取得的一笔数月奖金收入金额。

2. 第 66 行"准予扣除的捐赠额"：填写无住所的居民个人按规定准予在税前扣除的公益慈善事业捐赠金额，并按规定附报《个人所得税公益慈善事业捐赠扣除明细表》。

3. 第 67、68 行"税率""速算扣除数"：填写按照全年一次性奖金政策规定适用的税率和速算扣除数。

4. 第 69 行"应纳税额"：按照相关行次计算填报。

第 69 行＝（第 65 行－第 66 行）× 第 67 行－第 68 行。

（九）税额调整

1. 第 70 行"综合所得收入调整额"：填写居民个人按照税法规定可以办理的除第 70 行之前所填报内容之外的其他可以进行调整的综合所得收入的调整金额，并在"备注"栏说明调整的具体原因、计算方式等信息。

2. 第 71 行"应纳税额调整额"：填写居民个人按照税法规定调整综合所得收入后所应调整的应纳税额。

（十）应补/退个人所得税计算

1. 第 72 行"应纳税额合计"：根据相关行次计算填报。

第 72 行 ＝ 第 40 行＋第 46 行＋第 49 行＋第 52 行＋第 55 行＋第 58 行＋第 60 行＋第 64 行＋第 69 行＋第 71 行。

2. 第 73 行"减免税额"：填写符合税法规定的可以减免的税额，并按规定附报《个人所得税减免税事项报告表》。

3. 第 74 行"已缴税额（境内）"：填写居民个人取得在本表中已填报的收入对应的在境内已经缴纳或者被扣缴的个人所得税。

4. 第 77 行"境外所得已纳所得税抵免额"：根据《境外所得个人所得税抵免明细表》计算填写居民个人符合税法规定的个人所得税本年抵免额。

5. 第 78 行"应补/退税额"：根据相关行次计算填报。

第 78 行＝第 72 行－第 73 行－第 74 行－第 77 行。

（十一）无住所个人附报信息

本部分由无住所个人填写。不是，则不填。

1. 纳税年度内在中国境内居住天数：填写本纳税年度内，无住所居民个人在中国境内居住的天数。

（续表）

2.已在中国境内居住年数：填写无住所个人已在中国境内连续居住的年份数。其中，年份数自2019年（含）开始计算且不包含本纳税年度。

（十二）退税申请

本部分由应补/退税额小于0且勾选"申请退税"的居民个人填写。

1."开户银行名称"：填写居民个人在中国境内开立银行账户的银行名称。

2."开户银行省份"：填写居民个人在中国境内开立的银行账户的开户银行所在省、自治区、直辖市或者计划单列市。

3."银行账号"：填写居民个人在中国境内开立的银行账户的银行账号。

（十三）备注

填写居民个人认为需要特别说明的或者按照有关规定需要说明的事项。

四、其他事项说明

以纸质方式报送本表的，建议通过计算机填写打印，一式两份，纳税人、税务机关各留存一份。

表2-9 境外所得个人所得税抵免明细表

税款所属期： 年 月 日至 年 月 日
纳税人姓名：
纳税人识别号：□□□□□□□□□□□□□□□□□□-□□ 金额单位：人民币元（列至角分）

本期境外所得抵免限额计算							
列次			A	B	C	D	E
项目		行次	金额				
国家（地区）		1	境内	境外			合计
一、综合所得	（一）收入	2					
	其中：工资、薪金	3					
	劳务报酬	4					
	稿酬	5					
	特许权使用费	6					
	（二）费用	7					
	（三）收入额	8					
	（四）应纳税额	9	—				
	（五）减免税额	10	—				
	（六）抵免限额	11	—				

（续表）

列次		行次	A	B	C	D	E
项目			金额				
国家（地区）		1	境内	境外			合计
二、经营所得	（一）收入总额	12	—				
	（二）成本费用	13	—				
	（三）应纳税所得额	14					
	（四）应纳税额	15	—	—	—	—	
	（五）减免税额	16	—	—	—	—	
	（六）抵免限额	17	—				
三、利息、股息、红利所得	（一）应纳税所得额	18	—				
	（二）应纳税额	19					
	（三）减免税额	20					
	（四）抵免限额	21	—				
四、财产租赁所得	（一）应纳税所得额	22	—				
	（二）应纳税额	23					
	（三）减免税额	24					
	（四）抵免限额	25	—				
五、财产转让所得	（一）收入	26	—				
	（二）财产原值	27	—				
	（三）合理税费	28	—				
	（四）应纳税所得额	29					
	（五）应纳税额	30					
	（六）减免税额	31	—				
	（七）抵免限额	32	—				
六、偶然所得	（一）应纳税所得额	33	—				
	（二）应纳税额	34					
	（三）减免税额	35	—				
	（四）抵免限额	36	—				

（续表）

列次			A	B	C	D	E
项目		行次		金额			
国家（地区）		1	境内	境外			合计
七、股权激励	（一）应纳税所得额	37					
	（二）应纳税额	38	—	—	—	—	
	（三）减免税额	39	—	—	—	—	
	（四）抵免限额	40	—				
八、其他境内、境外所得	（一）应纳税所得额	41					
	（二）应纳税额	42					
	（三）减免税额	43					
	（四）抵免限额	44	—				
九、本年可抵免限额合计 （第 45 行＝第 11 行＋第 17 行＋第 21 行＋第 25 行＋第 32 行＋第 36 行＋第 40 行＋第 44 行）		45	—				
本期实际可抵免额计算							
一、以前年度结转抵免额 （第 46 行＝第 47 行＋第 48 行＋第 49 行＋第 50 行＋第 51 行）		46	—				
其中：前 5 年		47	—				
前 4 年		48	—				
前 3 年		49	—				
前 2 年		50	—				
前 1 年		51	—				
二、本年境外已纳税额		52					
其中：享受税收饶让抵免税额（视同境外已纳）		53	—				
三、本年抵免额（境外所得已纳所得税抵免额）		54	—				
四、可结转以后年度抵免额 （第 55 行＝第 56 行＋第 57 行＋第 58 行＋第 59 行＋第 60 行）		55	—				—
其中：前 4 年		56	—				
前 3 年		57	—				

（续表）

列次		A	B	C	D	E
项目	行次	金额				
国家（地区）	1	境内	境外			合计
前2年	58	—				—
前1年	59	—				—
本年	60	—				—
备注						
谨声明：本表是根据国家税收法律法规及相关规定填报的，本人对填报内容（附带资料）的真实性、可靠性、完整性负责。 纳税人签字： 年 月 日						
经办人签字： 经办人身份证件类型： 经办人身份证件号码： 代理机构签章： 代理机构统一社会信用代码：		受理人： 受理税务机关（章）： 受理日期： 年 月 日				

国家税务总局监制

《境外所得个人所得税抵免明细表》填表说明

一、适用范围

本表适用于居民个人纳税年度内取得境外所得，并按税法规定进行年度自行纳税申报时，应填报本表，计算其本年抵免额。

二、报送期限

本表随《个人所得税年度自行纳税申报表（B表）》一并报送。

三、本表各栏填写

（一）表头项目

1.税款所属期：填写居民个人取得境外所得当年的第 1 日至最后 1 日。如 2019 年 1 月 1 日至 2019 年 12 月 31 日。

（续表）

2. 纳税人姓名：填写居民个人姓名。
3. 纳税人识别号：有中国公民身份证号码的，填写中华人民共和国居民身份证上载明的"公民身份号码"；没有中国公民身份证号码的，填写税务机关赋予的纳税人识别号。

（二）第 A、B、C、D、E 列次

1. 第 A 列"境内"：填写个人取得境内所得相关内容。
2. 第 B～D 列"境外"：填写个人取得境外所得相关内容。
3. 第 E 列"合计"：按照相关列次计算填报。
第 E 列＝第 A 列＋第 B 列＋第 C 列＋第 D 列

（三）本期境外所得抵免限额计算

1. 第 1 行"国家（地区）"：按"境外"列分别填写居民个人取得的境外收入来源国家（地区）名称。
2. 第 2 行"收入"：按列分别填写居民个人取得的综合所得收入合计金额。
3. 第 3～6 行"工资、薪金""劳务报酬""稿酬""特许权使用费"：按列分别填写居民个人取得的需要并入综合所得计税的"工资、薪金""劳务报酬""稿酬""特许权使用费"所得收入金额。
4. 第 7 行"费用"：根据相关行次计算填报。
第 7 行＝（第 4 行＋第 5 行＋第 6 行）×20%。
5. 第 8 行"收入额"：根据相关行次计算填报。
第 8 行＝第 2 行－第 7 行－第 5 行 ×80%×30%。
6. 第 9 行"应纳税额"：按我国法律法规计算应纳税额，并填报本行"合计"列。
7. 第 10 行"减免税额"：填写符合税法规定的可以减免的税额，并按规定附报《个人所得税减免税事项报告表》。
8. 第 11 行"抵免限额"：根据相应行次按列分别计算填报。
第 11 行"境外"列＝（第 9 行"合计"列－第 10 行"合计"列）× 第 8 行"境外"列 ÷ 第 8 行"合计"列。
第 11 行"合计列"＝∑第 11 行"境外"列。
9. 第 12、13、14 行"收入总额""成本费用""应纳税所得额"：按列分别填写居民个人取得的经营所得收入、成本费用及应纳税所得额合计金额。
10. 第 15 行"应纳税额"：根据相关行次计算填报"合计"列。
第 15 行＝第 14 行 × 适用税率－速算扣除数。
11. 第 16 行"减免税额"：填写符合税法规定的可以减免的税额，并按规定附报《个人所得税减免税事项报告表》。
12. 第 17 行"抵免限额"：根据相应行次按列分别计算填报。
第 17 行"境外"列＝（第 15 行"合计"列－第 16 行"合计"列）× 第 14 行"境外"列 ÷ 第 14 行"合计"列。
第 17 行"合计列"＝∑第 17 行"境外"列。
13. 第 18、22、33、41 行"应纳税所得额"：按列分别填写居民个人取得的利息、股息、红利所得，财产租赁所得，偶然所得，其他境内、境外所得应纳税所得额合计金额。

（续表）

14. 第19、23、34、42行"应纳税额"：按列分别计算填报。
第19行＝第18行×适用税率；
第23行＝第22行×适用税率；
第34行＝第33行×适用税率；
第42行＝第41行×适用税率。
15. 第20、24、35、43行"减免税额"：填写符合税法规定的可以减免的税额，并附报《个人所得税减免税事项报告表》。
16. 第21、25、36、44行"抵免限额"：根据相应行次按列分别计算填报。
第21行＝第19行－第20行；
第25行＝第23行－第24行；
第36行＝第34行－第35行；
第44行＝第42行－第43行。
17. 第26行"收入"：按列分别填写居民个人取得的财产转让所得收入合计金额。
18. 第27行"财产原值"：按列分别填写居民个人取得的财产转让所得对应的财产原值合计金额。
19. 第28行"合理税费"：按列分别填写居民个人取得财产转让所得对应的合理税费合计金额。
20. 第29行"应纳税所得额"：按列分别填写居民个人取得的财产转让所得应纳税所得额合计金额。
第29行＝第26行－第27行－第28行。
21. 第30行"应纳税额"：根据相应行按列分别计算填报。
第30行＝第29行×适用税率。
22. 第31行"减免税额"：填写符合税法规定的可以减免的税额，并按规定附报《个人所得税减免税事项报告表》。
23. 第32行"抵免限额"：根据相应行次按列分别计算填报。
第32行＝第30行－第31行。
24. 第37行"应纳税所得额"：按列分别填写居民个人取得的股权激励应纳税所得额合计金额。
25. 第38行"应纳税额"：按我国法律法规计算应纳税额填报本行"合计"列。
第38行＝第37行×适用税率－速算扣除数
26. 第39行"减免税额"：填写符合税法规定的可以减免的税额，并附报《个人所得税减免税事项报告表》。
27. 第40行"抵免限额"：根据相应行次按列分别计算填报。
第40行"境外"列＝（第38行"合计"列－第39行"合计"列）×第37行"境外"列÷第37行"合计"列。
28. 第45行"本年可抵免限额合计"：根据相应行次按列分别计算填报。
第45行＝第11行＋第17行＋第21行＋第25行＋第32行＋第36行＋第40行＋第44行。

（四）本期实际可抵免额计算

1. 第46行"以前年度结转抵免额"：根据相应行次按列分别计算填报。

（续表）

第 46 行＝第 47 列＋第 48 列＋第 49 列＋第 50 列＋第 51 列。
2. 第 52 行"本年境外已纳税额"：按列分别填写居民个人在境外已经缴纳或者被扣缴的税款合计金额，包括第 53 行"享受税收饶让抵免税额"。
3. 第 53 行"享受税收饶让抵免税额"：按列分别填写居民个人享受税收饶让政策而视同境外已缴纳而实际未缴纳的税款合计金额。
4. 第 54 行"本年抵免额"：按"境外"列分别计算填写可抵免税额。
第 54 行"合计"列＝∑第 54 行"境外"列。
5. 第 55 行"可结转以后年度抵免额"：根据相应行次按列分别计算填报。
第 55 行＝第 56 列＋第 57 列＋第 58 列＋第 59 列＋第 60 列。
（五）备注
填写居民个人认为需要特别说明的或者税务机关要求说明的事项。
四、其他事项说明
以纸质方式报送本表的，建议通过计算机填写打印，一式两份，纳税人、税务机关各留存一份。

移居境外注销中国户籍如何自行纳税申报

根据《个人所得税法》第十条的规定，因移居境外注销中国户籍的，纳税人应当依法办理纳税申报。

根据《个人所得税法》第十三条的规定，纳税人因移居境外注销中国户籍的，应当在注销中国户籍前办理税款清算。

根据《国家税务总局关于个人所得税自行纳税申报有关问题的公告》（国家税务总局公告 2018 年第 62 号）第五条的规定，纳税人因移居境外注销中国户籍的，应当在申请注销中国户籍前，向户籍所在地主管税务机关办理纳税申报，进行税款清算。

（1）纳税人在注销户籍年度取得综合所得的，应当在注销户籍前，办理当年综合所得的汇算清缴，并报送《个人所得税年度自行纳税申报表》。尚未办理上一年度综合所得汇算清缴的，应当在办理注销户籍纳税申报时一并办理。

（2）纳税人在注销户籍年度取得经营所得的，应当在注销户籍前，办理当年经营所得的汇算清缴，并报送《个人所得税经营所得纳税申报表（B 表）》。从两处以上取得经营所得的，还应当一并报送《个人所得税经营所得纳税申报表（C 表）》。尚未办理上一年度经营所得汇算清缴的，应当在办理注销户籍纳税申报时一并办理。

（3）纳税人在注销户籍当年取得利息、股息、红利所得，财产租赁所得，财产转让所得和偶然所得的，应当在注销户籍前，申报当年上述所得的完税情况，并报送《个人所得税自行纳税申报表（A表）》。

（4）纳税人有未缴或者少缴税款的，应当在注销户籍前，结清欠缴或未缴的税款。纳税人存在分期缴税且未缴纳完毕的，应当在注销户籍前，结清尚未缴纳的税款。

（5）纳税人办理注销户籍纳税申报时，需要办理专项附加扣除、依法确定的其他扣除的，应当向税务机关报送《个人所得税专项附加扣除信息表》《商业健康保险税前扣除情况明细表》《个人税收递延型商业养老保险税前扣除情况明细表》等。

非居民个人从两处以上取得工资如何自行纳税申报

根据《个人所得税法》第十条的规定，非居民个人在中国境内从两处以上取得工资、薪金所得的，纳税人应当依法办理纳税申报。

根据《个人所得税法》第十三条的规定，非居民个人在中国境内从两处以上取得工资、薪金所得的，应当在取得所得的次月15日内申报纳税。

根据《国家税务总局关于个人所得税自行纳税申报有关问题的公告》（国家税务总局公告2018年第62号）第六条的规定，非居民个人在中国境内从两处以上取得工资、薪金所得的，应当在取得所得的次月15日内，向其中一处任职、受雇单位所在地主管税务机关办理纳税申报，并报送《个人所得税自行纳税申报表（A表）》。

个人所得税征管还有哪些基础性制度

根据《个人所得税法实施条例》第二十七条的规定，纳税人办理纳税申报的地点以及其他有关事项的具体办法，由国务院税务主管部门制定。

根据《个人所得税法实施条例》第二十九条的规定，纳税人可以委托扣缴义务人或者其他单位和个人办理汇算清缴。

根据《个人所得税法实施条例》第三十四条的规定，个人所得税纳税申报表、扣缴个人所得税报告表和个人所得税完税凭证式样，由国务院税务主管部门统一制定。

第二部分 轻松掌握个人所得税反避税与征收管理制度

根据《国家税务总局关于个人所得税自行纳税申报有关问题的公告》(国家税务总局公告 2018 年第 62 号)第七条的规定,纳税人可以采用远程办税端、邮寄等方式申报,也可以直接到主管税务机关申报。纳税人办理自行纳税申报时,应当一并报送税务机关要求报送的其他有关资料。首次申报或者个人基础信息发生变化的,还应报送《个人所得税基础信息表(B 表)》(表 2-10)。纳税人在办理纳税申报时需要享受税收协定待遇的,按照享受税收协定待遇有关办法办理。

表 2-10 个人所得税基础信息表(B 表)

(适用于自然人填报)

纳税人识别号:□□□□□□□□□□□□□□□□□□

基本信息(带*必填)					
基本信息	*纳税人姓名	中文名		英文名	
	*身份证件	证件类型一		证件号码	
		证件类型二		证件号码	
	*国籍/地区			*出生日期	年 月 日
联系方式	户籍所在地	____省(区、市)____市____区(县)_____街道(乡、镇)____				
	经常居住地	____省(区、市)____市____区(县)_____街道(乡、镇)____				
	联系地址	____省(区、市)____市____区(县)_____街道(乡、镇)____				
	*手机号码			电子邮箱	
其他信息	开户银行			银行账号	
	学历	□研究生 □大学本科 □大学本科以下				
	特殊情形	□残疾 残疾证号_____ □烈属 烈属证号_____ □孤老				
任职、受雇、从业信息					
任职受雇从业单位一	名称			国家/地区	
	纳税人识别号(统一社会信用代码)			任职受雇从业日期	年 月	离职日期	年 月
	类型	□雇员 □保险营销员 □证券经纪人 □其他		职务	□高层 □其他

（续表）

任职受雇从业单位二	名称		国家/地区			
	纳税人识别号（统一社会信用代码）		任职受雇从业日期	年　月	离职日期	年　月
	类型	□雇员　□保险营销员 □证券经纪人　□其他	职务		□高层　□其他	

该栏仅由投资者纳税人填写					
被投资单位一	名称		国家/地区		
	纳税人识别号（统一社会信用代码）		投资额（元）		投资比例
被投资单位二	名称		国家/地区		
	纳税人识别号（统一社会信用代码）		投资额（元）		投资比例

该栏仅由华侨、港澳台、外籍个人填写（带＊必填）			
＊出生地		＊首次入境时间	年　月　日
＊性别		＊预计离境时间	年　月　日
＊涉税事由	□任职受雇　□提供临时劳务　□转让财产　□从事投资和经营活动　□其他		

谨声明：本表是根据国家税收法律法规及相关规定填报的，是真实的、可靠的、完整的。

纳税人（签字）：　　　年　月　日

经办人签字： 经办人身份证件号码： 代理机构签章： 代理机构统一社会信用代码：	受理人： 受理税务机关（章）： 受理日期：　　　年　月　日

国家税务总局监制

《个人所得税基础信息表》（B表）填表说明

一、适用范围

本表适用于自然人纳税人基础信息的填报。

二、报送期限

自然人纳税人初次向税务机关办理相关涉税事宜时填报本表；初次申报后，以后仅需在信息发生变化时填报。

三、本表各栏填写

本表带"*"的项目为必填或者条件必填，其余项目为选填。

（一）表头项目

纳税人识别号：有中国居民身份证号码的，填写中华人民共和国居民身份证上载明的"公民身份号码"；没有中国居民身份证号码的，填写税务机关赋予的纳税人识别号。

（二）表内各栏

1. 基本信息：

（1）纳税人姓名：填写纳税人姓名。外籍个人英文姓名按照"先姓（surname）后名（given name）"的顺序填写，确实无法区分姓和名的，按照证件上的姓名顺序填写。

（2）身份证件：填写纳税人有效的身份证件类型及号码。

"证件类型一"按以下原则填写：

①有中国公民身份号码的，应当填写《中华人民共和国居民身份证》（简称"居民身份证"）。

②华侨应当填写《中华人民共和国护照》（简称"中国护照"）。

③港澳居民可选择填写《港澳居民来往内地通行证》（简称"港澳居民通行证"）或者《中华人民共和国港澳居民居住证》（简称"港澳居民居住证"）；台湾居民可选择填写《台湾居民来往大陆通行证》（简称"台湾居民通行证"）或者《中华人民共和国台湾居民居住证》（简称"台湾居民居住证"）。

④外籍个人可选择填写《中华人民共和国外国人永久居留身份证》（简称"外国人永久居留证"）、《中华人民共和国外国人工作许可证》（简称"外国人工作许可证"）或者"外国护照"。

⑤其他符合规定的情形填写"其他证件"。

"证件类型二"按以下原则填写：证件类型一选择"港澳居民居住证"的，证件类型二应当填写"港澳居民通行证"；证件类型一选择"台湾居民居住证"的，证件类型二应当填写"台湾居民通行证"；证件类型一选择"外国人永久居留证"或者"外国人工作许可证"的，证件类型二应当填写"外国护照"。证件类型一已选择"居民身份证""中国护照""港澳居民通行证""台湾居民通行证"或"外国护照"，证件类型二可不填。

（3）国籍/地区：填写纳税人所属的国籍或地区。

（4）出生日期：根据纳税人身份证件上的信息填写。

（5）户籍所在地、经常居住地、联系地址：填写境内地址信息，至少填写一项。有居民身份证的，"户籍所在地""经常居住地"必须填写其中之一。

（续表）

（6）手机号码、电子邮箱：填写境内有效手机号码，港澳台、外籍个人可以选择境内有效手机号码或电子邮箱中的一项填写。

（7）开户银行、银行账号：填写有效的个人银行账户信息，开户银行填写到银行总行。

（8）特殊情形：纳税人为残疾、烈属、孤老的，填写本栏。残疾、烈属人员还需填写残疾/烈属证件号码。

2. 任职、受雇、从业信息：填写纳税人任职受雇从业的有关信息。其中，中国境内无住所个人有境外派遣单位的，应在本栏除填写境内任职受雇从业单位、境内受聘签约单位情况外，还应一并填写境外派遣单位相关信息。填写境外派遣单位时，其纳税人识别号（社会统一信用代码）可不填。

3. 投资者纳税人填写栏：由自然人股东、投资者填写。没有，则不填。

（1）名称：填写被投资单位名称全称。

（2）纳税人识别号（统一社会信用代码）：填写被投资单位纳税人识别号或者统一社会信用代码。

（3）投资额：填写自然人股东、投资者在被投资单位投资的投资额（股本）。

（4）投资比例：填写自然人股东、投资者的投资额占被投资单位投资(股本)的比例。

4. 华侨、港澳台、外籍个人信息：华侨、港澳台居民、外籍个人填写本栏。

（1）出生地：填写华侨、港澳台居民、外籍个人的出生地，具体到国家或者地区。

（2）首次入境时间、预计离境时间：填写华侨、港澳台居民、外籍个人首次入境和预计离境的时间，具体到年月日。预计离境时间发生变化的，应及时进行变更。

（3）涉税事由：填写华侨、港澳台居民、外籍个人在境内涉税的具体事由，在相应事由处划"√"。如有多项事由的，同时勾选。

四、其他事项说明

以纸质方式报送本表的，应当一式两份，纳税人、税务机关各留存一份。

根据《国家税务总局关于修订部分个人所得税申报表的公告》（国家税务总局公告2019年第46号）的规定，纳税人如果要享受个人所得税的优惠政策，需要填写《个人所得税减免税事项报告表》（表2-11）。

第二部分　轻松掌握个人所得税反避税与征收管理制度

表 2-11　个人所得税减免税事项报告表

税款所属期：　年　月　日至　年　月　日
纳税人姓名：
纳税人识别号：□□□□□□□□□□□□□□□□□-□□
扣缴义务人名称：
扣缴义务人纳税人识别号：□□□□□□□□□□□□□□□

金额单位：人民币元（列至角分）

减免税情况							
编号	勾选	减免税事项			减免人数	免税收入	减免税额	备注
1	□	残疾、孤老、烈属减征个人所得税						
2	□	个人转让5年以上唯一住房免征个人所得税				—		
3	□	随军家属从事个体经营免征个人所得税						
4	□	军转干部从事个体经营免征个人所得税						
5	□	退役士兵从事个体经营免征个人所得税						
6	□	建档立卡贫困人口从事个体经营扣减个人所得税						
7	□	登记失业半年以上人员，零就业家庭、享受城市低保登记失业人员，毕业年度内高校毕业生从事个体经营扣减个人所得税				—		
8	□	取消农业税从事"四业"所得暂免征收个人所得税						
9	□	符合条件的房屋赠与免征个人所得税				—		
10	□	科技人员取得职务科技成果转化现金奖励					—	
11	□	外籍个人出差补贴、探亲费、语言训练费、子女教育费等津补贴					—	
12	□	税收协定	股息	税收协定名称及条款：		—		
13	□		利息	税收协定名称及条款：				
14	□		特许权使用费	税收协定名称及条款：				
15	□		财产收益	税收协定名称及条款：				
16	□		受雇所得	税收协定名称及条款：				
17	□		其他	税收协定名称及条款：		—		

（续表）

编号	勾选	减免税事项		减免人数	免税收入	减免税额	备注
18	☐	其他	减免税事项名称及减免性质代码：				
19			减免税事项名称及减免性质代码：				
20			减免税事项名称及减免性质代码：				
合计							

减免税人员名单

序号	姓名	纳税人识别号	减免税事项（编号或减免性质代码）	所得项目	免税收入	减免税额	备注

谨声明：本表是根据国家税收法律法规及相关规定填报的，本人（单位）对填报内容（附带资料）的真实性、可靠性、完整性负责。

纳税人或扣缴单位负责人签字：　　　年　月　日

经办人签字： 经办人身份证件类型： 经办人身份证件号码： 代理机构签章： 代理机构统一社会信用代码：	受理人： 受理税务机关（章）： 受理日期：　　年　月　日

国家税务总局监制

《个人所得税减免税事项报告表》填表说明

一、适用范围

本表适用于个人纳税年度内发生减免税事项，需要在纳税申报时享受的，向税务机关报送。

二、报送期限

1. 个人需要享受减免税事项的，应当及时向扣缴义务人提交本表做信息采集。

2. 扣缴义务人扣缴申报时，个人需要享受减免税事项的，扣缴义务人应当一并报送本表。

3. 个人需要享受减免税事项并采取自行纳税申报方式的，应按照税法规定的自行纳税申报时间，在自行纳税申报时一并报送本表。

三、本表各栏填写

（一）表头项目

1. 税款所属期：填写个人发生减免税事项的所属期间，应填写具体的起止年月日。

2. 纳税人姓名：个人自行申报并报送本表或向扣缴义务人提交本表做信息采集的，由个人填写纳税人姓名。

3. 纳税人识别号：个人自行申报并报送本表或向扣缴义务人提交本表做信息采集的，由个人填写纳税人识别号。纳税人识别号为个人有中国公民身份证号码的，填写中华人民共和国居民身份证上载明的"公民身份号码"；没有中国公民身份证号码的，填写税务机关赋予的纳税人识别号。

4. 扣缴义务人名称：扣缴义务人扣缴申报并报送本表的，由扣缴义务人填写扣缴义务人名称。

5. 扣缴义务人纳税人识别号：扣缴义务人扣缴申报并报送本表的，由扣缴义务人填写扣缴义务人统一社会信用代码。

（二）减免税情况

1. "减免税事项"：个人或扣缴义务人勾选享受的减免税事项。

个人享受税收协定待遇的，应勾选"税收协定"项目，并填写具体税收协定名称及条款。

个人享受列示项目以外的减免税事项的，应勾选"其他"项目，并填写减免税事项名称及减免性质代码。

2. "减免人数"：填写享受该行次减免税政策的人数。

3. "免税收入"：填写享受该行次减免税政策的免税收入合计金额。

4. "减免税额"：填写享受该行次减免税政策的减免税额合计金额。

5. "备注"：填写个人或扣缴义务人需要特别说明的或者税务机关要求说明的事项。

（三）减免税人员名单栏

1. "姓名"：填写个人姓名。

（续表）

> 2."纳税人识别号"：填写个人的纳税人识别号。
> 3."减免税事项（编号或减免性质代码）"：填写"减免税情况栏"列示的减免税事项对应的编号或税务机关要求填报的其他信息。
> 4."所得项目"：填写适用减免税事项的所得项目名称。例如：工资、薪金所得。
> 5."免税收入"：填写个人享受减免税政策的免税收入金额。
> 6."减免税额"：填写个人享受减免税政策的减免税额金额。
> 7."备注"：填写个人或扣缴义务人需要特别说明的或者税务机关要求说明的事项。
> 四、其他事项说明
> 以纸质方式报送本表的，建议通过计算机填写打印，一式两份，纳税人（扣缴义务人）、税务机关各留存一份。

📖 部门协助与信息共享制度有哪些

根据《个人所得税法》第十五条的规定，公安、人民银行、金融监督管理等相关部门应当协助税务机关确认纳税人的身份、金融账户信息。教育、卫生健康、医疗保障、民政、人力资源社会保障、住房城乡建设、公安、人民银行、金融监督管理等相关部门应当向税务机关提供纳税人子女教育、继续教育、大病医疗、住房贷款利息、住房租金、赡养老人等专项附加扣除信息。

个人转让不动产的，税务机关应当根据不动产登记等相关信息核验应缴的个人所得税，登记机构办理转移登记时，应当查验与该不动产转让相关的个人所得税的完税凭证。个人转让股权办理变更登记的，市场主体登记机关应当查验与该股权交易相关的个人所得税的完税凭证。有关部门依法将纳税人、扣缴义务人遵守《个人所得税法》的情况纳入信用信息系统，并实施联合激励或者惩戒。

📖 如何开具个人所得税纳税记录

根据《国家税务总局关于将个人所得税〈税收完税证〉（文书式）调整为〈纳税记录〉有关事项的公告》（国家税务总局公告2018年第55号），为配合个人所得税制度改革，进一步落实国务院减证便民要求，优化纳税服务，国家税务总局决定将个人所得税《税收完税证明》（文书式）调整为《纳税记录》。

从 2019 年 1 月 1 日起，纳税人申请开具税款所属期为 2019 年 1 月 1 日（含）以后的个人所得税缴（退）税情况证明的，税务机关不再开具《税收完税证明》（文书式），调整为开具《纳税记录》；纳税人申请开具税款所属期为 2018 年 12 月 31 日（含）以前个人所得税缴（退）税情况证明的，税务机关继续开具《税收完税证明》（文书式）。

纳税人 2019 年 1 月 1 日以后取得应税所得并由扣缴义务人向税务机关办理了全员全额扣缴申报，或根据税法规定自行向税务机关办理纳税申报的，不论是否实际缴纳税款，均可以申请开具《纳税记录》。

纳税人可以通过电子税务局、手机 App 申请开具本人的个人所得税《纳税记录》，也可以到办税服务厅申请开具。纳税人可以委托他人持下列证件和资料到办税服务厅代为开具个人所得税《纳税记录》：①委托人及受托人有效身份证件原件；②委托人书面授权资料。

纳税人对个人所得税《纳税记录》存在异议的，可以向该项记录中列明的税务机关申请核实。税务机关提供个人所得税《纳税记录》的验证服务，支持通过电子税务局、手机 App 等方式进行验证。具体验证方法见个人所得税《纳税记录》中的相关说明。

违反税法规定有哪些法律责任

根据《个人所得税法》第十九条的规定，纳税人、扣缴义务人和税务机关及其工作人员违反《个人所得税法》规定的，依照《税收征收管理法》和有关法律法规的规定追究法律责任。

根据《税收征收管理法》第三十二条的规定，纳税人未按照规定期限缴纳税款的，扣缴义务人未按照规定期限解缴税款的，税务机关除责令限期缴纳外，从滞纳税款之日起，按日加收滞纳税款 0.05% 的滞纳金。

根据《税收征收管理法》第六十一条的规定，扣缴义务人未按照规定设置、保管代扣代缴、代收代缴税款账簿或者保管代扣代缴、代收代缴税款记账凭证及有关资料的，由税务机关责令限期改正，可以处 2 000 元以下的罚款；情节严重的，处 2 000 元以上 5 000 元以下的罚款。

根据《税收征收管理法》第六十二条的规定，纳税人未按照规定的期限办理纳税申报和报送纳税资料的，或者扣缴义务人未按照规定的期限向税务机关报送代扣代缴、代收代缴税款报告表和有关资料的，由税务机关责令限期改正，可以处 2 000 元以下的罚款；情节严重的，可以处 2 000 元以上 10 000 元以下的罚款。

四、个人所得税汇算清缴制度

个人所得税汇算清缴的主要内容有哪些

根据《国家税务总局关于办理 2022 年度个人所得税综合所得汇算清缴事项的公告》（国家税务总局公告 2023 年第 3 号）的规定，2022 年度终了后，居民个人（以下称纳税人）需要汇总 2022 年 1 月 1 日至 12 月 31 日取得的工资薪金、劳务报酬、稿酬、特许权使用费等四项综合所得的收入额，减除费用 6 万元以及专项扣除、专项附加扣除、依法确定的其他扣除和符合条件的公益慈善事业捐赠后，适用综合所得个人所得税税率并减去速算扣除数，计算最终应纳税额，再减去 2022 年已预缴税额，得出应退或应补税额，向税务机关申报并办理退税或补税。具体计算公式如下：

应退或应补税额＝［（综合所得收入额－60 000 元－"三险一金"等专项扣除－子女教育等专项附加扣除－依法确定的其他扣除－符合条件的公益慈善事业捐赠）×适用税率－速算扣除数］－已预缴税额

2022 年度个人所得税综合所得汇算清缴（以下简称汇算）不涉及纳税人的财产租赁等分类所得，以及按规定不并入综合所得计算纳税的所得。

无需办理汇算的情形有哪些

纳税人在 2022 年已依法预缴个人所得税且符合下列情形之一的，无需办理汇算：

（1）汇算需补税但综合所得收入全年不超过 12 万元的。
（2）汇算需补税金额不超过 400 元的。
（3）已预缴税额与汇算应纳税额一致的。
（4）符合汇算退税条件但不申请退税的。

需要办理汇算的情形有哪些

符合下列情形之一的，纳税人需办理汇算：

（1）已预缴税额大于汇算应纳税额且申请退税的。

（2）2022年取得的综合所得收入超过12万元且汇算需要补税金额超过400元的。

因适用所得项目错误或者扣缴义务人未依法履行扣缴义务，造成2022年少申报或者未申报综合所得的，纳税人应当依法据实办理汇算。

办理汇算时可享受的税前扣除有哪些

下列在2022年发生的税前扣除，纳税人可在汇算期间填报或补充扣除：

（1）纳税人及其配偶、未成年子女符合条件的大病医疗支出。

（2）符合条件的3岁以下婴幼儿照护、子女教育、继续教育、住房贷款利息或住房租金、赡养老人等专项附加扣除，以及减除费用、专项扣除、依法确定的其他扣除。

（3）符合条件的公益慈善事业捐赠。

（4）符合条件的个人养老金扣除。

同时取得综合所得和经营所得的纳税人，可在综合所得或经营所得中申报减除费用6万元、专项扣除、专项附加扣除以及依法确定的其他扣除，但不得重复申报减除。

办理汇算的起止时间是什么

2022年度汇算办理时间为2023年3月1日至6月30日。在中国境内无住所的纳税人在3月1日前离境的，可以在离境前办理。

办理汇算的方式有哪些

纳税人可自主选择下列办理方式：

（1）自行办理。

（2）通过任职受雇单位（含按累计预扣法预扣预缴其劳务报酬所得个人所得税的单位）代为办理。

纳税人提出代办要求的，单位应当代为办理，或者培训、辅导纳税人完成汇算申报和退（补）税。

由单位代为办理的，纳税人应在2023年4月30日前与单位以书面或者电子等方式进行确认，补充提供2022年在本单位以外取得的综合所得收入、相关扣除、享受税收优惠等信息资料,并对所提交信息的真实性、准确性、完整性负责。纳税人未与单位确认请其代为办理的,单位不得代办。

(3)委托受托人(含涉税专业服务机构或其他单位及个人)办理,纳税人需与受托人签订授权书。

单位或受托人为纳税人办理汇算后,应当及时将办理情况告知纳税人。纳税人发现汇算申报信息存在错误的,可以要求单位或受托人更正申报,也可自行更正申报。

办理汇算的渠道有哪些

为便利纳税人,税务机关为纳税人提供高效、快捷的网络办税渠道。纳税人可优先通过手机个人所得税 App、自然人电子税务局网站办理汇算,税务机关将为纳税人提供申报表项目预填服务;不方便通过上述方式办理的,也可以通过邮寄方式或到办税服务厅办理。

选择邮寄申报的,纳税人需将申报表寄送至按国家税务局总局公告 2023 年第 3 号文件第九条确定的主管税务机关所在省、自治区、直辖市和计划单列市税务局公告的地址。

如何办理申报信息及资料留存

纳税人办理汇算,适用个人所得税年度自行纳税申报表,如需修改本人相关基础信息,新增享受扣除或者税收优惠的,还应按规定一并填报相关信息。纳税人需仔细核对,确保所填信息真实、准确、完整。

纳税人、代办汇算的单位,需各自将专项附加扣除、税收优惠材料等汇算相关资料,自汇算期结束之日起留存 5 年。

存在股权(股票)激励(含境内企业以境外企业股权为标的对员工进行的股权激励)、职务科技成果转化现金奖励等情况的单位,应当按照相关规定报告、备案。

如何确定受理申报的税务机关

按照方便就近原则,纳税人自行办理或受托人为纳税人代为办理的,向纳税人任职受雇单位的主管税务机关申报;有两处及以上任职受雇单位的,可自主选择向其中一处申报。

纳税人没有任职受雇单位的，向其户籍所在地、经常居住地或者主要收入来源地的主管税务机关申报。主要收入来源地，是指 2022 年向纳税人累计发放劳务报酬、稿酬及特许权使用费金额最大的扣缴义务人所在地。

单位为纳税人代办汇算的，向单位的主管税务机关申报。

为方便纳税服务和征收管理，汇算期结束后，税务部门将为尚未办理申报的纳税人确定其主管税务机关。

📖 如何办理退税

纳税人申请汇算退税，应当提供其在中国境内开设的符合条件的银行账户。税务机关按规定审核后，按照国库管理有关规定办理税款退库。纳税人未提供本人有效银行账户，或者提供的信息资料有误的，税务机关将通知纳税人更正，纳税人按要求更正后依法办理退税。

为方便办理退税，2022 年综合所得全年收入额不超过 6 万元且已预缴个人所得税的纳税人，可选择使用个税 App 及网站提供的简易申报功能，便捷办理汇算退税。

申请 2022 年度汇算退税的纳税人，如存在应当办理 2021 年度及以前年度汇算补税但未办理，或者经税务机关通知 2021 年度及以前年度汇算申报存在疑点但未更正或说明情况的，需在办理 2021 年度及以前年度汇算申报补税、更正申报或者说明有关情况后依法申请退税。

📖 如何办理补税

纳税人办理汇算补税的，可以通过网上银行、办税服务厅 POS 机刷卡、银行柜台、非银行支付机构等方式缴纳。邮寄申报并补税的，纳税人需通过个税 App 及网站或者主管税务机关办税服务厅及时关注申报进度并缴纳税款。

汇算需补税的纳税人，汇算期结束后未足额补缴税款的，税务机关将依法加收滞纳金，并在其个人所得税《纳税记录》中予以标注。

纳税人因申报信息填写错误造成汇算多退或少缴税款的，纳税人主动或经税务机关提醒后及时改正的，税务机关可以按照"首违不罚"原则免予处罚。

📖 税务机关提供哪些汇算服务

税务机关推出系列优化服务措施，加大汇算的政策解读和操作辅导力度，分类编制办税指引，通俗解释政策口径、专业术语和操作流程，多渠道、多形式开展提示提醒服务，并通过个税App及网站、12366纳税缴费服务平台等渠道提供涉税咨询，帮助纳税人解决疑难问题，积极回应纳税人诉求。

汇算开始前，纳税人可登录个税App及网站，查看自己的综合所得和纳税情况，核对银行卡、专项附加扣除涉及人员身份信息等基础资料，为汇算做好准备。

为合理有序引导纳税人办理汇算，提升纳税人办理体验，主管税务机关将分批分期通知提醒纳税人在确定的时间段内办理。同时，税务部门推出预约办理服务，有汇算初期（3月1日至3月20日）办理需求的纳税人，可以根据自身情况，在2月16日后通过个税App及网站预约上述时间段中的任意一天办理。3月21日至6月30日，纳税人无需预约，可以随时办理。

对符合汇算退税条件且生活负担较重的纳税人，税务机关提供优先退税服务。独立完成汇算存在困难的年长、行动不便等特殊人群提出申请，税务机关可提供个性化便民服务。

📖 如何预约办理个人所得税汇算清缴

2022年度个税汇算预约办税功能于2023年2月16日上线运行，纳税人如需在3月1日至20日办理汇算，可在2月16日至3月20日每天的6点至22点登录手机个人所得税App进行预约。3月21日以后，无需预约即可登录手机个人所得税App直接办理。在手机个人所得税App上预约办税仅需"三步走"即可轻松搞定：

第一步，纳税人登录手机个人所得税App后，可通过"首页—2022综合所得年度汇算"专题区域点击"去预约"进入预约功能页面，也可以通过"办税—税费申报—综合所得年度汇算申报预约"进入预约功能界面。

第二步，进入预约功能界面后，纳税人需仔细阅读提示内容，点击"开始预约"进入"选择预约日期"界面，选中标记为"可选"的日期后，点击底部"提交预约申请"按钮提交。

第三步，提交成功后，系统显示"您的预约提交成功"页面，纳税人即可在预约日期当天办理2022年度汇算申报。此外，还可以在手机个人所得税App首页年度汇算专题栏查看预约情况，见图2-1。

图 2-1 个人所得税 App 预约结果和查看预约

第三部分
轻松掌握个体工商户纳税实用知识

您知道个体工商户是如何计算个人所得税的吗？您知道个体工商户纳税的基本流程吗？本部分将为您回答上述问题。

一、个体工商户个人所得税的计征

个体工商户如何计算个人所得税

个体工商户的生产、经营所得，以每一纳税年度的收入总额，减除成本、费用以及损失后的余额，为应纳税所得额，适用5%～35%的超额累进税率。

个体工商户的生产、经营所得，包括以下内容：

（1）个体工商户从事工业、手工业、建筑业、交通运输业、商业、饮食业、服务业、修理业以及其他行业生产、经营取得的所得。

（2）个人经政府有关部门批准，取得执照，从事办学、医疗、咨询以及其他有偿服务活动取得的所得。

（3）其他个人从事个体工商业生产、经营取得的所得。

（4）上述个体工商户和个人取得的与生产、经营有关的各项应纳税所得。

成本、费用，是指纳税义务人从事生产、经营所发生的各项直接支出和分配计入成本的间接费用以及销售费用、管理费用、财务费用。损失，是指纳税义务人在生产、经营过程中发生的各项营业外支出。从事生产、经营的纳税义务人未提供完整、准确的纳税资料，不能正确计算应纳税所得额的，由主管税务机关核定其应纳税所得额。

个人经政府有关部门批准并取得执照举办学习班、培训班的，其取得的办班收入属于"经营所得"应税项目，应按《个人所得税法》规定计征个人所得税。

个人无须经政府有关部门批准并取得执照举办学习班、培训班的，其取得的办班收入属于"劳务报酬所得"应税项目，应按《个人所得税法》规定计征个人所得税。其中，办班者每次收入按以下方法确定：一次收取学费的，以一期取得的收入为一次；分次收取学费的，以每月取得的收入为一次。

个人经政府有关部门批准，取得执照，以门诊部、诊所、卫生所（室）、卫生院、医院等医疗机构形式从事疾病诊断、治疗及售药等服务活动，应当以该医疗机构取得的所得，作为个人的应纳税所得，按照"经营所得"应税项目缴纳个人所得税。

个人未经政府有关部门批准，自行连续从事医疗服务活动，不管是否有经营场所，其取得与医疗服务活动相关的所得，按照"经营所得"应税项目缴纳个人所得税。

对于由集体、合伙或个人出资的乡村卫生室（站），由医生承包经营，经营成果归医生个人所有，承包人取得的所得，比照"经营所得"应税项目缴纳个人所得税。

乡村卫生室（站）的医务人员取得的所得，按照"工资、薪金所得"应税项目缴纳个人所得税。

受医疗机构临时聘请坐堂门诊及售药，由该医疗机构支付报酬，或收入与该医疗机构按比例分成的人员，其取得的所得，按照"劳务报酬所得"应税项目缴纳个人所得税，以一个月内取得的所得为一次，税款由该医疗机构代扣代缴。

经政府有关部门批准而取得许可证（执照）的个人，应当在领取执照后30日内向当地主管税务机关申报办理税务登记。未经政府有关部门批准而自行开业的个人，应当自开始医疗服务活动后30日内向当地主管税务机关申报办理税务登记。

个人因从事彩票代销业务而取得所得，应按照"经营所得"项目计征个人所得税。

自 2011 年 9 月 1 日起，对个体工商户业主、个人独资企业和合伙企业自然人投资者的生产经营所得依法计征个人所得税时，个体工商户业主、个人独资企业和合伙企业自然人投资者本人的费用扣除标准统一确定为 42 000 元 / 年（3 500 元 / 月）。自 2019 年 1 月 1 日，上述标准统一上调为 60 000 元 / 年（5 000 元 / 月）。

个体工商户的生产、经营所得适用的税率，见表 3-1。

表 3-1　个人所得税税率表二

（经营所得适用）

级数	全年应纳税所得额	税率	速算扣除数
1	不超过 30 000 元的	5%	0
2	超过 30 000 元至 90 000 元的部分	10%	1 500
3	超过 90 000 元至 300 000 元的部分	20%	10 500
4	超过 300 000 元至 500 000 元的部分	30%	40 500
5	超过 500 000 元的部分	35%	65 500

个体工商户所得税的征收方式有哪些

个体工商户可以实行查账征收和核定征收两种征收方式。查账征收，是由纳税人依法自行申报，经税务机关审核后填开纳税缴款书，再由纳税人自行到指定银行缴纳税款的一种征收方式。此种征收方式适用于财务会计制度健全，会计核算真实准确，且能够正确计算应纳税额、依法纳税的纳税人，目前应用最为普遍。核定征收，是指当不能以纳税人的账簿为基础计算其应纳税额时，由税务机关采用特定方法确定其应纳税收入或应纳税额，纳税人据以缴纳税款的一种征收方式。

具体包括以下三种具体形式：

（1）查定征收：税务机关对纳税人的生产经营情况进行查实，进而核定其应纳税额的一种征收方式。这种征收方式适用于生产经营规模较小，财务会计制度不健全，账册不齐全的小型企业和个体工商户。

（2）查验征收：税务机关到纳税人的生产经营场所进行实地查验，进而确定其应纳税额的一种征收方式。这种征收方式适用于财务会计制度不健全、生产经营不固定的纳税人。

（3）定期定额征收：税务机关根据纳税人的生产经营情况，按期核定应纳税额并定期征收税款的一种征收方式。这种征收方式主要适用于难以查清其真实收入，账册不健全的个体工商户。

例3-1 刘先生创办了一家服装店，性质为个体工商户。2022纳税年度，该服装店的收入总额为280 000元，按照税法规定可以扣除的成本、费用（含投资者本人的生计费）、税金和损失为230 000元。请问，该服装店应当缴纳多少个人所得税？

解答： 应纳税所得额＝收入总额－成本费用损失＝280 000－230 000＝50 000（元）。应纳税额＝应纳税所得额×税率－速算扣除数＝50 000×10%－1 500＝3 500（元）。该服装店2022纳税年度应当缴纳个人所得税3 500元。

二、个体工商户应纳税所得额的计算

📖 查账征收方式下，个体工商户应纳税所得额如何计算

个体工商户的生产、经营所得，以每一纳税年度的收入总额，减除成本、费用、税金、损失、其他支出以及允许弥补的以前年度亏损后的余额，为应纳税所得额。

个体工商户应纳税所得额的计算，以权责发生制为原则，属于当期的收入和费用，不论款项是否收付，均作为当期的收入和费用；不属于当期的收入和费用，即使款项已经在当期收付，均不作为当期收入和费用。财政部、国家税务总局另有规定的除外。

1. 收入总额的计算

个体工商户从事生产经营以及与生产经营有关的活动（以下简称生产经营）取得的货币形式和非货币形式的各项收入，为收入总额。收入总额包括：销售货物收入、提供劳务收入、转让财产收入、利息收入、租金收入、接受捐赠收入、其他收入。其他收入包括个体工商户资产溢余收入、逾期1年以上的未退包装物押金收入、确实无法偿付的应付款项、已作坏账损失处理后又收回的应收款项、债务重组收入、补贴收入、违约金收入、汇兑收益等。

2. 各项扣除

成本是指个体工商户在生产经营活动中发生的销售成本、销货成本、业务支出以及其他耗费。

费用是指个体工商户在生产经营活动中发生的销售费用、管理费用和财务费用，已经计入成本的有关费用除外。

税金是指个体工商户在生产经营活动中发生的除个人所得税和允许抵扣

的增值税以外的各项税金及其附加。

损失是指个体工商户在生产经营活动中发生的固定资产和存货的盘亏、毁损、报废损失，转让财产损失，坏账损失，自然灾害等不可抗力因素造成的损失以及其他损失。个体工商户发生的损失，减除责任人赔偿和保险赔款后的余额，参照财政部、国家税务总局有关企业资产损失税前扣除的规定扣除。个体工商户已经作为损失处理的资产，在以后纳税年度又全部收回或者部分收回时，应当计入收回当期的收入。

其他支出是指除成本、费用、税金、损失外，个体工商户在生产经营活动中发生的与生产经营活动有关的、合理的支出。

个体工商户发生的支出应当区分收益性支出和资本性支出。收益性支出在发生当期直接扣除；资本性支出应当分期扣除或者计入有关资产成本，不得在发生当期直接扣除。支出是指与取得收入直接相关的支出。除税收法律法规另有规定外，个体工商户实际发生的成本、费用、税金、损失和其他支出，不得重复扣除。

个体工商户纳税年度发生的亏损，准予向以后年度结转，用以后年度的生产经营所得弥补，但结转年限最长不得超过5年。亏损是指个体工商户依照税法规定计算的应纳税所得额小于零的数额。

个体工商户使用或者销售存货，按照规定计算的存货成本，准予在计算应纳税所得额时扣除。

个体工商户转让资产，该项资产的净值，准予在计算应纳税所得额时扣除。

个体工商户研究开发新产品、新技术、新工艺所发生的开发费用，以及研究开发新产品、新技术而购置单台价值在10万元以下的测试仪器和试验性装置的购置费准予直接扣除；单台价值在10万元以上（含10万元）的测试仪器和试验性装置，按固定资产管理，不得在当期直接扣除。

友情提示

　　个体工商户在生产经营活动中，应当分别核算生产经营费用和个人、家庭费用。对于生产经营与个人、家庭生活混用难以分清的费用，其40%视为与生产经营有关费用，准予扣除。

3. 不得扣除的支出

个体工商户下列支出不得扣除：

（1）个人所得税税款。

（2）税收滞纳金。

（3）罚金、罚款和被没收财物的损失。

（4）不符合扣除规定的捐赠支出。

（5）赞助支出。

（6）用于个人和家庭的支出。

（7）与取得生产经营收入无关的其他支出。

（8）国家税务总局规定不准扣除的支出。

赞助支出，是指个体工商户发生的与生产经营活动无关的各种非广告性质支出。

个体工商户代其从业人员或者他人负担的税款，不得税前扣除。

4. 工资、保险费、劳动保护支出的扣除

个体工商户实际支付给从业人员的、合理的工资薪金支出，准予扣除。个体工商户业主的费用扣除标准，依照相关法律、法规和政策规定执行。个体工商户业主的工资薪金支出不得税前扣除。

个体工商户按照国务院有关主管部门或者省级人民政府规定的范围和标准为其业主和从业人员缴纳的基本养老保险费、基本医疗保险费、失业保险费、生育保险费、工伤保险费和住房公积金，准予扣除。个体工商户为从业人员缴纳的补充养老保险费、补充医疗保险费，分别在不超过从业人员工资总额5%

标准内的部分据实扣除；超过部分，不得扣除。个体工商户业主本人缴纳的补充养老保险费、补充医疗保险费，以当地（地级市）上年度社会平均工资的 3 倍为计算基数，分别在不超过该计算基数 5% 标准内的部分据实扣除；超过部分，不得扣除。

除个体工商户依照国家有关规定为特殊工种从业人员支付的人身安全保险费和财政部、国家税务总局规定可以扣除的其他商业保险费外，个体工商户业主本人或者为从业人员支付的商业保险费，不得扣除。

个体工商户参加财产保险，按照规定缴纳的保险费，准予扣除。

个体工商户发生的合理的劳动保护支出，准予扣除。

5. 借款费用、利息、汇兑损失的扣除

个体工商户在生产经营活动中发生的合理的不需要资本化的借款费用，准予扣除。个体工商户为购置、建造固定资产、无形资产和经过 12 个月以上的建造才能达到预定可销售状态的存货发生借款的，在有关资产购置、建造期间发生的合理的借款费用，应当作为资本性支出计入有关资产的成本，并依照税法的规定扣除。

个体工商户在生产经营活动中发生的下列利息支出，准予扣除：①向金融企业借款的利息支出；②向非金融企业和个人借款的利息支出，不超过按照金融企业同期同类贷款利率计算的数额的部分。

个体工商户在货币交易中，以及纳税年度终了时将人民币以外的货币性资产、负债按照期末即期人民币汇率中间价折算为人民币时产生的汇兑损失，除已经计入有关资产成本部分外，准予扣除。

6. 工会经费、职工福利费、职工教育经费的扣除

个体工商户向当地工会组织拨缴的工会经费、实际发生的职工福利费支出、职工教育经费支出分别在工资薪金总额的 2%、14%、2.5% 的标准内据实扣除。工资薪金总额是指允许在当期税前扣除的工资薪金支出数额。职工教育经费的实际发生数额超出规定比例当期不能扣除的数额，准予在以后纳税年度结转扣除。个体工商户业主本人向当地工会组织缴纳的工会经费、实际发生的职工福利费支出、职工教育经费支出，以当地（地级市）上年度社会平均工资的 3 倍为计算基数，分别按 2%、14%、2.5% 的比例

据实扣除。

7. 业务招待费、广告费和业务宣传费的扣除

个体工商户发生的与生产经营活动有关的业务招待费,按照实际发生额的60%扣除,但最高不得超过当年销售(营业)收入的5‰。业主自申请营业执照之日起至开始生产经营之日止所发生的业务招待费,按照实际发生额的60%计入个体工商户的开办费。

个体工商户每一纳税年度发生的与其生产经营活动直接相关的广告费和业务宣传费不超过当年销售(营业)收入15%的部分,可以据实扣除;超过部分,准予在以后纳税年度结转扣除。

8. 租赁费、摊位费、行政性收费、协会会费的扣除

个体工商户根据生产经营活动的需要租入固定资产支付的租赁费,按照以下方法扣除:

(1)以经营租赁方式租入固定资产发生的租赁费支出,按照租赁期限均匀扣除。

(2)以融资租赁方式租入固定资产发生的租赁费支出,按照规定构成融资租入固定资产价值的部分应当提取折旧费用,分期扣除。

个体工商户按照规定缴纳的摊位费、行政性收费、协会会费等,按实际发生数额扣除。

9. 开办费、捐赠支出的扣除

个体工商户自申请营业执照之日起至开始生产经营之日止所发生符合《国家税务总局个体工商户个人所得税计税办法》规定的费用,除为取得固定资产、无形资产的支出,以及应计入资产价值的汇兑损益、利息支出外,作为开办费,个体工商户可以选择在开始生产经营的当年一次性扣除,也可以自生产经营月份起在不短于3年期限内摊销扣除,但一经选定,不得改变。

开始生产经营之日为个体工商户取得第一笔销售（营业）收入的日期。

个体工商户通过公益性社会团体或者县级以上人民政府及其部门，用于《中华人民共和国公益事业捐赠法》规定的公益事业的捐赠，捐赠额不超过其应纳税所得额30%的部分可以据实扣除。财政部、国家税务总局规定可以全额在税前扣除的捐赠支出项目，按有关规定执行。个体工商户直接对受益人的捐赠不得扣除。公益性社会团体的认定，按照财政部、国家税务总局、民政部有关规定执行。

例 3-2 王先生开设一家个体工商户，采用查账征收的方式征收个人所得税。2022纳税年度，其账面总收入为141 000元，总支出为73 000元（包括成本51 000元、费用20 000元、损失2 000元）。税务机关经过查账发现，总支出中包括房产税、印花税等税款5 000元，包括税收滞纳金、罚款2 000元，王先生本人的工资42 000元，王先生家庭支出（孩子学费）5 000元（作为费用扣除），给该村小学运动会的赞助费1 000元。其中没有包括王先生自己的费用扣除，个体工商户业主的费用扣除标准为60 000元。根据上述查账结果，王先生2022纳税年度应纳税额为多少？

答： 首先应当计算出2022年度王先生的应纳税所得额。应纳税所得额的计算方法是总收入减去成本、费用和损失以后的余额。需要注意的是，这里的总收入、成本、费用和损失与会计上的收入、成本、费用和损失的范围不完全一致，有些成本、费用、损失不能扣除。有些会计上没有扣除的费用，税法规定予以扣除，所以，应纳税所得额必须是在企业或者个体工商户账簿上所记载的收入和成本、费用、损失的基础上予以一定调整的数额，不能直接根据企业或个体工商户账簿上的记载的数额来计算。

王先生的个体工商户2022年度的总收入为141 000元，没有需要调整的项目，141 000元可以作为税法上规定的总收入。总支出为73 000元，但是，其中有需要调整的项目：第一，房产税、印花税等税款支出5 000元，本项支出可以扣除，不用调整；第二，税收滞纳金、罚款2 000元，该项支出不能扣除，应当在总支出中减去2 000元；第三，王先生本人的工资42 000元，该项支出也不能扣除；第四，王先生家庭支出（孩子学费）5 000元，该项支出也不能扣除；第五，给该村小学运动会的赞助费 1 000 元，该项支出也不能扣除。另外，总收入中可以扣除个体工商户业主的费用，该个体工商户没有扣除，应当增加扣除 60 000 元。根据上述，总支出应当调整为 83 000 元（73 000 − 2 000 − 42 000 − 5 000 − 1 000 + 60 000），应纳税所得额为 58 000 元（141 000 − 83 000），应纳税额为 4 300 元（58 000 × 10% − 1 500）。

📖 核定征收方式下，个体工商户应纳税所得额如何计算

个体工商户税收定期定额征收，是指税务机关依照法律、行政法规及本办法的规定，对个体工商户在一定经营地点、一定经营时期、一定经营范围内的应纳税经营额（包括经营数量）或所得额（以下简称定额）进行核定，并以此为计税依据，确定其应纳税额的一种征收方式。

1. 核定定额的方法

税务机关应当根据定期定额户的经营规模、经营区域、经营内容、行业特点、管理水平等因素核定定额，可以采用下列一种或两种以上的方法核定：

（1）按照耗用的原材料、燃料、动力等推算或者测算核定。

（2）按照成本加合理的费用和利润的方法核定。

（3）按照盘点库存情况推算或者测算核定。

（4）按照发票和相关凭据核定。

（5）按照银行经营账户资金往来情况测算核定。

（6）参照同类行业或类似行业中同规模、同区域纳税人的生产、经营情况核定。

（7）按照其他合理方法核定。

税务机关应当运用现代信息技术手段核定定额，增强核定工作的规范性和合理性。

2. 核定定额的程序

税务机关核定定额程序如下：

（1）自行申报。定期定额户要按照税务机关规定的申报期限、申报内容向主管税务机关申报，填写有关申报文书。申报内容应包括经营行业、营业

面积、雇佣人数和每月经营额、所得额以及税务机关需要的其他申报项目。本项所称经营额、所得额为预估数。

（2）核定定额。主管税务机关根据定期定额户自行申报情况，参考典型调查结果，采取上述核定方法核定定额，并计算应纳税额。

（3）定额公示。主管税务机关应当将核定定额的初步结果进行公示，公示期限为5个工作日。公示地点、范围、形式应当按照便于定期定额户及社会各界了解、监督的原则，由主管税务机关确定。

（4）上级核准。主管税务机关根据公示意见结果修改定额，并将核定情况报经县级以上税务机关审核批准后，填制《核定定额通知书》。

（5）下达定额。将《核定定额通知书》送达定期定额户执行。

（6）公布定额。主管税务机关将最终确定的定额和应纳税额情况在原公示范围内进行公布。

第三部分 轻松掌握个体工商户纳税实用知识

三、个体工商户纳税基本流程

📖 个体工商户纳税的基本流程是什么

个体工商户纳税也应当按照确定纳税申报的期限、确定纳税申报的地点、确定纳税申报方式、填写和报送纳税申报表以及缴纳税款的方式进行。

（一）纳税申报的期限

个体工商户的生产、经营所得应纳的税款，按年计算，分月预缴，由纳税义务人在次月15日内预缴，年度终了后3个月内汇算清缴，多退少补。纳税人、扣缴义务人按照规定的期限办理纳税申报或者报送代扣代缴、代收代缴税款报告表确有困难、需要延期的，应当在规定的期限内向税务机关提出书面延期申请，经税务机关核准，在核准的期限内办理。纳税人、扣缴义务人因不可抗力，不能按期办理纳税申报或者报送代扣代缴、代收代缴税款报告表的，可以延期办理；但是，应当在不可抗力情形消除后立即向税务机关报告。税务机关应当查明事实，予以核准。

（二）纳税申报的地点

个体工商户向实际经营所在地主管税务机关申报。纳税人不得随意变更纳税申报地点，因特殊情况变更纳税申报地点的，须报原主管税务机关备案。

（三）纳税申报方式

纳税申报主要有两种方式：一是自行纳税申报，即纳税人本人亲自进行纳税申报；二是委托代理人进行纳税申报。

（四）填写和报送纳税申报表

1.《个人所得税经营所得纳税申报表（A表）》（表3-1）的填写

本表适用于查账征收和核定征收的个体工商户业主、个人独资企业投资人、合伙企业个人合伙人、承包承租经营者个人以及其他从事生产、经营活动的个人在中国境内取得经营所得，办理个人所得税预缴纳税申报时，向税务机关报送。合伙企业有两个或者两个以上个人合伙人的，应分别填报本表。纳税人取得经营所得，应当在月度或者季度终了后15日内，向税务机关办理预缴纳税申报。

表3-1 个人所得税经营所得纳税申报表（A表）

税款所属期： 　年　月　日至　年　月　日
纳税人姓名：
纳税人识别号：□□□□□□□□□□□□□□□□□□　　金额单位：人民币元（列至角分）

被投资单位信息		
名称		
纳税人识别号（统一社会信用代码）	□□□□□□□□□□□□□□□□□□	
征收方式（单选）		
□查账征收（据实预缴）　□查账征收（按上年应纳税所得额预缴）　□核定应税所得率征收 □核定应纳税所得额征收　□税务机关认可的其他方式＿＿＿＿＿＿＿＿＿＿		
个人所得税计算		
项目	行次	金额/比例
一、收入总额	1	
二、成本费用	2	
三、利润总额（第3行＝第1行－第2行）	3	
四、弥补以前年度亏损	4	
五、应税所得率（%）	5	
六、合伙企业个人合伙人分配比例（%）	6	
七、允许扣除的个人费用及其他扣除（第7行＝第8行＋第9行＋第14行）	7	
（一）投资者减除费用	8	
（二）专项扣除（第9行＝第10行＋第11行＋第12行＋第13行）	9	
1.基本养老保险费	10	
2.基本医疗保险费	11	
3.失业保险费	12	
4.住房公积金	13	

第三部分 轻松掌握个体工商户纳税实用知识

（续表）

项目	行次	金额/比例
（三）依法确定的其他扣除（第14行＝第15行＋第16行＋第17行）	14	
1.	15	
2.	16	
3.	17	
八、准予扣除的捐赠额（附报《个人所得税公益慈善事业捐赠扣除明细表》）	18	
九、应纳税所得额	19	
十、税率（%）	20	
十一、速算扣除数	21	
十二、应纳税额（第22行＝第19行×第20行－第21行）	22	
十三、减免税额（附报《个人所得税减免税事项报告表》）	23	
十四、已缴税额	24	
十五、应补/退税额（第25行＝第22行－第23行－第24行）	25	
备注		

谨声明：

　　本表是根据国家税收法律法规及相关规定填报的，本人对填报内容（附带资料）的真实性、可靠性、完整性负责。

　　　　　　　　　　　　　　　　　　　　　纳税人签字：＿＿年＿＿月＿＿日

经办人签字： 经办人身份证件类型： 经办人身份证件号码： 代理机构签章： 代理机构统一社会信用代码：	受理人： 受理税务机关（章）： 受理日期：　　年　月　日

国家税务总局监制

下面对本表所要填写的主要栏目进行解释。

1）表头项目

（1）税款所属期：填写纳税人取得经营所得应纳个人所得税款的所属期间，应填写具体的起止年月日。

（2）纳税人姓名：填写自然人纳税人姓名。

（3）纳税人识别号：有中国公民身份证号码的，填写中华人民共和国居民身份证上载明的"公民身份号码"；没有中国公民身份证号码的，填写税务机关赋予的纳税人识别号。

2）被投资单位信息

（1）名称：填写被投资单位法定名称的全称。

（2）纳税人识别号（统一社会信用代码）：填写被投资单位的纳税人识别号或者统一社会信用代码。

3）征收方式

根据税务机关核定的征收方式，在对应框内打"√"。采用税务机关认可的其他方式的，应在下划线填写具体征收方式。

4）个人所得税计算

（1）第1行"收入总额"：填写本年度开始经营月份起截至本期从事经营以及与经营有关的活动取得的货币形式和非货币形式的各项收入总金额。收入总额包括：销售货物收入、提供劳务收入、转让财产收入、利息收入、租金收入、接受捐赠收入、其他收入。

（2）第2行"成本费用"：填写本年度开始经营月份起截至本期实际发生的成本、费用、税金、损失及其他支出的总额。

（3）第3行"利润总额"：填写本年度开始经营月份起截至本期的利润总额。

（4）第4行"弥补以前年度亏损"：填写可在税前弥补的以前年度尚未弥补的亏损额。

（5）第5行"应税所得率"：按核定应税所得率方式纳税的纳税人，填写税务机关确定的核定征收应税所得率。按其他方式纳税的纳税人不填本行。

（6）第6行"合伙企业个人合伙人分配比例"：纳税人为合伙企业个人合伙人的，填写本行；其他则不填。分配比例按照合伙协议约定的比例填写；合伙协议未约定或不明确的，按合伙人协商决定的比例填写；协商不成的，按合伙人实缴出资比例填写；无法确定出资比例的，按合伙人平均分配。

（7）第 7～17 行"允许扣除的个人费用及其他扣除"：①第 8 行"投资者减除费用"：填写根据本年实际经营月份数计算的可在税前扣除的投资者本人每月 5 000 元减除费用的合计金额。②第 9～13 行"专项扣除"：填写按规定允许扣除的基本养老保险费、基本医疗保险费、失业保险费、住房公积金的金额。③第 14～17 行"依法确定的其他扣除"：填写商业健康保险、税延养老保险以及其他按规定允许扣除项目的金额。

（8）第 18 行"准予扣除的捐赠额"：填写按照税法及相关法规、政策规定，可以在税前扣除的捐赠额，并按规定附报《个人所得税公益慈善事业捐赠扣除明细表》。

（9）第 19 行"应纳税所得额"：根据相关行次计算填报。①查账征收（据实预缴）：第 19 行＝（第 3 行－第 4 行）× 第 6 行－第 7 行－第 18 行。②查账征收（按上年应纳税所得额预缴）：第 19 行＝上年度的应纳税所得额÷12×月份数。③核定应税所得率征收（能准确核算收入总额的）：第 19 行＝第 1 行 × 第 5 行 × 第 6 行。④核定应税所得率征收（能准确核算成本费用的）：第 19 行＝第 2 行÷（1－第 5 行）× 第 5 行 × 第 6 行。⑤核定应纳税所得额征收：直接填写应纳税所得额；⑥税务机关认可的其他方式：直接填写应纳税所得额。

（10）第 20～21 行"税率"和"速算扣除数"：填写按规定适用的税率和速算扣除数。

（11）第 22 行"应纳税额"：根据相关行次计算填报。第 22 行＝第 19 行 × 第 20 行－第 21 行。

（12）第 23 行"减免税额"：填写符合税法规定可以减免的税额，并附报《个人所得税减免税事项报告表》。

（13）第 24 行"已缴税额"：填写本年度在月（季）度申报中累计已预缴的经营所得个人所得税的金额。

（14）第 25 行"应补/退税额"：根据相关行次计算填报。第 25 行＝第 22 行－第 23 行－第 24 行。

5）备注

填写个人认为需要特别说明的或者税务机关要求说明的事项。

2.《个人所得税经营所得纳税申报表（B 表）》（表 3-2）的填写

本表适用于个体工商户业主、个人独资企业投资人、合伙企业个人合伙人、承包承租经营者个人以及其他从事生产、经营活动的个人在中国境内取得经营所得,且实行查账征收的,在办理个人所得税汇算清缴纳税申报时,向税务机关报送。合伙企业有两个或者两个以上个人合伙人的,应分别填报本表。纳税人在取得经营所得的次年 3 月 31 日前,向税务机关办理汇算清缴。以纸质方式报送本表的,应当一式两份,纳税人、税务机关各留存一份。

表 3-2 个人所得税经营所得纳税申报表(B 表)

税款所属期: 　　年　月　日至　　年　月　日

纳税人姓名:

纳税人识别号:□□□□□□□□□□□□□□□□□□　金额单位:人民币元(列至角分)

被投资单位信息	名称		纳税人识别号 (统一社会信用代码)		
项目				行次	金额/比例
一、收入总额				1	
其中:国债利息收入				2	
二、成本费用(3 = 4 + 5 + 6 + 7 + 8 + 9 + 10)				3	
(一)营业成本				4	
(二)营业费用				5	
(三)管理费用				6	
(四)财务费用				7	
(五)税金				8	
(六)损失				9	
(七)其他支出				10	
三、利润总额(11 = 1 - 2 - 3)				11	
四、纳税调整增加额(12 = 13 + 27)				12	
(一)超过规定标准的扣除项目金额 　　(13 = 14 + 15 + 16 + 17 + 18 + 19 + 20 + 21 + 22 + 23 + 24 + 25 + 26)				13	
1. 职工福利费				14	
2. 职工教育经费				15	
3. 工会经费				16	

(续表)

项目	行次	金额/比例
4.利息支出	17	
5.业务招待费	18	
6.广告费和业务宣传费	19	
7.教育和公益事业捐赠	20	
8.住房公积金	21	
9.社会保险费	22	
10.折旧费用	23	
11.无形资产摊销	24	
12.资产损失	25	
13.其他	26	
（二）不允许扣除的项目金额（27＝28＋29＋30＋31＋32＋33＋34＋35＋36）	27	
1.个人所得税税款	28	
2.税收滞纳金	29	
3.罚金、罚款和被没收财物的损失	30	
4.不符合扣除规定的捐赠支出	31	
5.赞助支出	32	
6.用于个人和家庭的支出	33	
7.与取得生产经营收入无关的其他支出	34	
8.投资者工资薪金支出	35	
9.其他不允许扣除的支出	36	
五、纳税调整减少额	37	
六、纳税调整后所得（38＝11＋12－37）	38	
七、弥补以前年度亏损	39	
八、合伙企业个人合伙人分配比例（%）	40	

（续表）

项目	行次	金额/比例
九、允许扣除的个人费用及其他扣除（41＝42＋43＋48＋55）	41	
（一）投资者减除费用	42	
（二）专项扣除（43＝44＋45＋46＋47）	43	
1.基本养老保险费	44	
2.基本医疗保险费	45	
3.失业保险费	46	
4.住房公积金	47	
（三）专项附加扣除（48＝49＋50＋51＋52＋53＋54）	48	
1.子女教育	49	
2.继续教育	50	
3.大病医疗	51	
4.住房贷款利息	52	
5.住房租金	53	
6.赡养老人	54	
（四）依法确定的其他扣除（55＝56＋57＋58＋59）	55	
1.商业健康保险	56	
2.税延养老保险	57	
3.	58	
4.	59	
十、投资抵扣	60	
十一、准予扣除的个人捐赠支出	61	
十二、应纳税所得额（62＝38－39－41－60－61）或［62＝（38－39）×40－41－60－61］	62	
十三、税率（％）	63	
十四、速算扣除数	64	
十五、应纳税额（65＝62×63－64）	65	

（续表）

项目	行次	金额/比例
十六、减免税额（附报《个人所得税减免税事项报告表》）	66	
十七、已缴税额	67	
十八、应补/退税额（68＝65－66－67）	68	
谨声明： 本表是根据国家税收法律法规及相关规定填报的，是真实的、可靠的、完整的。 纳税人签字：　　年　月　日		
经办人： 经办人身份证件号码： 代理机构签章： 代理机构统一社会信用代码：	受理人： 受理税务机关（章）： 受理日期：　　年　月　日	

国家税务总局监制

下面对本表所要填写的主要栏目进行解释。

1）表头项目

（1）税款所属期：填写纳税人取得经营所得应纳个人所得税款的所属期间，应填写具体的起止年月日。

（2）纳税人姓名：填写自然人纳税人姓名。

（3）纳税人识别号：有中国公民身份证号码的，填写中华人民共和国居民身份证上载明的"公民身份号码"；没有中国公民身份证号码的，填写税务机关赋予的纳税人识别号。

2）被投资单位信息

（1）名称：填写被投资单位法定名称的全称。

（2）纳税人识别号（统一社会信用代码）：填写被投资单位的纳税人识别号或统一社会信用代码。

3）表内各行填写

（1）第1行"收入总额"：填写本年度从事生产经营以及与生产经营有关的活动取得的货币形式和非货币形式的各项收入总金额。收入总额包括：

销售货物收入、提供劳务收入、转让财产收入、利息收入、租金收入、接受捐赠收入、其他收入。

（2）第2行"国债利息收入"：填写本年度已计入收入的因购买国债而取得的应予免税的利息金额。

（3）第3~10行"成本费用"：填写本年度实际发生的成本、费用、税金、损失及其他支出的总额。①第4行"营业成本"：填写在生产经营活动中发生的销售成本、销货成本、业务支出以及其他耗费的金额。②第5行"营业费用"：填写在销售商品和材料、提供劳务的过程中发生的各种费用。③第6行"管理费用"：填写为组织和管理企业生产经营发生的管理费用。④第7行"财务费用"：填写为筹集生产经营所需资金等发生的筹资费用。⑤第8行"税金"：填写在生产经营活动中发生的除个人所得税和允许抵扣的增值税以外的各项税金及其附加。⑥第9行"损失"：填写生产经营活动中发生的固定资产和存货的盘亏、毁损、报废损失，转让财产损失，坏账损失，自然灾害等不可抗力因素造成的损失以及其他损失。⑦第10行"其他支出"：填写除成本、费用、税金、损失外，生产经营活动中发生的与之有关的、合理的支出。

（4）第11行"利润总额"：根据相关行次计算填报。

第11行＝第1行－第2行－第3行。

（5）第12行"纳税调整增加额"：根据相关行次计算填报。

第12行＝第13行＋第27行。

（6）第13行"超过规定标准的扣除项目金额"：填写扣除的成本、费用和损失中，超过税法规定的扣除标准应予调增的应纳税所得额。

（7）第27行"不允许扣除的项目金额"：填写按规定不允许扣除但被投资单位已将其扣除的各项成本、费用和损失，应予调增应纳税所得额的部分。

（8）第37行"纳税调整减少额"：填写在计算利润总额时已计入收入或未列入成本费用，但在计算应纳税所得额时应予扣除的项目金额。

（9）第38行"纳税调整后所得"：根据相关行次计算填报。

第38行＝第11行＋第12行－第37行。

（10）第39行"弥补以前年度亏损"：填写本年度可在税前弥补的以前年度亏损额。

（11）第40行"合伙企业个人合伙人分配比例"：纳税人为合伙企业个人合伙人的，填写本栏；其他则不填。分配比例按照合伙协议约定的比例填写；合伙协议未约定或不明确的，按合伙人协商决定的比例填写；协商不成的，按合伙人实缴出资比例填写；无法确定出资比例的，按合伙人平均分配。

（12）第41行"允许扣除的个人费用及其他扣除"：填写按税法规定可以税前扣除的各项费用、支出。其包括：①第42行"投资者减除费用"：填写按税法规定的减除费用金额。②第43～47行"专项扣除"：分别填写本年度按规定允许扣除的基本养老保险费、基本医疗保险费、失业保险费、住房公积金的合计金额。③第48～54行"专项附加扣除"：分别填写本年度纳税人按规定可享受的子女教育、继续教育、大病医疗、住房贷款利息、住房租金、赡养老人等专项附加扣除的合计金额。④第55～59行"依法确定的其他扣除"：分别填写按规定允许扣除的商业健康保险、税延养老保险，以及国务院规定其他可以扣除项目的合计金额。

（13）第60行"投资抵扣"：填写按照税法规定可以税前抵扣的投资金额。

（14）第61行"准予扣除的个人捐赠支出"：填写本年度按照税法及相关法规、政策规定，可以在税前扣除的个人捐赠合计额。

（15）第62行"应纳税所得额"：根据相关行次计算填报。①纳税人为非合伙企业个人合伙人的：第62行＝第38行－第39行－第41行－第60行－第61行。②纳税人为合伙企业个人合伙人的：第62行＝（第38行－第39行）×第40行－第41行－第60行－第61行。

（16）第63～64行"税率""速算扣除数"：填写按规定适用的税率和速算扣除数。

（17）第65行"应纳税额"：根据相关行次计算填报。第65行＝第62行×第63行－第64行。

（18）第66行"减免税额"：填写符合税法规定可以减免的税额，并附报《个人所得税减免税事项报告表》。

（19）第67行"已缴税额"：填写本年度累计已预缴的经营所得个人所得税金额。

（20）第68行"应补/退税额"：根据相关行次计算填报。第68行＝第65行－第66行－第67行。

3.《个人所得税经营所得纳税申报表（C表）》（表3-3）的填写

本表适用于个体工商户业主、个人独资企业投资人、合伙企业个人合伙人、承包承租经营者个人以及其他从事生产、经营活动的个人在中国境内两处以上取得经营所得，办理合并计算个人所得税的年度汇总纳税申报时，向税务机关报送。纳税人从两处以上取得经营所得，应当于取得所得的次年3月31日前办理年度汇总纳税申报。以纸质方式报送本表的，应当一式两份，纳税人、税务机关各留存一份。

表3-3 个人所得税经营所得纳税申报表（C表）

税款所属期： 　年　月　日至　年　月　日
纳税人姓名：
纳税人识别号：□□□□□□□□□□□□□□□□□□ 　金额单位：人民币元（列至角分）

被投资单位信息			单位名称	纳税人识别号（统一社会信用代码）	投资者应纳税所得额
	汇总地				
	非汇总地	1			
		2			
		3			
		4			
		5			

项目	行次	金额/比例
一、投资者应纳税所得额合计	1	
二、应调整的个人费用及其他扣除（2＝3＋4＋5＋6）	2	

(续表)

项目	行次	金额/比例
（一）投资者减除费用	3	
（二）专项扣除	4	
（三）专项附加扣除	5	
（四）依法确定的其他扣除	6	
三、应调整的其他项目	7	
四、调整后应纳税所得额（8＝1＋2＋7）	8	
五、税率（%）	9	
六、速算扣除数	10	
七、应纳税额（11＝8×9－10）	11	
八、减免税额（附报《个人所得税减免税事项报告表》）	12	
九、已缴税额	13	
十、应补/退税额（14＝11－12－13）	14	

谨声明：
本表是根据国家税收法律法规及相关规定填报的，是真实的、可靠的、完整的。

纳税人签字：　　　年　月　日

经办人： 经办人身份证件号码： 代理机构签章： 代理机构统一社会信用代码：	受理人： 受理税务机关（章）： 受理日期：　　年　月　日

国家税务总局监制

有关项目填报说明如下。

1）表头项目

（1）税款所属期：填写纳税人取得经营所得应纳个人所得税款的所属期间，应填写具体的起止年月日。

（2）纳税人姓名：填写自然人纳税人姓名。

（3）纳税人识别号：有中国公民身份证号码的，填写中华人民共和国居民身份证上载明的"公民身份号码"；没有中国公民身份证号码的，填写税务机关赋予的纳税人识别号。

2）被投资单位信息

（1）名称：填写被投资单位法定名称的全称。

（2）纳税人识别号（统一社会信用代码）：填写被投资单位的纳税人识别号或者统一社会信用代码。

（3）投资者应纳税所得额：填写投资者从其各投资单位取得的年度应纳税所得额。

3）表内各行填写

（1）第1行"投资者应纳税所得额合计"：填写投资者从其各投资单位取得的年度应纳税所得额的合计金额。

（2）第2~6行"应调整的个人费用及其他扣除"：填写按规定需调整增加或者减少应纳税所得额的项目金额。调整减少应纳税所得额的，用负数表示。①第3行"投资者减除费用"：填写需调整增加或者减少应纳税所得额的投资者减除费用的金额。②第4行"专项扣除"：填写需调整增加或者减少应纳税所得额的"三险一金"（基本养老保险费、基本医疗保险费、失业保险费、住房公积金）的合计金额。③第5行"专项附加扣除"：填写需调整增加或者减少应纳税所得额的专项附加扣除（子女教育、继续教育、大病医疗、住房贷款利息、住房租金、赡养老人）的合计金额。④第6行"依法确定的其他扣除"：填写需调整增加或者减少应纳税所得额的商业健康保险、税延养老保险以及国务院规定其他可以扣除项目的合计金额。

（3）第7行"应调整的其他项目"：填写按规定应予调整的其他项目的合计金额。调整减少应纳税所得额的，用负数表示。

（4）第8行"调整后应纳税所得额"：根据相关行次计算填报。

第8行＝第1行＋第2行＋第7行。

（5）第9~10行"税率""速算扣除数"：填写按规定适用的税率和速算扣除数。

（6）第11行"应纳税额"：根据相关行次计算填报。

第 11 行＝第 8 行 × 第 9 行 − 第 10 行。

（7）第 12 行"减免税额"：填写符合税法规定可以减免的税额，并附报《个人所得税减免税事项报告表》。

（8）第 13 行"已缴税额"：填写纳税人本年度累计已缴纳的经营所得个人所得税的金额。

（9）第 14 行"应补/退税额"：按相关行次计算填报。

第 14 行＝第 11 行 − 第 12 行 − 第 13 行。

4.《个人所得税减免税事项报告表》（表 2-11）的填写

本表适用于个人纳税年度内发生减免税事项，需要在纳税申报时享受的，向税务机关报送。个人需要享受减免税事项的，应当及时向扣缴义务人提交本表做信息采集。扣缴义务人扣缴申报时，个人需要享受减免税事项的，扣缴义务人应当一并报送本表。个人需要享受减免税事项并采取自行纳税申报方式的，应按照税法规定的自行纳税申报时间，在自行纳税申报时一并报送本表。以纸质方式报送本表的，建议通过计算机填写打印，一式两份，纳税人（扣缴义务人）、税务机关各留存一份。

（五）缴纳税款

目前，纳税人的缴纳方式主要有以下 6 种。

1. 转账缴税

转账缴税是指纳税人、扣缴义务人根据税务机关填制的缴款书通过其开户银行转账缴纳税款的方式。其程序如下：

（1）申报纳税窗口根据征管信息系统的税款征收信息填制缴款书。

（2）申报纳税窗口将填制的缴款书除存根联留存外，其余各联交纳税人、扣缴义务人。

（3）纳税人、扣缴义务人凭已填制的缴款书到其开户银行解缴税款。

（4）税务机关收到国库（经收处）盖章后转来的报查联、回执联转税收会计作销号处理，并将相关信息录入征管信息系统。

2. 自核自缴（三自纳税）

自核自缴（三自纳税）是指纳税人、扣缴义务人自行计算应纳税额，自行填开缴款书，自行到银行缴纳税款的方式，其程序如下：

（1）纳税人、扣缴义务人自行计算应纳税额、填写纳税申报表，自行填开缴款书向其开户银行解缴税款，并在规定的申报期限内向税务机关办税服务厅申报纳税窗口报送纳税申报表及其他纳税资料。

（2）申报纳税窗口在受理时，必须向纳税人查阅由国库经收处已盖章收讫的缴款书收据联，并收取缴款书存根联。

（3）税务机关收到国库（经收处）盖章后转来的报查联、回执联转税收会计作销号处理，并将相关信息录入征管信息系统。

3. 支票缴税

支票缴税是指纳税人、扣缴义务人用支票缴纳税款方式。支票缴税需在税务机关、银行、国库实现计算机联网后方可实施。其程序如下：

（1）纳税人、扣缴义务人自行计算应纳税款并在规定的期限内持申报表（包括附报资料）和支票向税务机关申报纳税窗口办理申报事宜。

（2）申报纳税窗口审查支票的有效性：①支票有效，申报纳税窗口填开《税收转账专用完税证》交纳税人、扣缴义务人作完税凭证。同时，及时制作支票清单，并随同纳税人、扣缴义务人填写的支票交国库；②支票无效，则退还纳税人、扣缴义务人，责令其补正。

（3）国库凭支票划解税款并向税务机关及时反馈划解信息。

（4）税务机关凭国库转来的入库支票清单转税收会计作销号处理，并将相关信息录入征管信息系统，同时将有关信息、资料转纳税评估、税收会计管理、税收统计管理和征管档案管理环节。

（5）对国库转来的未达税款清单送交催缴管理环节，由其对纳税人、扣缴义务人进行催缴。

4. 现金缴税

现金缴税是指纳税人、扣缴义务人用现金缴纳税款的一种方式。其程序如下：

（1）纳税人、扣缴义务人需申报的按下列程序办理：①纳税人、扣缴义务人自行计算应纳税款并在规定的期限内持申报表（包括附报资料）和现金（有纳税手册的，应同时提供）向税务机关办税服务厅申报纳税窗口办申报事宜；②申报纳税窗口填制《税收通用完税证》，向纳税人、扣缴义务人收取现金后，将完税凭证交纳税人、扣缴义务人，并在《纳税手册》上签章，申报纳税窗口在规定的期限内填开汇总缴款书将现金交国库经收处解缴税款；③税务机关凭国库经收处盖章后转来的缴款书报查联转税收会计上解销号，凭"完税证"报查联和缴款书报查联向税收票证管理环节办理票款结报，并将相关信息录入征管信息系统。

（2）纳税人无需申报的（主要指简易申报户）按照下列程序办理：①申报纳税窗口填制《税收通用完税证》，向纳税人收取现金，将完税凭证收据联交纳税人；同时，申报纳税窗口在规定的期限内，将"完税证"进行汇总，填开汇总缴款书向国库经收处解缴税款。②税务机关凭国库经收处盖章后转来的缴款书报查联转税收会计上解销号，凭"完税证"报查联和缴款书报查联向税收票证管理环节办理票款结报。

5. 信用卡缴税

信用卡缴税是指纳税人、扣缴义务人用信用卡缴纳税款的方式。其程序如下：

（1）纳税人、扣缴义务人自行计算应纳税款并在规定的期限内持申报表（或纳税手册）和信用卡到税务机关办税服务厅申报纳税窗口或有关银行网点办理缴纳税款事宜。

（2）申报纳税窗口或有关银行网点受理时，应查询纳税人、扣缴义务人存款余额：①足够支付税款的办理划卡缴纳税款手续。税务机关、银行、国库实现计算机联网的，申报纳税窗口填制《税收转账专用完税证》交纳税人、扣缴义务人，对持纳税手册申报的，申报纳税窗口或银行网点要在《纳税手册》上签章。②存款余额不足的，当即告之纳税人、扣缴义务人存足款项。

（3）税务机关凭国库经收处盖章后转来的缴款书报查联转税收会计上解销号，凭"完税证"报查联和缴款书报查联向税收票证管理环节办理票款结报。

6. 税银一体化缴税

税银一体化缴税是指纳税人、扣缴义务人在指定银行开设税款解缴专用账户，按期提前存入当期应纳税款，并在规定的期限内由税务机关通知银行直接划解税款，或自行到税务机关指定银行网点缴纳的方式。按实施方式不同，可分为一般缴税专户缴税、网上实时缴税和批量扣款征收。

（1）一般缴税专户缴税程序：①纳税人、扣缴义务人自行计算应纳税款并提前存入缴税专户，同时在法定期限内向税务机关办理申报事项；②申报纳税窗口根据征管信息系统传递的税款征收信息填制缴款书，查询缴税账户可支控额并及时通知银行划解税款；③指定银行应根据税务机关通知，划解税款并将划解信息及时反馈给税务机关；④税务机关收到国库（经收处）盖章后转来的报查联、回执联转税收会计作销号处理，并将相关信息录入征管信息系统。

（2）网上实时缴税程序：①网上申报纳税人、扣缴义务人在税务机关指定的联网银行开设税款解缴专用账户，并与开户银行签订《委托代扣税款协议书》，同意银行按纳税申报信息从其专用账户上划缴税款；②纳税人、扣缴义务人在办理纳税申报前在专用账户存入不少于当期应纳税款的款项；③纳税人、扣缴义务人登录电子申报纳税系统，输入并提交当期缴纳税额信息；④联网银行税银扣划系统根据电子申报纳税系统提供的纳税人有效申报缴纳税款信息，实时自动从其专用账户中扣划税款；⑤税务机关定期与联网银行核对当期扣划的款项数据后，填开缴款书，将联网银行扣划的税款向国库经收处划解；⑥税务机关凭国库经收处盖章后转来的缴款书报查联转税收会计上解销号，凭"完税证"报查联和缴款书报查联向税收票证管理环节办理票款结报，并将相关信息录入征管信息系统。

（3）批量扣款征收程序：具体程序同委托银行扣缴税款程序。

例 3-3 黎先生设立了一家个体工商户性质的服装店，平时除经营自己在 A 市 B 区的该服装店外，没有其他收入来源。2022 年黎先生全年营业收入 260 000 元，与经营有关的可在税前扣除的成本 50 000 元、费用 20 000 元、营业外支出 5 000 元，本年度已预缴个人所得税 8 000 元，黎先生个人综合所得年度扣除标准为 84 000 元，则 2022 年度终了，黎先生该如何办理纳税申报？

解答：

（1）计算过程与申报方法。按照《个人所得税法》及其实施条例的规定，纳税人取得应纳税所得，但没有扣缴义务人的，应当向税务机关自行申报纳税。同时，根据《个人所得税法》的规定，个体工商户的生产、经营所得应纳的税款，按年计算，分月预缴，年度终了后3个月内汇算清缴，多退少补。因此，年度终了后，黎先生应将全年收入汇算清缴。

纳税申报表主要项目的计算过程：全年应纳税所得额＝收入－（成本＋费用＋支出）－84 000＝260 000－（50 000＋20 000＋5 000）－84 000＝101 000（元），全年应纳税额＝应纳税所得额 × 税率－速算扣除＝101 000×20％－10 500＝9 700（元），应补缴税额＝9 700－8 000＝1 700（元）。

（2）纳税申报的方法与注意事项。申报时，黎先生应向实际经营所在地主管税务机关申报，即向A市B区服装店的主管税务机关进行申报。

第四部分
轻松掌握个人独资企业和合伙企业纳税实用知识

您知道个人独资企业、合伙企业应当缴纳的税款是如何计算出来的吗？您知道个人独资企业、合伙企业纳税的基本流程吗？本部分将为您回答上述问题。

一、个人独资企业与合伙企业应纳税所得额的计算

📖 个人独资企业和合伙企业如何计算应纳税所得额

1. 个人独资企业和合伙企业的界定

个人独资企业和合伙企业是指以下4种情况。

（1）依照《中华人民共和国个人独资企业法》（1999年8月30日第九届全国人民代表大会常务委员会第十一次会议通过）和《中华人民共和国合伙企业法》（1997年2月23日第八届全国人民代表大会常务委员会第二十四次会议通过，2006年8月27日第十届全国人民代表大会常务委员会第二十三次会议修订）登记成立的个人独资企业、合伙企业。

（2）依照《中华人民共和国私营企业暂行条例》（1988年6月25日国务院令第4号发布，自1988年7月1日起施行）登记成立的独资、合伙性质的私营企业。

（3）依照《中华人民共和国律师法》（1996年5月15日第八届全国人民代表大会常务委员会第十九次会议通过，根据2001年12月29日第九届全国人民代表大会常务委员会第二十五次会议《关于修改〈中华人民共和国律师法〉的决定》第一次修正，2007年10月28日第十届全国人民代表大会常务委员会第三十次会议修订根据2012年10月26日第十一届全国人民代表大会常务委员会第二十九次会议《关于修改〈中华人民共和国律师法〉的决定》第二次修正，根据2017年9月1日第十二届全国人民代表大会常务委员会第二十九次会议《关于修改〈中华人民共和国法官法〉等八部法律的决定》第三次修正）登记成立的合伙制律师事务所。

（4）经政府有关部门依照法律法规批准成立的负无限责任和无限连带责任的其他个人独资、个人合伙性质的机构或组织。

个人独资企业以投资者为纳税义务人，合伙企业以每一个合伙人为纳税义务人（以下简称投资者）。

2. 个人独资企业和合伙企业承担的纳税义务

根据《国务院关于个人独资企业和合伙企业征收所得税问题的通知》（国务院2000年6月20日发布，国发〔2000〕16号）的规定，为公平税负，支持和鼓励个人投资兴办企业，促进国民经济持续、快速、健康发展，国务院决定，自2000年1月1日起，对个人独资企业和合伙企业停止征收企业所得税，其投资者的生产经营所得，比照个体工商户的生产、经营所得征收个人所得税。因此，个人独资企业和合伙企业应纳税额的计算在原则上比照个体工商户的生产、经营所得应纳税额的计算处理，但在个别地方也存在一些例外规定。

3. 个人独资企业和合伙企业应纳税所得额计算的方法

个人独资企业和合伙企业（以下简称企业）每一纳税年度的收入总额减除成本、费用以及损失后的余额，作为投资者个人的生产经营所得，比照个人所得税法的"经营所得"应税项目，适用5%～35%的五级超额累进税率，计算征收个人所得税。

收入总额，是指企业从事生产经营以及与生产经营有关的活动所取得的各项收入，包括商品（产品）销售收入、营运收入、劳务服务收入、工程价款收入、财产出租或转让收入、利息收入、其他业务收入和营业外收入。

个人独资企业的投资者以全部生产经营所得为应纳税所得额；合伙企业的投资者按照合伙企业的全部生产经营所得和合伙协议约定的分配比例确定应纳税所得额，合伙协议没有约定分配比例的，以全部生产经营所得和合伙人数量平均计算每个投资者的应纳税所得额。

生产经营所得，包括企业分配给投资者个人的所得和企业当年留存的所得（利润）。

4. 查账征税的扣除项目

凡实行查账征税办法的，生产经营所得比照《个体工商户个人所得税计税办法》（2014年12月27日国家税务总局令第35号公布，根据2018年6月15日《国家税务总局关于修改部分税务部门规章的决定》修正）的规定确定，但下列项目的扣除依照下列规定执行：

（1）投资者的费用扣除标准为60 000元／年（5 000元／月）。投资者的工资不得在税前扣除。

（2）企业从业人员的合理工资支出允许在税前扣除。

（3）投资者及其家庭发生的生活费用不允许在税前扣除。投资者及其家庭发生的生活费用与企业生产经营费用混合在一起，并且难以划分的，全部视为投资者个人及其家庭发生的生活费用，不允许在税前扣除。

（4）企业生产经营和投资者及其家庭生活共用的固定资产，难以划分的，由主管税务机关根据企业的生产经营类型、规模等具体情况，核定准予在税前扣除的折旧费用的数额或比例。

（5）企业实际发生的工会经费、职工福利费、职工教育经费分别在其计税工资总额的2%、14%、2.5%的标准内据实扣除。

（6）企业每一纳税年度发生的广告和业务宣传费用不超过当年销售（营业）收入15%的部分，可据实扣除；超过部分可无限期向以后纳税年度结转。

（7）企业计提的各种准备金不得扣除。

5. 核定征收应纳税所得额的计算

实行核定应纳税所得额率征收方式的，应纳税所得额的计算公式如下：

应纳税额＝应纳税所得额 × 适用税率

应纳税所得额＝收入总额 × 应纳税所得额率

或 $=\dfrac{\text{成本费用支出额}}{(1-\text{应纳税所得额率})} \times \text{应纳税所得额率}$

应纳税所得额率应按表 4-1 规定的标准执行。

表 4-1 应纳税所得额率表

行业	应纳税所得额率
工业、交通运输业、商业	5%～20%
建筑业、房地产开发业	7%～20%
饮食服务业	7%～25%
娱乐业	20%～40%
其他行业	10%～30%

企业经营多种业务的，无论其经营项目是否单独核算，均应根据其主营项目确定其适用的应纳税所得额率。

6. 关联企业业务规则

企业与其关联企业之间的业务往来，应当按照独立企业之间的业务往来收取或者支付价款、费用。不按照独立企业之间的业务往来收取或者支付价款、费用，而减少其应纳税所得额的，主管税务机关有权进行合理调整：

关联企业，是指有下列关系之一的公司、企业和其他经济组织：

（1）在资金、经营、购销等方面，存在直接或者间接地拥有或者控制关系。

（2）直接或者间接地同为第三者所拥有或者控制。

（3）在利益上具有相关联的其他关系。

7. 投资者兴办两个或两个以上企业的处理方式

投资者兴办两个或两个以上企业的（包括参与兴办，下同），年度终了时，应汇总从所有企业取得的应纳税所得额，据此确定适用税率并计算缴纳应纳税款。投资者兴办两个或两个以上企业的，根据上述规定准予扣除的个人费用，由投资者选择在其中一个企业的生产经营所得中扣除。

投资者兴办两个或两个以上企业，并且企业性质全部是独资的，年度终了后汇算清缴时，应纳税款的计算按以下方法进行：汇总其投资兴办的所有企业的经营所得作为应纳税所得额，以此确定适用税率，计算出全年经营所得的应纳税额，再根据每个企业的经营所得占所有企业经营所得的比例，分别计算出每个企业的应纳税额和应补缴税额。计算公式如下：

应纳税所得额 = $\sum$ 各个企业的经营所得

应纳税额 = 应纳税所得额 × 税率 — 速算扣除数

本企业应纳税额 = 应纳税额 × 本企业的经营所得 ÷ $\sum$ 各个企业的经营所得

本企业应补缴的税额 = 本企业应纳税额 — 本企业预缴的税额

实行查账征税方式的个人独资企业和合伙企业改为核定征税方式后，在查账征税方式下认定的年度经营亏损未弥补完的部分，不得再继续弥补。

个人独资企业和合伙企业对外投资分回的利息或者股息、红利，不并入企业的收入，而应单独作为投资者个人取得的利息、股息、红利所得，按"利息、股息、红利所得"应税项目计算缴纳个人所得税。以合伙企业名义对外投资分回利息或者股息、红利的，应按《关于个人独资企业和合伙企业投资者征收个人所得税的规定》（财税〔2000〕91号文件印发）第五条①精神确定各个投资者的利息、股息、红利所得，分别按"利息、股息、红利所得"应税项目计算缴纳个人所得税。

8.亏损弥补和外国税收抵免

企业的年度亏损，允许用本企业下一年度的生产经营所得弥补，下一年度所得不足弥补的，允许逐年延续弥补，但最长不得超过5年。投资者兴办两个或两个以上企业的，企业的年度经营亏损不能跨企业弥补。

---

① 该条规定如下："个人独资企业的投资者以全部生产经营所得为应纳税所得额；合伙企业的投资者按照合伙企业的全部生产经营所得和合伙协议约定的分配比例确定应纳税所得额，合伙协议没有约定分配比例的，以全部生产经营所得和合伙人数量平均计算每个投资者的应纳税所得额。前款所称生产经营所得，包括企业分配给投资者个人的所得和企业当年留存的所得（利润）。"

投资者来源于中国境外的生产经营所得，已在境外缴纳所得税的，可以按照个人所得税法的有关规定计算扣除已在境外缴纳的所得税。

9. 清算所得

企业进行清算时，投资者应当在注销工商登记之前，向主管税务机关结清有关税务事宜。企业的清算所得应当视为年度生产经营所得，由投资者依法缴纳个人所得税。

清算所得，是指企业清算时的全部资产或者财产的公允价值扣除各项清算费用、损失、负债、以前年度留存的利润后，超过实缴资本的部分。

10. 投资者占用企业利益的某些不规范行为的税务处理

现实生活中，比较常见的投资者的不规范行为包括个人投资者以企业（包括个人独资企业、合伙企业和其他企业）资金为本人、家庭及其相关人员支付消费性支出及购买家庭财产以及个人投资者从其投资的企业（个人独资企业、合伙企业除外）借款长期不还。

个人独资企业、合伙企业的个人投资者以企业资金为本人、家庭成员及其相关人员支付与企业生产经营无关的消费性支出及购买汽车、住房等财产性支出，视为企业对个人投资者的利润分配，并入投资者个人的生产经营所得，依照"经营所得"项目计征个人所得税。除个人独资企业、合伙企业以外的其他企业的个人投资者，以企业资金为本人、家庭成员及其相关人员支付与企业经营无关的消费性支出及购买汽车、住房等财产性支出，视为企业对个人投资者的红利分配，依照"利息、股息、红利所得"项目计征个人所得税。企业的上述支出不允许在所得税前扣除。纳税年度内个人投资者从其投资企业（个人独资企业、合伙企业除外）借款，在该纳税年度终了后既不归还，又未用于企业生产经营的，其未归还的借款可视为企业对个人投资者的红利分配，依照"利息、股息、红利所得"项目计征个人所得税。

例 4-1 某个人独资企业 2022 年度申报的总收入为 400 000 元，应纳税所得额为 150 000 元，该企业采用查账征税办法。经税务机关查证，其中有几项支出是这样的：投资者个人工资 50 000 元；投资者家属生活费 20 000 元。在计算应纳税所得额时，上述支出全部从总收入中扣除了。请问，如果你是税务机关工作人员，对此纳税申报应当如何进行调整？

解答： 个人独资企业采用查账征收方式的，其应纳税所得额为总收入扣除成本、费用、损失以后的余额，而各种扣除项目，国家都有一定限额，超过限额的部分是不能扣除的，有些支出也是不允许扣除的。投资者的工资不能扣除，是因为对个人独资企业的所得征税实质上就是对投资者的所得征税，在对投资者进行了费用扣除以后就不允许扣除其工资了。投资者家属生活费不能扣除，是因为这实质上是投资者的个人所得，如果允许扣除则投资者就很容易进行转移所得从而减轻税收负担。因此，企业应纳税所得额应当增加额为 70 000 元（50 000 + 20 000）。该企业 2022 年度应纳税所得额为 178 000 元（150 000 + 70 000 − 42 000）。

例 4-2 张先生开办了两家个人独资企业，2022 年度应纳税所得额分别为 30 000 元和 80 000 元。张先生分别进行纳税申报，并分别计算了应纳税额。税务机关认为张先生纳税申报不正确。你认为张先生应当如何进行纳税申报以及如何计算应纳税额？

解答： 根据《关于个人独资企业和合伙企业投资者征收个人所得税的规定》（财税〔2000〕91 号文件印发）第十二条的规定，投资者兴办两家或两家以上企业的，年度终了时，应汇总从所有企业取得的应纳税所得额，据此确定适用税率并计算缴纳应纳税款。因此，张先生应该合并两家企业的应纳税所得额进行统一纳税申报，而不能分别进行纳税申报，在计算时也应该合并计算，而不能分别计算。如果分别计算，张先生应纳税额为 8 000 元［30 000 × 5% +（80 000 × 10% − 1500）］；如果合并计算，张先生应纳税额为 11 500 元（110 000 × 20% − 10 500）。二者相差还是很大的，后者是正确的应纳税额。

例 4-3 王先生投资两家个人独资企业，符合税法规定的投资者费用扣除标准为每年 108 000 元。王先生在两家企业所申报的应纳税所得额分别为

20 000元和30 000元，其中都进行了投资者费用扣除。如果你是王先生的税法顾问，应当如何计算应纳税所得额？

解答： 根据《关于个人独资企业和合伙企业投资者征收个人所得税的规定》（财税〔2000〕91号文件印发）第十三条的规定，投资者兴办两家或两家以上企业的，根据该规定第六条第一款规定准予扣除的个人费用，由投资者选择在其中一家企业的生产经营所得中扣除。投资者是一个人，而投资者费用扣除主要是考虑投资者本人的生活费扣除，因此，只能扣除一次，这与一个人从两处获得工资薪金所得也只能进行一次扣除是一致的。因此，王先生年度应纳税所得额应当为158 000元（20 000＋30 000＋108 000）。

二、个人独资企业与合伙企业纳税基本流程

📖 **个人独资企业与合伙企业纳税的基本流程是什么**

投资者应纳的个人所得税税款,按年计算,分月或者分季预缴,由投资者在每月或者每季度终了后 15 日内预缴,年度终了后 3 个月内汇算清缴,多退少补。

企业在年度中间合并、分立、终止时,投资者应当在停止生产经营之日起 60 日内,向主管税务机关办理当期个人所得税汇算清缴。

企业在纳税年度的中间开业,或者由于合并、关闭等原因,该纳税年度的实际经营期不足 12 个月的,应当以其实际经营期为一个纳税年度。

投资者应向企业实际经营管理所在地主管税务机关申报缴纳个人所得税。投资者从合伙企业取得的生产经营所得,由合伙企业向企业实际经营管理所在地主管税务机关申报缴纳投资者应纳的个人所得税,并将个人所得税申报表抄送投资者。

投资者兴办两个或两个以上企业的,应分别向企业实际经营管理所在地主管税务机关预缴税款。年度终了后办理汇算清缴时,区别不同情况分别处理:

(1)投资者兴办的企业全部是个人独资性质的,分别向各企业的实际经营管理所在地主管税务机关办理年度纳税申报,并依所有企业的经营所得总额确定适用税率,以本企业的经营所得为基础,计算应缴税款,办理汇算清缴。

（2）投资者兴办的企业中含有合伙性质的，投资者应向经常居住地主管税务机关申报纳税，办理汇算清缴，但经常居住地与其兴办企业的经营管理所在地不一致的，应选定其参与兴办的某一合伙企业的经营管理所在地为办理年度汇算清缴所在地，并在5年内不得变更。5年后需要变更的，须经原主管税务机关批准。

投资者在预缴个人所得税时，应向主管税务机关报送《个人所得税经营所得纳税申报表（A表）》，并附送会计报表。年度终了后30日内，投资者应向主管税务机关报送《个人所得税经营所得纳税申报表（B表）》，并附送年度会计决算报表和预缴个人所得税纳税凭证。投资者兴办两家或两家以上企业的，向企业实际经营管理所在地主管税务机关办理年度纳税申报时，应附注从其他企业取得的年度应纳税所得额；其中含有合伙企业的，应报送汇总从所有企业取得的所得情况的《个人所得税经营所得纳税申报表（C表）》，同时附送所有企业的年度会计决算报表和当年度已缴个人所得税纳税凭证。

第五部分
轻松掌握个人购置、持有车辆纳税实用知识

您知道个人购车需要缴纳哪些税吗？您知道持有车辆的人每年需要缴纳什么税吗？本部分将为您回答上述问题。

一、个人购置车辆纳税实用知识

📖 个人购买车辆应当缴纳什么税

个人购买车辆应当缴纳车辆购置税。车辆购置税的征收范围包括汽车、有轨电车、汽车挂车、排气量超过150毫升的摩托车。个人购买以上车辆应当缴纳车辆购置税。购置，是指以购买、进口、自产、受赠、获奖或者其他方式取得并自用应税车辆的行为。

车辆购置税实行从价定率的办法计算应纳税额。应纳税额的计算公式如下：

$$应纳税额 = 计税价格 \times 10\%$$

对购置日期在2023年1月1日至2023年12月31日内的新能源汽车，免征车辆购置税。免征车辆购置税的新能源汽车，通过工业和信息化部、国家税务总局发布《免征车辆购置税的新能源汽车车型目录》（以下简称《目录》）实施管理。自《目录》发布之日起购置的，列入《目录》的纯电动汽车、插电式混合动力（含增程式）汽车、燃料电池汽车，属于符合免税条件的新能源汽车。

车辆购置税的计税价格根据不同情况,按照下列规定确定:

(1)纳税人购买自用应税车辆的计税价格,为纳税人实际支付给销售者的全部价款,不包括增值税税款。主管税务机关在计征车辆购置税确定计税依据时,计算车辆不含增值税价格的计算方法与增值税相同。

不含税价=(全部价款+价外费用)÷(1+增值税税率或征收率)

"价外费用"是指销售方价外向购买方收取的基金、集资费、返还利润、补贴、违约金(延期付款利息)和手续费、包装费、储存费、优质费、运输装卸费、保管费、代收款项、代垫款项以及其他各种性质的价外收费。

(2)纳税人进口自用的应税车辆的计税价格的计算公式如下:

计税价格=关税完税价格+关税+消费税

(3)纳税人自产自用应税车辆的计税价格,按照纳税人生产的同类应税车辆的销售价格确定,不包括增值税税款。

(4)纳税人以受赠、获奖或者其他方式取得自用应税车辆的计税价格,按照购置应税车辆时相关凭证载明的价格确定,不包括增值税税款。

纳税人申报的应税车辆计税价格明显偏低,又无正当理由的,由税务机关依照《税收征收管理法》的规定核定其应纳税额。

纳税人以外汇结算应税车辆价款的,按照申报纳税之日的人民币汇率中间价折合成人民币计算缴纳税款。

车辆购置税的征管制度有哪些内容

纳税人应当在向公安机关交通管理部门办理车辆注册登记前,缴纳车辆购置税。

纳税人应当持主管税务机关出具的完税证明或者免税证明,向公安机关车辆管理机构办理车辆登记注册手续;没有完税证明或者免税证明的,公安机关车辆管理机构不得办理车辆登记注册手续。

公安机关交通管理部门办理车辆注册登记,应当根据税务机关提供的应税车辆完税或者免税电子信息对纳税人申请登记的车辆信息进行核对，核对无误后依法办理车辆注册登记。

免税、减税车辆因转让、改变用途等原因不再属于免税、减税范围的，纳税人应当在办理车辆转移登记或者变更登记前缴纳车辆购置税。计税价格以免税、减税车辆初次办理纳税申报时确定的计税价格为基准，每满1年扣减10%。

纳税人将已征车辆购置税的车辆退回车辆生产企业或者销售企业的，可以向主管税务机关申请退还车辆购置税。退税额以已缴税款为基准，自缴纳税款之日至申请退税之日，每满1年扣减10%。

纳税人购置应税车辆，应当向车辆登记地的主管税务机关申报缴纳车辆购置税；购置不需要办理车辆登记的应税车辆的，应当向纳税人所在地的主管税务机关申报缴纳车辆购置税。

例5-1 刘先生从属于增值税一般纳税人的汽车销售公司购置一辆汽车，购置价格为190 000元，适用增值税税率为13%，汽车销售公司额外收取10 000元装饰费。请问，刘先生应当如何计算缴纳车辆购置税？

解答： 汽车销售公司额外收取的10 000元装饰费也应计入车辆购置税的计税依据之中，但增值税不应计入，刘先生应当缴纳车辆购置税17 699.12元〔（190 000＋10 000）÷（1＋13%）×10%〕。刘先生应当在购车以后的60天内到车辆登记注册地的税务机关缴纳车辆购置税。

第五部分 轻松掌握个人购置、持有车辆纳税实用知识

二、个人持有车辆纳税实用知识

📖 哪些情况下需要缴纳车船税，如何缴纳

1. 车船税的主体

在中华人民共和国境内属于《中华人民共和国车船税法》（以下简称《车船税法》）所附《车船税税目税额表》规定的车辆、船舶（以下简称车船）的所有人或者管理人，为车船税的纳税人，应当依法缴纳车船税。

上述车辆、船舶具体规定如下：

（1）依法应当在车船登记管理部门登记的机动车辆和船舶。

（2）依法不需要在车船登记管理部门登记的在单位内部场所行驶或者作业的机动车辆和船舶。

2. 车船税的适用税额

车船的适用税额依照《车船税法》所附《车船税税目税额表》执行。车辆的具体适用税额由省、自治区、直辖市人民政府依照《车船税法》所附《车船税税目税额表》规定的税额幅度和国务院的规定确定。船舶的具体适用税额由国务院在《车船税法》所附《车船税税目税额表》规定的税额幅度内确定。

车船税对应税车辆实行幅度定额税率，具体如表5-1所示。

表5-1 车船税税目税额表

税目		计税依据	年基准税额	备注
乘用车［按发动机汽缸容量（排气量）分档］	1.0 升（含）以下的	每辆	60～360元	核定载客人数9人（含）以下
	1.0 升以上到 1.6 升（含）的		300～540元	
	1.6 升以上到 2.0 升（含）的		360～660元	
	2.0 升以上到 2.5 升（含）的		660～1 200元	
	2.5 升以上到 3.0 升（含）的		1 200～2 400元	
	3.0 升以上到 4.0 升（含）的		2 400～3 600元	
	4.0 升以上的		3 600～5 400元	

（续表）

税目		计税依据	年基准税额	备注
商用车	客车	每辆	480～1 440元	核定载客人数9人以上，包括电车
	货车	整备质量每吨	16～120元	包括半挂牵引车、三轮汽车和低速载货汽车等
挂车		整备质量每吨	按照货车税额的50%计算	
其他车辆	专用作业车	整备质量每吨	16～120元	不包括拖拉机
	轮式专用机械车	整备质量每吨	16～120元	
摩托车		每辆	36～180元	
船舶	机动船舶	净吨位每吨	3～6元	拖船、非机动驳船分别按照机动船舶税额的50%计算
	游艇	艇身长度每米	600～2 000元	

3.《车船税税目税额表》中车辆、船舶的含义

《车船税税目税额表》中车辆、船舶的含义如下：

（1）乘用车，是指在设计和技术特性上主要用于载运乘客及随身行李，核定载客人数包括驾驶员在内不超过9人的汽车。

（2）商用车，是指除乘用车外，在设计和技术特性上用于载运乘客、货物的汽车，划分为客车和货车。

（3）半挂牵引车，是指装备有特殊装置用于牵引半挂车的商用车。

（4）三轮汽车，是指最高设计车速不超过每小时50千米，具有3个车轮的货车。

（5）低速载货汽车，是指以柴油机为动力，最高设计车速不超过每小时70千米，具有4个车轮的货车。

（6）挂车，是指就其设计和技术特性需由汽车或者拖拉机牵引，才能正常使用的一种无动力的道路车辆。

（7）专用作业车，是指在其设计和技术特性上用于特殊工作的车辆。

（8）轮式专用机械车，是指有特殊结构和专门功能，装有橡胶车轮可以自行行驶，最高设计车速大于每小时 20 千米的轮式工程机械车。

（9）摩托车，是指无论采用何种驱动方式，最高设计车速大于每小时 50 千米，或者使用内燃机，其排量大于 50 毫升的两轮或者三轮车辆。

（10）船舶，是指各类机动、非机动船舶以及其他水上移动装置，但是船舶上装备的救生艇筏和长度小于 5 米的艇筏除外。其中，机动船舶是指用机器推进的船舶；拖船是指专门用于拖（推）动运输船舶的专业作业船舶；非机动驳船，是指在船舶登记管理部门登记为驳船的非机动船舶；游艇是指具备内置机械推进动力装置，长度在 90 米以下，主要用于游览观光、休闲娱乐、水上体育运动等活动，并应当具有船舶检验证书和适航证书的船舶。

4. 确定车辆具体适用税额的原则

省、自治区、直辖市人民政府根据《车船税法》所附《车船税税目税额表》确定车辆具体适用税额，应当遵循以下原则：

（1）乘用车依排气量从小到大递增税额。

（2）客车按照核定载客人数 20 人以下和 20 人（含）以上两档划分，递增税额。

省、自治区、直辖市人民政府确定的车辆具体适用税额，应当报国务院备案。

5. 机动船舶的适用税额

机动船舶具体适用税额如下：

（1）净吨位不超过 200 吨的，每吨 3 元。

（2）净吨位超过 200 吨但不超过 2 000 吨的，每吨 4 元。

（3）净吨位超过 2 000 吨但不超过 10 000 吨的，每吨 5 元。

（4）净吨位超过 10 000 吨的，每吨 6 元。

拖船按照发动机功率每 1 千瓦折合净吨位 0.67 吨计算征收车船税。

6. 游艇的适用税额

游艇具体适用税额如下：

(1)艇身长度不超过10米的,每米600元。

(2)艇身长度超过10米但不超过18米的,每米900元。

(3)艇身长度超过18米但不超过30米的,每米1 300元。

(4)艇身长度超过30米的,每米2 000元。

(5)辅助动力帆艇,每米600元。

上述排气量、整备质量、核定载客人数、净吨位、千瓦、艇身长度,以车船登记管理部门核发的车船登记证书或者行驶证所载数据为准。依法不需要办理登记的车船和依法应当登记而未办理登记或者不能提供车船登记证书、行驶证的车船,以车船出厂合格证明或者进口凭证标注的技术参数、数据为准;不能提供车船出厂合格证明或者进口凭证的,由主管税务机关参照国家相关标准核定,没有国家相关标准的参照同类车船核定。

7. 车船税应纳税额的计算

车船税各税目应纳税额的计算公式如下:

乘用车、客车和摩托车的应纳税额=辆数 × 适用年基准税额

货车、挂车、专用作业车和轮式专用机械车的应纳税额 = 整备质量吨位数 × 适用年基准税额

机动船舶的应纳税额=净吨位数 × 适用年基准税额

拖船和非机动驳船的应纳税额=净吨位数 × 适用年基准税额 ×50%

游艇的应纳税额=艇身长度 × 适用年基准税额

购置的新车船,购置当年的应纳税额自纳税义务发生的当月起按月计算。

计算公式如下:

应纳税额=适用年基准税额 ÷12× 应纳税月份数

8. 免征车船税的情形

下列车船免征车船税:

(1)捕捞、养殖渔船,是指在渔业船舶登记管理部门登记为捕捞船或者养殖船的船舶。

(2)军队、武装警察部队专用的车船,是指按照规定在军队、武装警察部队车船登记管理部门登记,并领取军队、武警牌照的车船。

(3)警用车船,是指公安机关、国家安全机关、监狱、人民法院、人民

检察院领取警用牌照的车辆和执行警务的专用船舶。

（4）依照法律规定应当予以免税的外国驻华使领馆、国际组织驻华代表机构及其有关人员的车船。

对节约能源、使用新能源的车船可以减征或者免征车船税；对受严重自然灾害影响纳税困难以及有其他特殊原因确需减税、免税的，可以减征或者免征车船税。具体办法由国务院规定，并报全国人民代表大会常务委员会备案。

节约能源、使用新能源的车船可以免征或者减半征收车船税。免征或者减半征收车船税的车船的范围，由国务院财政、税务主管部门商国务院有关部门制订，报国务院批准。

对受地震、洪涝等严重自然灾害影响纳税困难以及其他特殊原因确需减免税的车船，可以在一定期限内减征或者免征车船税。具体减免期限和数额由省、自治区、直辖市人民政府确定，报国务院备案。

省、自治区、直辖市人民政府根据当地实际情况，可以对公共交通车船，农村居民拥有并主要在农村地区使用的摩托车、三轮汽车和低速载货汽车定期减征或者免征车船税。

车船税纳税义务发生时间为取得车船所有权或者管理权的当月。以购买车船的发票或其他证明文件所载日期的当月为准。

车船税征管有哪些具体规定

（1）车船税按年申报，分月计算，一次性缴纳。纳税年度为公历1月1日至12月31日。具体申报纳税期限由省、自治区、直辖市人民政府规定。

（2）从事机动车第三者责任强制保险业务的保险机构为机动车车船税的扣缴义务人，应当在收取保险费时依法代收车船税，并出具代收税款凭证。机动车车船税扣缴义务人在代收车船税时，应当在机动车交通事故责任强制保险的保险单以及保费发票上注明已收税款的信息，作为代收税款凭证。

（3）已完税或者依法减免税的车辆，纳税人应当向扣缴义务人提供登记地的主管税务机关出具的完税凭证或者减免税证明。

（4）纳税人没有按照规定期限缴纳车船税的，扣缴义务人在代收代缴税款时，可以一并代收代缴欠缴税款的滞纳金。

（5）扣缴义务人已代收代缴车船税的，纳税人不再向车辆登记地的主管税务机关申报缴纳车船税。没有扣缴义务人的，纳税人应当向主管税务机关自行申报缴纳车船税。

（6）纳税人缴纳车船税时，应当提供反映排气量、整备质量、核定载客人数、净吨位、千瓦、艇身长度等与纳税相关信息的相应凭证以及税务机关根据实际需要要求提供的其他资料。纳税人以前年度已经提供前款所列资料信息的，可以不再提供。

（7）已缴纳车船税的车船在同一纳税年度内办理转让过户的，不另纳税，也不退税。

（8）公安、交通运输、农业、渔业等车船登记管理部门、船舶检验机构和车船税扣缴义务人的行业主管部门应当在提供车船有关信息等方面，协助税务机关加强车船税的征收管理。车辆所有人或者管理人在申请办理车辆相关登记、定期检验手续时，应当向公安机关交通管理部门提交依法纳税或者免税证明。公安机关交通管理部门核查后办理相关手续。公安机关交通管理部门在办理车辆相关登记和定期检验手续时，经核查，对没有提供依法纳税或者免税证明的，不予办理相关手续。

（9）扣缴义务人应当及时解缴代收代缴的税款和滞纳金，并向主管税务机关申报。扣缴义务人向税务机关解缴税款和滞纳金时，应当同时报送明细的税款和滞纳金扣缴报告。扣缴义务人解缴税款和滞纳金的具体期限，由省、自治区、直辖市税务机关依照法律、行政法规的规定确定。

（10）购置的新车船，购置当年的应纳税额自纳税义务发生的当月起按月计算。应纳税额为年应纳税额除以12再乘以应纳税月份数。

（11）在一个纳税年度内，已完税的车船被盗抢、报废、灭失的，纳税人可以凭有关管理机关出具的证明和完税凭证，向纳税所在地的主管税务机关申请退还自被盗抢、报废、灭失月份起至该纳税年度终了期间的税款。已办理退税的被盗抢车船失而复得的，纳税人应当从公安机关出具相关证明的当月起计算缴纳车船税。

第六部分
轻松掌握个人房产投资纳税实用知识

您知道个人购房需要缴纳哪些税吗？您了解个人出租房屋需要缴纳哪些税吗？您知道个人卖房需要缴纳哪些税吗？本部分将为您回答上述问题。

一、个人购房纳税实用知识

个人购房应当缴纳印花税和契税。

📖 个人购房的印花税如何计算与缴纳

在中华人民共和国境内书立应税凭证、进行证券交易的单位和个人，为印花税的纳税人，应当依法缴纳印花税。应税凭证包括以下类型：

（1）买卖、借款、融资租赁、租赁、承揽、建设工程、运输、技术、保管、仓储、财产保险合同或者具有合同性质的凭证。

（2）产权转移书据。

（3）营业账簿。

购买房屋所签订的合同属于产权转移书据，应当缴纳印花税。产权转移书据印花税的税率为所载金额的0.05%。印花税应当由买卖双方分别缴纳。如果房屋买卖合同所约定的转让价格为100万元，则购房者应当缴纳500元的印花税，卖房者同样应当缴纳500元的印花税。印花税可以采用粘贴印花税票或者由税务机关依法开具其他完税凭证的方式缴纳。印花税票粘贴在应税凭证上的，由纳税人在每枚税票的骑缝处盖戳注销或者画销。

对个人出租、承租住房签订的租赁合同，免征印花税。自2008年11月1日起，对个人销售或购买住房暂免征收印花税。需要注意的是，个人出租、承租、购买住房以外的其他房产，即商用房，需要依法缴纳印花税。

个人购房的契税如何计算与缴纳

契税，是国家在土地、房屋权属转移时向权属承受人征收的一种税。契税的纳税人，是指在我国境内承受土地、房屋权属转移的单位和个人。

1. 契税的征税范围

契税以在我国境内转移土地、房屋权属的行为作为征税对象。土地、房屋权属未发生转移的，不征收契税。征收契税的土地、房屋权属，具体为土地使用权、房屋所有权。契税的征税范围包括以下内容：

（1）土地使用权出让。它是指土地使用者向国家交付土地使用权出让费用，国家将土地使用权在一定年限内让予土地使用者的行为。出让费用包括出让金等。

（2）土地使用权转让。它是指土地使用者以出售、赠与、互换或者其他方式将土地使用权转移给其他单位和个人的行为。土地使用权的转让不包括土地承包经营权和土地经营权的转移。

（3）房屋买卖。它是指房屋所有者将其房屋出售，由承受者交付货币、实物、无形资产或其他经济利益的行为。

（4）房屋赠与。它是指房屋所有者将其房屋无偿转让给受赠者的行为。

（5）房屋互换。它是指房屋所有者之间相互交换房屋的行为。

（6）其他行为。以作价投资（入股）、偿还债务、划转、奖励等方式转移土地、房屋权属的，应当依照税法规定征收契税。对于这些转移土地、房屋权属的形式，可以分别视同土地使用权转让、房屋买卖或者房屋赠与征收契税。

下列情形发生土地、房屋权属转移的，承受方应当依法缴纳契税：因共有不动产份额变化的；因共有人增加或者减少的；因人民法院、仲裁委员会的生效法律文书或者监察机关出具的监察文书等因素，发生土地、房屋权属转移的。土地、房屋典当、分拆（分割）、抵押以及出租等行为，不属于契税的征税范围。

2. 契税的计税依据

契税采用比例税率，实行3%～5%的幅度税率。具体适用税率由各省、自治区、直辖市人民政府在幅度税率规定范围内，按照本地区的实际情况提出，报同级人民代表大会常务委员会决定，并报全国人大常委会和国务院备案。

按照土地、房屋权属转移的形式、定价方法的不同，契税的计税依据确定如下：

（1）成交价格。土地使用权出让、出售，房屋买卖，以成交价格作为计税依据。成交价格是指土地、房屋权属转移合同确定的价格，包括承受者应交付的货币、实物、无形资产或其他经济利益对应的价款。计征契税的成交价格不含增值税。

土地使用权及所附建筑物、构筑物等（包括在建的房屋、其他建筑物、构筑物和其他附着物）转让的，计税依据为承受方应交付的总价款。

土地使用权出让的，计税依据包括土地出让金、土地补偿费、安置补助费、地上附着物和青苗补偿费、征收补偿费、城市基础设施配套费、实物配建房屋等应交付的货币以及实物、其他经济利益对应的价款。

房屋附属设施（包括停车位、机动车库、非机动车库、顶层阁楼、储藏室及其他房屋附属设施）与房屋为同一不动产单元的，计税依据为承受方应交付的总价款，并适用与房屋相同的税率；房屋附属设施与房屋为不同不动产单元的，计税依据为转移合同确定的成交价格，并按当地确定的适用税率计税。

承受已装修房屋的，应将包括装修费用在内的费用计入承受方应交付的总价款。

（2）核定价格。土地使用权赠与、房屋赠与以及其他没有价格的转移土地、房屋权属行为，为税务机关参照土地使用权出售、房屋买卖的市场价格依法核定的价格。

（3）互换价格差额。土地使用权互换、房屋互换，以所互换的土地使用权、房屋价格的差额为计税依据。土地使用权互换、房屋互换，互换价格相等的，互换双方计税依据为零；互换价格不相等的，以其差额为计税依据，由支付差额的一方缴纳契税。土地使用权与房屋所有权之间相互交换，也应按照上述办法确定计税依据。

（4）土地出让价款与成交价格。以划拨方式取得的土地使用权，经批准改为出让方式重新取得该土地使用权的，应由该土地使用权人以补缴的土地出让价款为计税依据缴纳契税。

先以划拨方式取得土地使用权，后经批准转让房地产，划拨土地性质改为出让的，承受方应分别以补缴的土地出让价款和房地产权属转移合同确定的成交价格为计税依据缴纳契税。

先以划拨方式取得土地使用权，后经批准转让房地产，划拨土地性质未发生改变的，承受方应以房地产权属转移合同确定的成交价格为计税依据缴纳契税。

（5）核定价格与差额。为了防止纳税人隐瞒、虚报成交价格以偷逃税款，对纳税人申报的成交价格、互换价格差额明显偏低且无正当理由的，由税务机关依照《税收征收管理法》的规定核定。

税务机关依法核定计税价格，应参照市场价格，采用房地产价格评估等方法合理确定。

契税应纳税额依照省、自治区、直辖市人民政府确定的适用税率和税法规定的计税依据计算征收。其计算公式如下：

$$应纳税额 = 计税依据 \times 税率$$

婚姻关系存续期间夫妻之间变更土地、房屋权属，法定继承人通过继承承受土地、房屋权属免征契税。

契税计税依据不包括增值税，具体情形为：土地使用权出售、房屋买卖，承受方计征契税的成交价格不含增值税；实际取得增值税发票的，成交价格以发票上注明的不含税价格确定；土地使用权互换、房屋互换，契税计税依据为不含增值税价格的差额；税务机关核定的契税计税价格为不含增值税价格。

3. 契税的征收管理规定

自2016年2月22日起,对个人购买家庭唯一住房(家庭成员范围包括购房人、配偶以及未成年子女,下同),面积为90平方米及以下的,减按1%的税率征收契税;面积为90平方米以上的,减按1.5%的税率征收契税。北京市、上海市、广州市、深圳市以外的地区,对个人购买家庭第二套改善性住房,面积为90平方米及以下的,减按1%的税率征收契税;面积为90平方米以上的,减按2%的税率征收契税。家庭第二套改善性住房是指已拥有一套住房的家庭,购买的家庭第二套住房。纳税人申请享受税收优惠的,根据纳税人的申请或授权,由购房所在地的房地产主管部门出具纳税人家庭住房情况书面查询结果,并将查询结果和相关住房信息及时传递给税务机关。暂不具备查询条件而不能提供家庭住房查询结果的,纳税人应向税务机关提交家庭住房实有套数书面诚信保证,诚信保证不实的,属于虚假纳税申报,按照《税收征收管理法》的有关规定处理,并将不诚信记录纳入个人征信系统。按照便民、高效原则,房地产主管部门应按规定及时出具纳税人家庭住房情况书面查询结果,税务机关应对纳税人提出的税收优惠申请限时办结。

契税的纳税义务发生时间是纳税人签订土地、房屋权属转移合同的当日,或者纳税人取得其他具有土地、房屋权属转移合同性质凭证的当日。具有土地、房屋权属转移合同性质的凭证包括契约、协议、合约、单据、确认书以及其他凭证。

纳税人应当在依法办理土地、房屋权属登记手续前申报缴纳契税。契税申报以不动产单元为基本单位。

因人民法院、仲裁委员会的生效法律文书或者监察机关出具的监察文书等发生土地、房屋权属转移的,纳税义务发生时间为法律文书等生效当日。

因改变土地、房屋用途等情形应当缴纳已经减征、免征契税的,纳税义务发生时间为改变有关土地、房屋用途等情形的当日。

因改变土地性质、容积率等土地使用条件须补缴土地出让价款,应当缴纳契税的,纳税义务发生时间为改变土地使用条件当日。

发生上述情形,按规定不再需要办理土地、房屋权属登记的,纳税人应自纳税义务发生之日起 90 日内申报缴纳契税。

契税实行属地征收管理。纳税人发生契税纳税义务时，应向土地、房屋所在地的税务机关申报纳税。

在依法办理土地、房屋权属登记前，权属转移合同或权属转移合同性质凭证不生效、无效、被撤销或者被解除的，纳税人可以向税务机关申请退还已缴纳的税款，税务机关应当依法办理。

纳税人缴纳契税后发生下列情形，可依照有关法律法规申请退税：①因人民法院判决或者仲裁委员会裁决导致土地、房屋权属转移行为无效、被撤销或者被解除，且土地、房屋权属变更至原权利人的；②在出让土地使用权交付时，因容积率调整或实际交付面积小于合同约定面积须退还土地出让价款的；③在新建商品房交付时，因实际交付面积小于合同约定面积须返还房价款的。

纳税人依照上述规定向税务机关申请退还已缴纳契税的，应提供纳税人身份证件，完税凭证复印件，并根据不同情形提交相关资料：①在依法办理土地、房屋权属登记前，权属转移合同或合同性质凭证不生效、无效、被撤销或者被解除的，提交合同或合同性质凭证不生效、无效、被撤销或者被解除的证明材料；②因人民法院判决或者仲裁委员会裁决导致土地、房屋权属转移行为无效、被撤销或者被解除，且土地、房屋权属变更至原权利人的，提交人民法院、仲裁委员会的生效法律文书；③在出让土地使用权交付时，因容积率调整或实际交付面积小于合同约定面积须退还土地出让价款的，提交补充合同（协议）和退款凭证；④在新建商品房交付时，因实际交付面积小于合同约定面积须返还房价款的，提交补充合同（协议）和退款凭证。

税务机关收取纳税人退税资料后，应向不动产登记机构核实有关土地、房屋权属登记情况。核实后符合条件的即时受理，不符合条件的一次性告知应补正资料或不予受理原因。

上述要求纳税人提交的资料，各省、自治区、直辖市和计划单列市税务局能够通过信息共享即时查验的，可公告明确不再要求纳税人提交。

例6-1　李先生于2023年3月14日在北京购买了一套自用的85平方米普通住宅,这是李先生全家的首套住宅。住宅买卖的成交价格为500万元(不含增值税)。李先生应当缴纳哪些税收?

解答: 李先生可以享受免征印花税的优惠,可以适用优惠税率缴纳契税。应纳契税为5万元(500×1%)。

二、个人出租房纳税实用知识

个人出租房需要缴纳增值税、房产税、城市维护建设税、教育费附加、地方教育附加、印花税和个人所得税。

📖 个人出租房的增值税如何计算与缴纳

个人（包括个体工商户和其他个人）出租住房，应按照5%的征收率减按1.5%计算应纳税额。例如，个人出租住房实际取得100万元租金，应纳增值税1.43万元［100÷（1＋5%）×1.5%］。

其他个人（主要指自然人）出租其取得的不动产（不含住房），应按照5%的征收率计算应纳税额。

小规模纳税人出租其取得的不动产（不含个人出租住房），应按照5%的征收率计算应纳税额。纳税人出租与机构所在地不在同一县（市）的不动产，应按照上述计税方法在不动产所在地预缴税款后，向机构所在地主管税务机关进行纳税申报。

除个人出租住房以及其他个人出租非住房以外，小规模纳税人出租其取得的不动产，按照5%的征收率计算应纳税额，同时考虑维持地方财力格局基本不变，在不动产所在地预缴税款，向机构所在地申报纳税。

个人发生应税行为的销售额未达到增值税起征点的，免征增值税；达到起征点的，全额计算缴纳增值税。增值税起征点不适用于登记为一般纳税人的个体工商户。

增值税起征点幅度如下：
（1）按期纳税的，为月销售额5 000～20 000元（含本数）。
（2）按次纳税的，为每次（日）销售额300～500元（含本数）。

起征点的调整由财政部和国家税务总局规定。省、自治区、直辖市财政厅（局）和税务局应当在规定的幅度内，根据实际情况确定本地区适用的起征点，并报财政部和国家税务总局备案。

增值税起征点仅适用于个人，包括个体工商户和其他个人，但不适用于认定为一般纳税人的个体工商户。即：增值税起征点仅适用于按照小规模纳税人纳税的个体工商户和其他个人。

自2023年1月1日至2023年12月31日，对月销售额10万元以下（含本数）的增值税小规模纳税人，免征增值税。小规模纳税人发生增值税应税销售行为，合计月销售额超过10万元，但扣除本期发生的销售不动产的销售额后未超过10万元的，其销售货物、劳务、服务、无形资产取得的销售额免征增值税。《中华人民共和国增值税暂行条例实施细则》第九条所称的其他个人，采取一次性收取租金形式出租不动产取得的租金收入，可在对应的租赁期内平均分摊，分摊后的月租金收入未超过10万元的，免征增值税。

自2023年1月1日至2023年12月31日，增值税小规模纳税人适用3%征收率的应税销售收入，减按1%征收率征收增值税；适用3%预征率的预缴增值税项目，减按1%预征率预缴增值税。

个人出租房的房产税如何计算与缴纳

房产税在城市、县城、建制镇和工矿区征收。房产税由产权所有人缴纳。房产出租的，以房产租金收入为房产税的计税依据。依照房产租金收入计算缴纳的，税率为12%。自2001年1月1日起，对个人按市场价格出租的居民住房，其应缴纳的房产税暂减按4%的税率征收。房产税按年征收、分期缴纳。纳税期限由省、自治区、直辖市人民政府规定。房产税由房产所在地的税务机关征收。

房产出租的，以房屋出租取得的租金收入为计税依据，计缴房产税。计征房产税的租金收入不含增值税。免征增值税的，确定计税依据时，租金收入不扣减增值税额。

"房产"是以房屋形态表现的财产。房屋是指有屋面和围护结构（有墙或两边有柱），能够遮风避雨，可供人们在其中生产、工作、学习、娱乐、居住或储藏物资的场所。独立于房屋之外的建筑物，如围墙、烟囱、水塔、变电塔、油池油柜、酒窖菜窖、酒精池、糖蜜池、室外游泳池、玻璃暖房、砖瓦石灰窑以及各种油气罐等，不属于房产。

纳税人对个人出租房屋的租金收入申报不实或申报数与同一地段同类房屋的租金收入相比明显不合理的，税务部门可以按照《税收征收管理法》的有关规定，采取科学合理的方法核定其应纳税额。

个人出租房的城市维护建设税如何计算与缴纳

在中华人民共和国境内缴纳增值税、消费税的单位和个人，为城市维护建设税的纳税人，应当依照《中华人民共和国城市维护建设税法》的规定缴纳城市维护建设税。

城市维护建设税实行差别比例税率。按照纳税人所在地区的不同，设置了3档比例税率，即：

（1）纳税人所在地在市区的，税率为7%。

（2）纳税人所在地在县城、镇的，税率为5%。

（3）纳税人所在地不在市区、县城或者镇的，税率为1%。

纳税人所在地，是指纳税人住所地或者与纳税人生产经营活动相关的其他地点，具体地点由省、自治区、直辖市确定。

城市维护建设税的计税依据为纳税人实际缴纳的增值税、消费税税额。在计算计税依据时，应当按照规定扣除期末留抵退税退还的增值税税额。

城市维护建设税的应纳税额按照纳税人实际缴纳的增值税、消费税税额乘以适用税率计算。其计算公式如下：

应纳税额＝纳税人实际缴纳的增值税、消费税税额 × 适用税率

对实行增值税期末留抵退税的纳税人，允许其从城市维护建设税的计税依据中扣除退还的增值税税额。

📖 个人出租房的教育费附加如何计算与缴纳

教育费附加,以纳税人实际缴纳的增值税、消费税的税额为计征依据,教育费附加率为3%,分别与增值税、消费税同时缴纳。

📖 个人出租房的地方教育附加如何计算与缴纳

地方教育附加,以纳税人实际缴纳的增值税、消费税的税额为计征依据,地方教育附加率为2%,分别与增值税、消费税同时缴纳。

📖 个人出租房的印花税如何计算与缴纳

个人出租住房免纳印花税,个人出租其他不动产签订的租赁合同按照1‰的税率缴纳印花税。

📖 个人出租房的个人所得税如何计算与缴纳

财产租赁所得应当缴纳个人所得税,出租房屋的租金收入属于财产租赁所得。确认财产租赁所得的纳税义务人,应以产权凭证为依据。无产权凭证的,由主管税务机关根据实际情况确定纳税义务人。产权所有人死亡,在未办理产权继承手续期间,该财产出租而有租金收入的,以领取租金的个人为纳税义务人。

财产租赁所得,以一个月内取得的收入为一次。财产租赁所得,每次收入不超过4 000元的,减除费用800元;4 000元以上的,减除20%的费用,其余额为应纳税所得额。纳税义务人在出租财产过程中缴纳的税金和国家能源交通重点建设基金、国家预算调节基金、教育费附加,可持完税(缴款)凭证,从其财产租赁收入中扣除。纳税义务人出租财产取得财产租赁收入,在计算征税时,除可依法减除规定费用和有关税、费外,还准予扣除能够提供有效、准确凭证,证明由纳税义务人负担的该出租财产实际开支的修缮费用。允许扣除的修缮费用,以每次800元为限,一次扣除不完的,准予在下一次继续扣除,直至扣完为止。对个人出租中国境内房屋取得的房屋租金收入,不论其是否在中国境内居住,均允许扣除下列税费后，就其余额征收个人所得税。

（1）税法规定的费用（即：每次收入不超过4 000元的，减除费用800元；4 000以上的，减除20%的费用）。

（2）国税发〔1994〕89号第六条第（一）项规定的税金和各项支出〔即：纳税义务人在出租财产过程中缴纳的税金和国家能源交通重点建设基金、国家预算调节基金、教育费附加，可持完税（缴款）凭证，从其财产租赁收入中扣除〕。

（3）属于国税发〔1994〕89号第六条第（二）项规定范围和标准的房屋修缮费用（即：纳税义务人出租财产取得财产租赁收入，在计算征税时，除可依法减除规定费用和有关税、费外，还准予扣除能够提供有效、准确凭证，证明由纳税义务人负担的该出租财产实际开支的修缮费用。允许扣除的修缮费用，以每次800元为限，一次扣除不完的，准予在下一次继续扣除，直至扣完为止）。

关于财产租赁所得计算缴纳个人所得税时税前扣除有关税、费的次序问题，国家税务总局有明确规定，即个人出租财产取得的财产租赁收入，在计算缴纳个人所得税时，应依次扣除以下费用：

（1）财产租赁过程中缴纳的税费。

（2）由纳税人负担的该出租财产实际开支的修缮费用。

（3）税法规定的费用扣除标准。

财产租赁所得适用的税率为20%。自2001年1月1日起，对个人出租房屋取得的所得暂减按10%的税率征收个人所得税。

营改增后，计算各项应纳税额时的计税依据如何确定

自2016年5月1日起，营业税改征增值税后契税、房产税、土地增值税、个人所得税的计税依据按以下方法确定：

（1）计征契税的成交价格不含增值税。房产出租的，计征房产税的租金收入不含增值税。

（2）土地增值税纳税人转让房地产取得的收入为不含增值税收入。《中华人民共和国土地增值税暂行条例》（以下简称《土地增值税暂行条例》）

等规定的土地增值税扣除项目涉及的增值税进项税额,允许在销项税额中计算抵扣的,不计入扣除项目,不允许在销项税额中计算抵扣的,可以计入扣除项目。

(3) 个人转让房屋的个人所得税应税收入不含增值税,其取得房屋时所支付价款中包含的增值税计入财产原值,计算转让所得时可扣除的税费不包括本次转让缴纳的增值税。个人出租房屋的个人所得税应税收入不含增值税,计算房屋出租所得可扣除的税费不包括本次出租缴纳的增值税。个人转租房屋的,其向房屋出租方支付的租金及增值税额,在计算转租所得时予以扣除。

免征增值税的,确定计税依据时,成交价格、租金收入、转让房地产取得的收入不扣减增值税额。

在计征上述税种时,税务机关核定的计税价格或收入不含增值税。

部分地方可以选择综合征收率来缴纳个人出租住房所应当缴纳的各类税费。

例 6-2 赵先生出租住房,2023 年每月收取租金 5 000 元。1 月 20 日支付修缮费用 1 000 元。赵先生 2023 年每月租赁收入应当缴纳多少税费?

解答: 因赵先生每月租金收入低于 10 万元,可以免纳增值税。免纳增值税就意味着可以同时免纳城市维护建设税、教育费附加和地方教育附加。出租住房可以免纳印花税。赵先生仅需缴纳房产税和个人所得税。每月应纳房产税 200 元 (5 000×4%);1 月份应纳个人所得税 320 元 [(5 000 − 200 − 800 − 800)×10%];2 月份应纳个人所得税 368 元 [(5 000 − 200 − 200)×(1 − 20%)×10%];其他月份每月应纳个人所得税 384 元 [(5 000 − 200)×(1 − 20%)×10%]。

如果赵先生的住房所在地税务机关允许按照综合征收率(例如 5%)缴纳税费,则每月缴纳税费 250 元(5 000×5%)。

例 6-3 王先生出租位于市区的商铺,2023 年每月收取租金 15 万元。王先生 2023 年每月租赁收入应当缴纳多少税费?

解答： 王先生每月租金收入超过了10万元，应当缴纳增值税及其附加税费。每月应纳增值税7 142.86元［150 000÷（1＋5%）×5%］；应纳各项附加税费857.14元［7 142.86×（7%＋3%＋2%）］；应纳房产税17 142.86元［150 000÷（1＋5%）×12%］；应纳个人所得税19 977.14元｛［150 000÷（1＋5%）－857.14－17 142.86］×（1－20%）×20%｝。

三、个人卖房纳税实用知识

个人卖房应当缴纳增值税、城市维护建设税、教育费附加、地方教育附加、土地增值税、印花税和个人所得税。

📖 个人卖房的增值税如何计算和缴纳

1. 小规模纳税人转让其取得的不动产

小规模纳税人转让其取得的不动产，除个人转让其购买的住房外，按照以下规定缴纳增值税：

（1）小规模纳税人转让其取得（不含自建）的不动产，以取得的全部价款和价外费用扣除不动产购置原价或者取得不动产时的作价后的余额为销售额，按照5%的征收率计算应纳税额。

（2）小规模纳税人转让其自建的不动产，以取得的全部价款和价外费用为销售额，按照5%的征收率计算应纳税额。

除其他个人之外的小规模纳税人，应按照上述规定的计税方法向不动产所在地主管地税机关预缴税款，向机构所在地主管国税机关申报纳税；其他个人按照上述规定的计税方法向不动产所在地主管地税机关申报纳税。

2. 个人转让其购买的住房

个人转让其购买的住房，按照以下规定缴纳增值税：

（1）个人转让其购买的住房，按照有关规定全额缴纳增值税的，以取得的全部价款和价外费用为销售额，按照5%的征收率计算应纳税额。

（2）个人转让其购买的住房，按照有关规定差额缴纳增值税的，以取得的全部价款和价外费用扣除购买住房价款后的余额为销售额，按照5%的征收率计算应纳税额。

个体工商户应按照上述规定的计税方法向住房所在地主管地税机关预缴税款，向机构所在地主管国税机关申报纳税；其他个人应按照上述规定的计税方法向住房所在地主管地税机关申报纳税。

自然人销售不动产不需要预缴税款。自然人全部属于小规模纳税人,小规模纳税人转让不动产的征收率为5%。因此,按照规定的计算方法,自然人转让不动产,直接以差额或者全额依照5%征收率计算应纳税额,在不动产所在地主管地税机关缴纳税款即可。

个人销售自建自用住房免征增值税。

个人将购买不足2年的住房对外销售的,按照5%的征收率全额缴纳增值税;个人将购买2年以上(含2年)的非普通住房对外销售的,以销售收入减去购买住房价款后的差额按照5%的征收率缴纳增值税;个人将购买2年以上(含2年)的普通住房对外销售的,免征增值税。上述政策仅适用于北京市、上海市、广州市和深圳市。自2021年起,上海市、广州市9个区和深圳市已经陆续将上述政策中的"2年"修改为"5年"。

个人将购买不足2年的住房对外销售的,按照5%的征收率全额缴纳增值税;个人将购买2年以上(含2年)的住房对外销售的,免征增值税。上述政策适用于北京市、上海市、广州市和深圳市之外的地区。

办理免税的具体程序、购买房屋的时间、开具发票、非购买形式取得住房行为及其他相关税收管理规定,按照《国务院办公厅转发建设部等部门关于做好稳定住房价格工作意见的通知》(国办发〔2005〕26号)、《国家税务总局 财政部 建设部关于加强房地产税收管理的通知》(国税发〔2005〕89号)和《国家税务总局关于房地产税收政策执行中几个具体问题的通知》(国税发〔2005〕172号)的有关规定执行。

享受优惠政策的住房原则上应同时满足以下条件:住宅小区建筑容积率在1.0以上、单套建筑面积在120平方米以下、实际成交价格低于同级别土地上住房平均交易价格1.2倍以下。各省、自治区、直辖市要根据实际情况,制定本地区享受优惠政策普通住房的具体标准。允许单套建筑面积和价格标准适当浮动,但向上浮动的比例不得超过上述标准的20%。享受税收优惠政策普通住房的面积标准是指地方政府按国办发〔2005〕26号文件规定确定并公布的普通住房建筑面积标准。对于以套内面积进行计量的,应换算成建筑面积,判断该房屋是否符合普通住房标准。

个人将购买超过2年(含2年)的符合当地公布的普通住房标准的住房

对外销售，应持该住房的坐落、容积率、房屋面积、成交价格等证明材料及地方税务部门要求的其他材料，向地方税务部门申请办理免征增值税手续。"成交价格"是指住房持有人对外销售房屋的成交价格。

> 个人将购买超过2年（含2年）的住房对外销售不能提供属于普通住房的证明材料或经审核不符合规定条件的，一律按非普通住房的有关增值税政策征收增值税。

个人购买住房以取得的房屋产权证或契税完税证明上注明的时间作为其购买房屋的时间。"契税完税证明上注明的时间"是指契税完税证明上注明的填发日期。纳税人申报时，同时出具房屋产权证和契税完税证明且两者所注明的时间不一致的，按照"孰先"的原则确定购买房屋的时间，即房屋产权证上注明的时间早于契税完税证明上注明的时间的，以房屋产权证注明的时间为购买房屋的时间；契税完税证明上注明的时间早于房屋产权证上注明的时间的，以契税完税证明上注明的时间为购买房屋的时间。根据国家房改政策购买的公有住房，以购房合同的生效时间、房款收据的开具日期或房屋产权证上注明的时间，按照"孰先"的原则确定购买房屋的时间。

个人对外销售住房，应持依法取得的房屋权属证书，并到地方税务部门申请开具发票。对个人购买的非普通住房超过2年（含2年）对外销售的，在向地方税务部门申请按其售房收入减去购买房屋价款后的差额缴纳增值税时，需提供购买房屋时取得的税务部门监制的发票作为差额征税的扣除凭证。

个人将通过受赠、继承、离婚财产分割等非购买形式取得的住房对外销售的行为，也适用《国家税务总局　财政部　建设部关于加强房地产税收管理的通知》（国税发〔2005〕89号）的有关规定。其购房时间按发生受赠、继承、离婚财产分割行为前的购房时间确定，其购房价格按发生受赠、继承、离婚财产分割行为前的购房原价确定。个人需持其通过受赠、继承、离婚财产分割等非购买形式取得住房的合法、有效法律证明文书,到地方税务部门办理相关手续。

例 6-4 张三户口所在地为北京,在深圳工作,长期在深圳居住。张三在海南买了一套海景房,含税价格为 160 万元。2023 年,张三将海南的房产以含税价格 200 万元卖出。假设张三销售该海景房可以享受差额征税政策,则应如何计算应纳税额?张三应向哪里的税务机关缴纳税款?是否需要回户口所在地或者长期居住地申报纳税?

解答:张三销售该海景房可以享受差额征税政策,则应纳税额为 2.1 万元 [(200 − 160) ÷ (1 + 5%) × 5%]。根据关于纳税地点的规定,张三应在不动产所在地(海南)就该笔税款向海南税务部门申报纳税。自然人转让不动产,直接在不动产所在地纳税,不需要再回机构所在地申报缴纳。也就是说,张三销售海南的房产,向海南税务部门申报纳税后,不需要向其户口所在地(北京)或者长期居住地(深圳)税务部门申报。

例 6-5 假设例 6-4 中纳税人销售该海景房只能全额征税,则应如何计算应纳税额?张三应向哪里的税务机关缴纳税款?是否需要回户口所在地或者长期居住地申报纳税?

解答:张三销售该海景房应按照价款和价外费用全额征税,则应纳税额为 9.52 万元 [200 ÷ (1 + 5%) × 5%]。根据关于纳税地点的规定,该自然人应在不动产所在地(海南)就该笔税款向海南税务部门申报纳税,不需要回户口所在地或者长期居住地申报纳税。

例 6-6 张先生以 5 000 万元购置多套住房,2 年内以含税价格 6 000 万元转让,张先生应当缴纳多少增值税?

解答:张先生应纳增值税 285.71 万元 [6 000 ÷ (1 + 5%) × 5%]。

个人卖房的城市维护建设税如何计算和缴纳

凡缴纳增值税、消费税的单位和个人,都是城市维护建设税的纳税义务人，都应当依法缴纳城市维护建设税。城市维护建设税，以纳税人实际缴纳的增值税、消费税税额为计税依据，分别与增值税、消费税同时缴纳。城市维护建设税税率如下：

（1）纳税人所在地在市区的，税率为7%。

（2）纳税人所在地在县城、镇的，税率为5%。

（3）纳税人所在地不在市区、县城或镇的，税率为1%。

个人卖房的教育费附加如何计算与缴纳

教育费附加，以纳税人实际缴纳的增值税、消费税的税额为计征依据，教育费附加率为3%，分别与增值税、消费税同时缴纳。

个人卖房的地方教育附加如何计算与缴纳

地方教育附加，以纳税人实际缴纳的增值税、消费税的税额为计征依据，地方教育附加率为2%，分别与增值税、消费税同时缴纳。

个人卖房的土地增值税如何计算和缴纳

转让国有土地使用权、地上的建筑物及其附着物（以下简称转让房地产）并取得收入的单位和个人，为土地增值税的纳税义务人，应当依法缴纳土地增值税。卖房属于转让房地产，应当缴纳土地增值税。土地增值税按照纳税人转让房地产所取得的增值额和税法规定的税率计算征收。纳税人转让房地产所取得的收入减除税法规定扣除项目金额后的余额，为增值额。纳税人转让房地产所取得的收入，包括货币收入、实物收入和其他收入。计算增值额的扣除项目包括以下内容：①取得土地使用权所支付的金额；②开发土地的成本、费用；③新建房及配套设施的成本、费用，或者旧房及建筑物的评估价格；④与转让房地产有关的税金；⑤财政部规定的其他扣除项目。

土地增值税实行以下4级超率累进税率：①增值额未超过扣除项目金额50%的部分，税率为30%；②增值额超过扣除项目金额50%、未超过扣除项目金额100%的部分，税率为40%；③增值额超过扣除项目金额100%、未超过扣除项目金额200%的部分，税率为50%；④增值额超过扣除项目金额200%的部分，税率为60%。

上述4级超率累进税率,每级"增值额未超过扣除项目金额"的比例,均包括本比例数。计算土地增值税税额,可按增值额乘以适用的税率减去扣除项目金额乘以速算扣除系数的简便方法计算,具体公式如下:

(1)增值额未超过扣除项目金额50%的:

土地增值税税额=增值额×30%

(2)增值额超过扣除项目金额50%,未超过100%的:

土地增值税税额=增值额×40%—扣除项目金额×5%

(3)增值额超过扣除项目金额100%,未超过200%的:

土地增值税税额=增值额×50%—扣除项目金额×15%

(4)增值额超过扣除项目金额200%的:

土地增值税税额=增值额×60%—扣除项目金额×35%

公式中的5%、15%、35%为速算扣除系数。

纳税人应当自转让房地产合同签订之日起7日内向房地产所在地主管税务机关办理纳税申报,并在税务机关核定的期限内缴纳土地增值税。纳税人未依法缴纳土地增值税的,土地管理部门、房产管理部门不得办理有关的权属变更手续。

友情提示

> 自2008年11月1日起,对个人转让住房暂免征收土地增值税。个人转让商用房,应依法缴纳土地增值税。

凡是转让房地产的纳税人,应当根据土地增值税的有关规定,在规定的期限内到主管税务机关办理土地增值税的纳税登记和申报手续,经主管税务机关审核后,按照规定的期限缴纳土地增值税。对于已经完税的纳税人,由主管税务机关发给完税证明;对于不属于征税范围或应予免税的,由主管税务机关发给免税证明。凡没有取得主管税务部门发放的完税(或免税)证明的,房地产管理机关不予办理有关的权属变更手续,不予发放房地产权属证书。

转让旧房的，应按房屋及建筑物的评估价格、取得土地使用权所支付的地价款和按国家统一规定缴纳的有关费用以及在转让环节缴纳的税金作为扣除项目金额计征土地增值税。对取得土地使用权时未支付地价款或不能提供已支付的地价款凭据的，不允许扣除取得土地使用权所支付的金额。对于个人购入房地产再转让的，其在购入时已缴纳的契税，在旧房及建筑物的评估价中已包括了此项因素，在计征土地增值税时，不另作为"与转让房地产有关的税金"予以扣除。

营改增后，纳税人转让旧房及建筑物，凡不能取得评估价格，但能提供购房发票的，《土地增值税暂行条例》第六条第一项、第三项规定的扣除项目的金额按照下列方法计算：①提供的购房凭据为营改增前取得的营业税发票的，按照发票所载金额（不扣减营业税）并从购买年度起至转让年度止每年加计5%计算；②提供的购房凭据为营改增后取得的增值税普通发票的，按照发票所载价税合计金额从购买年度起至转让年度止每年加计5%计算；③提供的购房发票为营改增后取得的增值税专用发票的，按照发票所载不含增值税金额加上不允许抵扣的增值税进项税额之和，并从购买年度起至转让年度止每年加计5%计算。

个人卖房的印花税如何计算和缴纳

个人转让住房，免纳印花税。个人转让商用房属于产权转移书据，应当按照所载金额的0.05‰贴花。

个人卖房的个人所得税如何计算和缴纳

卖房取得的收入属于财产转让所得，应当依法缴纳个人所得税。财产转让所得以转让财产的收入额减除财产原值和合理费用后的余额，为应纳税所得额。财产转让所得，适用比例税率，税率为20%。

对住房转让所得征收个人所得税时，以实际成交价格为转让收入。纳税人申报的住房成交价格明显低于市场价格且无正当理由的，征收机关依法有权根据有关信息核定其转让收入，但必须保证各税种计税价格一致。对转让住房收入计算个人所得税应纳税所得额时，纳税人可凭原购房合同、发票等有效凭证，经税务机关审核后，允许从其转让收入中减除房屋原值、转让住房过程中缴纳的税金及有关合理费用。

房屋原值具体情况有以下5种：

（1）商品房，购置该房屋时实际支付的房价款及缴纳的相关税费。

（2）自建住房。实际发生的建造费用及建造和取得产权时实际缴纳的相关税费。

（3）经济适用房（含集资合作建房、安居工程住房），原购房人实际支付的房价款及相关税费，以及按规定缴纳的土地出让金。

（4）已购公有住房，原购公有住房标准面积按当地经济适用房价格计算的房价款，加上原购公有住房超标准面积实际支付的房价款以及按规定向财政部门（或原产权单位）缴纳的所得收益及相关税费。已购公有住房是指城镇职工根据国家和县级（含县级）以上人民政府有关城镇住房制度改革政策规定，按照成本价（或标准价）购买的公有住房。经济适用房价格按县级（含县级）以上地方人民政府规定的标准确定。

（5）城镇拆迁安置住房，根据《城市房屋拆迁管理条例》（国务院令第305号）和《建设部关于印发〈城市房屋拆迁估价指导意见〉的通知》（建住房〔2003〕234号）等有关规定，其原值分别为：①房屋拆迁取得货币补偿后购置房屋的，为购置该房屋实际支付的房价款及缴纳的相关税费；②房屋拆迁采取产权调换方式的，所调换房屋原值为《房屋拆迁补偿安置协议》注明的价款及缴纳的相关税费；③房屋拆迁采取产权调换方式，被拆迁人除取得所调换房屋，又取得部分货币补偿的，所调换房屋原值为《房屋拆迁补偿安置协议》注明的价款和缴纳的相关税费，减去货币补偿后的余额；④房屋拆迁采取产权调换方式，被拆迁人取得所调换房屋，又支付部分货币的，所调换房屋原值为《房屋拆迁补偿安置协议》注明的价款，加上所支付的货币及缴纳的相关税费。

转让住房过程中缴纳的税金是指纳税人在转让住房时实际缴纳的城市维护建设税、教育费附加、土地增值税、印花税等税金。合理费用是指纳税人按照规定实际支付的住房装修费用、住房贷款利息、手续费、公证费等费用。

（1）支付的住房装修费用。纳税人能提供实际支付装修费用的税务统一发票，并且发票上所列付款人姓名与转让房屋产权人一致的，经税务机关审核，其转让的住房在转让前实际发生的装修费用，可在以下规定比例内扣除：①已购公有住房、经济适用房，最高扣除限额为房屋原值的15%；②商品房及其他住房,最高扣除限额为房屋原值的10%。纳税人原购房为装修房,即合同注明房价款中含有装修费(铺装了地板,装配了洁具、厨具等)的,不得再重复扣除装修费用。

(2)支付的住房贷款利息。纳税人出售以按揭贷款方式购置的住房的,其向贷款银行实际支付的住房贷款利息,凭贷款银行出具的有效证明据实扣除。

(3)纳税人按照有关规定实际支付的手续费、公证费等,凭有关部门出具的有效证明据实扣除。

纳税人未提供完整、准确的房屋原值凭证,不能正确计算房屋原值和应纳税额的,税务机关可根据《税收征收管理法》第三十五条的规定,对其实行核定征税,即按纳税人住房转让收入的一定比例核定应纳个人所得税额。具体比例由省级地方税务局或者省级地方税务局授权的地市级地方税务局根据纳税人出售住房的所处区域、地理位置、建造时间、房屋类型、住房平均价格水平等因素,在住房转让收入1%～3%的幅度内确定。

对个人转让自用达5年以上,并且是唯一的家庭生活用房取得的所得,暂免征收个人所得税。

自2022年10月1日至2023年12月31日,对出售自有住房并在现住房出售后1年内在市场重新购买住房的纳税人,对其出售现住房已缴纳的个人所得税予以退税优惠。其中,新购住房金额大于或等于现住房转让金额的,全部退还已缴纳的个人所得税;新购住房金额小于现住房转让金额的,按新购住房金额占现住房转让金额的比例退还出售现住房已缴纳的个人所得税。现住房转让金额为该房屋转让的市场成交价格。新购住房为新房的,购房金额为纳税人在住房城乡建设部门网签备案的购房合同中注明的成交价格;新购住房为二手房的,购房金额为房屋的成交价格。享受上述优惠政策的纳税人须同时满足以下条件:纳税人出售和重新购买的住房应在同一城市范围内。同一城市范围是指同一直辖市、副省级城市、地级市(地区、州、盟)所辖全部行政区划范围；出售自有住房的纳税人与新购住房之间须直接相关，应为新购住房产权人或产权人之一。

例 6-7 赵先生居住在上海，自己拥有一套普通住宅，2022年6月又花费600万元在上海购买了一套普通住宅，2023年3月以700万元的价格出售。请问，赵先生应当缴纳多少税款？

解答： 赵先生应当缴纳增值税及其附加和个人所得税。赵先生拥有该套住宅不足2年就出售了，因此，应当按照出售价格全额缴纳增值税及其附加。赵先生应纳增值税及其附加为37.33万元［700÷（1＋5%）×5%×（1＋7%＋3%＋2%）］。由于该套住宅为普通住宅，可以免征土地增值税和印花税。赵先生应纳个人所得税为12.53万元［（700－600－37.33）×20%］。赵先生合计应纳税额为49.86万元（37.33＋12.53）。

第七部分
轻松掌握个人投资理财纳税实用知识

您知道将钱存在银行是否需要纳税吗？您知道投资股票要缴纳哪些税吗？您知道投资基金要缴纳什么税吗？您知道投资保险是否需要纳税吗？本部分将为您回答上述问题。

一、利息纳税实用知识

个人获得的利息应当如何缴纳所得税

利息、股息、红利所得，是指个人拥有债权、股权而取得的利息、股息、红利所得。

利息、股息、红利所得，偶然所得和其他所得，以每次收入额为应纳税所得额。利息、股息、红利所得，以支付利息、股息、红利时取得的收入为一次。利息、股息、红利所得，税率为20%。

储蓄存款在1999年10月31日前孳生的利息所得，不征收个人所得税；在1999年11月1日至2007年8月14日孳生的利息所得，按照20%的比例税率征收个人所得税；在2007年8月15日后孳生的利息所得，按照5%的比例税率征收个人所得税；在2008年10月9日后孳生的利息所得，暂免征收个人所得税。

由此可见，个人在银行存款取得的利息免纳个人所得税，个人将资金借给其他主体使用取得的利息应缴纳 20% 的个人所得税。

例 7-1 李先生在 2023 年 5 月 1 日取得某银行 3 年定期存款利息 10 000 元，8 月 10 日取得向某公司借款一年的利息 20 000 元。请问，李先生上述两笔利息应当缴纳多少个人所得税？

解答： 李先生取得的银行存款利息免纳个人所得税。取得的公司支付的利息应纳个人所得税为 4 000 元（20 000×20%）。

二、投资股票纳税实用知识

📖 个人买卖股票应当缴纳哪些税

个人在证券交易所买卖股票需要缴纳证券（股票）交易印花税和个人所得税。

从2008年9月19日起，对买卖、继承、赠与所书立的A股、B股股权转让书据，由出让方按1‰的税率缴纳股票交易印花税，受让方不再征收。

自2015年9月8日起，个人从公开发行和转让市场取得的上市公司股票，持股期限超过1年的，股息红利所得暂免征收个人所得税。个人从公开发行和转让市场取得的上市公司股票，持股期限在1个月以内（含1个月）的，其股息红利所得全额计入应纳税所得额；持股期限在1个月以上至1年（含1年）的，暂减按50%计入应纳税所得额；上述所得统一适用20%的税率计征个人所得税。

自2010年1月1日起，对个人转让限售股取得的所得，按照"财产转让所得"，适用20%的比例税率征收个人所得税。

限售股，包括以下几种：①上市公司股权分置改革完成后股票复牌日之前股东所持原非流通股股份，以及股票复牌日至解禁日期间由上述股份孳生的送、转股（以下统称股改限售股）；②2006年股权分置改革新老划断后，首次公开发行股票并上市的公司形成的限售股，以及上市首日至解禁日期间由上述股份孳生的送、转股（以下统称新股限售股）；③个人从机构或其他个人受让的未解禁限售股；④个人因依法继承或家庭财产依法分割取得的限售股；⑤个人持有的从代办股份转让系统转到主板市场（或中小板、创业板市场）的限售股；⑥上市公司吸收合并中，个人持有的原被合并方公司限售股所转换的合并方公司股份；⑦上市公司分立中，个人持有的被分立方公司限售股所转换的分立后公司股份；⑧其他限售股。

根据《个人所得税法实施条例》的规定，个人转让限售股或发生具有转让限售股实质的其他交易，取得现金、实物、有价证券和其他形式的经济利益均应缴纳个人所得税。限售股在解禁前被多次转让的，转让方对每一次转让所得均应按规定缴纳个人所得税。对具有下列情形的，应按规定征收个人所得税：①个人通过证券交易所集中交易系统或大宗交易系统转让限售股；②个人用限售股认购或申购交易型开放式指数基金（ETF）份额；③个人用限售股接受要约收购；④个人行使现金选择权将限售股转让给提供现金选择权的第三方；⑤个人协议转让限售股；⑥个人持有的限售股被司法扣划；⑦个人因依法继承或家庭财产分割让渡限售股所有权；⑧个人用限售股偿还上市公司股权分置改革中由大股东代其向流通股股东支付的对价；⑨其他具有转让实质的情形。

个人转让限售股，以每次限售股转让收入，减除股票原值和合理税费后的余额，为应纳税所得额。计算公式如下：

应纳税所得额＝限售股转让收入－（限售股原值＋合理税费）

应纳税额＝应纳税所得额×20%

限售股转让收入，是指转让限售股股票实际取得的收入。限售股原值，是指限售股买入时的买入价及按照规定缴纳的有关费用。合理税费，是指转让限售股过程中发生的印花税、佣金、过户费等与交易相关的税费。如果纳税人未能提供完整、真实的限售股原值凭证的，不能准确计算限售股原值的，主管税务机关一律按限售股转让收入的15%核定限售股原值及合理税费。

限售股转让所得个人所得税，以限售股持有者为纳税义务人，以个人股东开户的证券机构为扣缴义务人。限售股个人所得税由证券机构所在地主管税务机关负责征收管理。

限售股转让所得个人所得税，采取证券机构预扣预缴、纳税人自行申报清算和证券机构直接扣缴相结合的方式征收。证券机构预扣预缴的税款，于次月7日内以纳税保证金形式向主管税务机关缴纳。主管税务机关在收取纳税保证金时，应向证券机构开具《中华人民共和国纳税保证金收据》，并纳入专户存储。

根据证券机构技术和制度准备完成情况，对不同阶段形成的限售股，采取不同的征收管理办法。

（1）证券机构技术和制度准备完成前形成的限售股，证券机构按照股改限售股股改复牌日收盘价，或新股限售股上市首日收盘价计算转让收入，按照计算出的转让收入的15%确定限售股原值和合理税费，以转让收入减去原值和合理税费后的余额，适用20%税率，计算预扣预缴个人所得税额。纳税人按照实际转让收入与实际成本计算出的应纳税额，与证券机构预扣预缴税额有差异的，纳税人应自证券机构代扣并解缴税款的次月1日起3个月内，持加盖证券机构印章的交易记录和相关完整、真实凭证，向主管税务机关提出清算申报并办理清算事宜。主管税务机关审核确认后，按照重新计算的应纳税额，办理退（补）税手续。纳税人在规定期限内未到主管税务机关办理清算事宜的，税务机关不再办理清算事宜，已预扣预缴的税款从纳税保证金账户全额缴入国库。

（2）证券机构技术和制度准备完成后新上市公司的限售股，按照证券机构事先植入结算系统的限售股成本原值和发生的合理税费，以实际转让收入减去原值和合理税费后的余额，适用20%税率，计算直接扣缴个人所得税额。

纳税人同时持有限售股及该股流通股的，其股票转让所得，按照限售股优先原则，即转让股票视同为先转让限售股，按规定计算缴纳个人所得税。

证券机构等应积极配合税务机关做好各项征收管理工作，并于每月15日前，将上月限售股减持的有关信息传递至主管税务机关。限售股减持信息包括股东姓名、居民身份证号码、开户证券公司名称及地址、限售股股票代码、本期减持股数及减持取得的收入总额。证券机构有义务向纳税人提供加盖印章的限售股交易记录。

对个人在上海证券交易所、深圳证券交易所转让从上市公司公开发行和转让市场取得的上市公司股票所得，继续免征个人所得税。

例7-2 王先生于2023年1月20日在上海证券交易所以200 000元购买了若干股票，3月10日取得股息10 000元，6月20日以300 000元的价格出售。请计算王先生该笔股票交易的税后纯收入（不考虑其他费用）。

解答：王先生出售股票应当缴纳印花税 300 元（300 000×1‰），取得股息应缴纳个人所得税 1 000 元（10 000×50%×20%）。买卖股票的差额免纳个人所得税。王先生取得的税后纯收入为 108 700 元（30 000 ＋ 10 000 － 200 000 － 300 － 1 000）。

三、投资基金纳税实用知识

📖 个人买卖基金应当缴纳哪些税

个人买卖基金应当缴纳增值税（免）、印花税（免）和个人所得税。

1. 增值税的计算与缴纳

下列金融商品转让收入免纳增值税：

（1）合格境外投资者（QFII）委托境内公司在我国从事证券买卖业务。

（2）香港市场投资者（包括单位和个人）通过沪港通买卖上海证券交易所上市A股。

（3）对香港市场投资者（包括单位和个人）通过基金互认买卖内地基金份额。

（4）证券投资基金（封闭式证券投资基、开放式证券投资基金）管理人运用基金买卖股票、债券。

（5）个人从事金融商品转让业务。

2. 印花税的计算与缴纳

目前，对投资者（包括个人和机构）买卖封闭式投资基金暂时免征印花税。

对投资者申购和赎回开放式投资基金单位，暂不征收印花税。

3. 个人所得税的计算与缴纳

（1）封闭式投资基金（以下简称基金）个人所得税政策。

对个人投资者买卖基金单位获得的差价收入，在对个人买卖股票的差价收入未恢复征收个人所得税以前，暂不征收个人所得税。

对投资者从基金分配中获得的股票的股息、红利收入以及企业债券的利息收入，由上市公司和发行债券的企业在向基金派发股息、红利、利息时代扣代缴20%的个人所得税，基金向个人投资者分配股息、红利、利息时，不再代扣代缴个人所得税。

对投资者从基金分配中获得的国债利息、储蓄存款利息以及买卖股票价差收入，在国债利息收入、个人储蓄存款利息收入以及个人买卖股票差价收入未恢复征收所得税以前，暂不征收所得税。

对个人投资者从基金分配中获得的企业债券差价收入，应按税法法规对个人投资者征收个人所得税，税款由基金在分配时依法代扣代缴。

（2）开放式投资基金（以下简称基金）个人所得税政策。

对个人投资者申购和赎回基金单位取得的差价收入，在对个人买卖股票的差价收入未恢复征收个人所得税以前，暂不征收个人所得税。

对基金取得的股票的股息、红利收入，债券的利息收入、储蓄存款利息收入，由上市公司、发行债券的企业和银行在向基金支付上述收入时代扣代缴 20% 的个人所得税；对投资者（包括个人和机构投资者）从基金分配中取得的收入，暂不征收个人所得税和企业所得税。

例 7-3 孙先生于 2022 年 7 月 1 日购买了 100 000 元的基金，于 2023 年 8 月 20 日以 200 000 元的价格出售。请计算孙先生应当缴纳哪些税款。

解答： 目前个人在证券市场上买卖基金不需要缴纳增值税和印花税，一般情况下也不需要缴纳个人所得税，因为基金在获得相应的所得时已经缴纳了所得税。但是，对个人投资者从基金分配中获得的企业债券差价收入，应按税法规定对个人投资者征收 20% 的个人所得税，税款由基金在分配时依法代扣代缴。本题中的孙先生并未获得基金分配的企业债券差价收入，仅仅获得了买卖基金的差价收入，对于该笔收入是不征个人所得税的。因此，孙先生不需要缴纳任何税款。

四、投资保险纳税实用知识

个人购买保险获得的保险收益应当缴纳哪些税

保险是指投保人根据合同约定,向保险人支付保险费,保险人对于合同约定的可能发生的事故因其发生而造成的财产损失承担赔偿保险金责任,或者当被保险人死亡、伤残和达到合同约定的年龄、期限时承担给付保险金责任的行为。

根据《个人所得税法》的规定,"保险赔款"是免征个人所得税的。因此,个人购买保险所获得的收益是免征个人所得税的。但是,关于分红型保险收益是否免征个人所得税,理论界和实务界还存在争议。在实践中,分红型保险收益一直享受免税待遇。

第八部分
轻松掌握职业个人纳税实用知识

您知道律师应当如何缴纳个人所得税吗？您知道出租车司机应当如何纳税吗？您知道演员应当如何缴纳个人所得税吗？您知道建筑安装业、广告业从业人员应当如何缴纳个人所得税吗？本部分将为您回答上述问题。

一、律师纳税实用知识

📖 律师业的个人所得税应当如何计算和缴纳

律师个人出资兴办的独资和合伙性质的律师事务所的年度经营所得，从2000年1月1日起，停止征收企业所得税，作为出资律师的个人经营所得，按照有关规定，比照"个体工商户的生产、经营所得"应税项目征收个人所得税。在计算其经营所得时，出资律师本人的工资、薪金不得扣除。

合伙制律师事务所应将年度经营所得全额作为基数，按出资比例或者事先约定的比例计算各合伙人应分配的所得，据以征收个人所得税。

律师事务所支付给雇员（包括律师及行政辅助人员，但不包括律师事务所的投资者，下同）的所得，按"工资、薪金所得"应税项目征收个人所得税。

作为律师事务所雇员的律师与律师事务所按规定的比例对收入分成，律师事务所不负担律师办理案件支出的费用（如交通费、资料费、通信费及聘请人员等费用），律师当月的分成收入按照规定扣除办理案件支出的费用后，余额与律师事务所发给的工资合并，按"工资、薪金所得"应税项目计征个人所得税。律师从其分成收入中扣除办理案件支出费用的标准，由各省税务局根据当地律师办理案件费用支出的一般情况、律师与律师事务所之间的收入分成比例及其他相关参考因素，在律师当月分成收入的30%比例内确定。实行上述收入分成办法的律师办案费用不得在律师事务所重复列支。

兼职律师从律师事务所取得工资、薪金性质的所得，律师事务所在代扣代缴其个人所得税时，不再减除个人所得税法规定的费用扣除标准，以收入全额（取得分成收入的为扣除办理案件支出费用后的余额）直接确定适用税率，计算扣缴个人所得税。兼职律师应于次月7日内自行向主管税务机关申报两处或两处以上取得的工资、薪金所得，合并计算缴纳个人所得税。兼职律师是指取得律师资格和律师执业证书，不脱离本职工作从事律师职业的人员。

友情提示

律师以个人名义再聘请其他人员为其工作而支付的报酬，应由该律师按"劳务报酬所得"应税项目负责代扣代缴个人所得税。为了便于操作，税款可由其任职的律师事务所代为缴入国库。

律师从接受法律事务服务的当事人处取得法律顾问费或其他酬金等收入，应并入其从律师事务所取得的其他收入，按照规定计算缴纳个人所得税。

律师个人承担的按照律师协会规定参加的业务培训费用，可据实扣除。

律师事务所和律师个人发生的其他费用和列支标准，按照《个体工商户个人所得税计税办法》（国家税务总局令第35号）等文件的规定执行。

例8-1 王律师是某合伙制律师事务所的合伙人，某年度从该律师事务所领取工资10万元，年终分红90万元。赵律师是该律师事务所的分成律师，该年度总共从该律师事务所获得所得20万元，其中办案支出5万元。李律师每月从该律师事务所领取工资8 000元。请分别计算3位律师该年度需要缴纳

多少个人所得税。(仅考虑6万元基本扣除标准)

解答： 王律师属于出资律师，应当就其从该律师事务所获得的一切收入按照"经营所得"缴纳个人所得税，其获得的工资不能扣除，但可以扣除投资者个人的费用。王律师的应纳税所得额为940 000元(100 000＋900 000－60 000)，应纳税额为263 500元(940 000×35%－65 500)。

赵律师属于分成律师，扣除办案费用以后的所得按照"综合所得"计算。赵律师应纳税额为6 480元[(200 000－50 000－60 000)×10%－2 520]。

李律师为普通雇员律师，其所获得的所得按照"综合所得"计算。李律师全年应纳税额为1 080元[(8 000×12－60 000)×3%]。

二、出租车司机纳税实用知识

出租车司机大体可以分为3类：个体出租车司机、承包出租车司机和挂靠出租车司机。3类司机都应当缴纳个人所得税，其中，个体出租车司机和挂靠出租车司机还应当缴纳增值税及其附加。

📖 出租车司机的个人所得税应当如何计算与缴纳

各种机动出租车驾驶员为个人所得税的纳税义务人，其从事出租车运营取得的收入，应依法缴纳个人所得税。

税务机关可以委托出租汽车经营单位、交通管理部门和运输服务站或者其他有关部门（单位）代收代缴出租车驾驶员应纳的个人所得税。被委托的单位为扣缴义务人，应按期代收代缴出租车驾驶员应纳的个人所得税。

没有扣缴义务人或扣缴义务人未按规定扣缴税款的，出租车驾驶员应自行向单位所在地或准运证发放地的主管税务机关申报纳税。

出租车驾驶员办理了个体出租车营业执照的，应在领取营业执照后30日内到当地主管税务机关办理税务登记。

出租车驾驶员从事出租车运营取得的收入，适用的个人所得税项目如下：

（1）出租汽车经营单位对出租车驾驶员采取单车承包或承租方式运营，出租车驾驶员从事客货运营取得的收入，按"工资、薪金所得"项目征税。

（2）从事个体出租车运营的出租车驾驶员取得的收入，按个体工商户的"生产经营所得"项目缴纳个人所得税。

（3）出租车属个人所有，但挂靠出租汽车经营单位或企事业单位，驾驶员向挂靠单位缴纳管理费的，或出租汽车经营单位将出租车所有权转移给驾驶员的，出租车驾驶员从事客货运营取得的收入，比照个体工商户的"生产经营所得"项目征税。

县级以上（含县级）税务机关可以根据出租车的不同经营方式、不同车型、收费标准、缴纳的承包承租费等情况，核定出租车驾驶员的营业额并确定征收率或征收额，按月征收出租车驾驶员应纳的个人所得税。

纳税义务人和扣缴义务人未按规定缴纳、扣缴个人所得税的，主管税务机关应按《税收征收管理法》及有关法律、行政法规的规定予以处罚，触犯刑律的移送司法机关处理。

扣缴义务人每月所扣的税款、自行申报纳税人每月应纳的税款，应当在次月7日内缴入国库，并向主管税务机关报送扣缴个人所得税报告表或纳税申报表以及税务机关要求报送的其他资料。

对扣缴义务人按照所扣缴或代收代缴的税款，付给2%的手续费。

例8-2 王先生和李先生都是出租车司机，王先生驾驶的出租车属于自己，李先生驾驶的出租车属于出租车公司。王先生每月开出租的毛收入为12 000元，每月用油3 000元，每月负担的车船税、维修费和车辆折旧约2 000元。李先生每月从出租车公司实际取得收入8 000元。请计算王先生和李先生全年分别需要缴纳多少个人所得税。（综合所得个人所得税扣除标准按照每月5 000元计算）

解答： 王先生属于个体出租车司机，应当按照个体工商户的"生产经营所得"缴纳个人所得税，相关费用以及个人费用可以在税前扣除。王先生全年应纳税所得额为24 000元［（12 000－3 000－2 000－5 000）×12］。王先生全年应纳税额为1 200元（24 000×5%）。

李先生属于承包出租车司机，应就其纯所得按照"工资、薪金所得"缴纳个人所得税。李先生全年应纳税所得额为36 000元［（8 000－5 000）×12］。李先生全年应纳税额为1 080元（36 000×3%）。

如果税务机关核定王先生和李先生每月缴纳个人所得税1 000元，则王先生和李先生仅需每月缴纳个人所得税1 000元即可。

三、演员纳税实用知识

📖 演员的个人所得税应当如何计算与缴纳

凡参加演出（包括舞台演出、录音、录像、拍摄影视等，下同）而取得报酬的演职员，是个人所得税的纳税义务人；所取得的所得，为个人所得税的应纳税项目。向演职员支付报酬的单位或个人，是个人所得税的扣缴义务人。扣缴义务人必须在支付演职员报酬的同时，按税收法律、行政法规及税务机关依照法律、行政法规作出的规定扣缴或预扣个人所得税。预扣办法由各省、自治区、直辖市税务局根据有利控管的原则自行确定。

演出经纪机构领取《演出经营许可证》《临时营业演出许可证》或变更以上证件内容的，必须在领证后或变更登记后的 30 日内到机构所在地主管税务机关办理税务登记或变更税务登记。文化行政部门向演出经纪机构或个人发放《演出经营许可证》和《临时营业演出许可证》时，应将演出经纪机构的名称、住所、法人代表等情况抄送当地主管税务机关备案。

演出活动主办单位应在每次演出前 2 日内，将文化行政部门的演出活动批准件和演出合同、演出计划（时间、地点、场次）、报酬分配方案等有关材料报送演出所在地主管税务机关。演出合同和演出计划的内容如有变化，应按规定程序重新向文化行政部门申报审批并向主管税务机关报送新的有关材料。

演职员参加非任职单位组织的演出取得的报酬为劳务报酬所得，按次缴纳个人所得税。演职员参加任职单位组织的演出取得的报酬为工资、薪金所得，按月缴纳个人所得税。上述报酬包括现金、实物和有价证券。

参加组台（团）演出的演职员取得的报酬，由主办单位或承办单位通过银行转账支付给演职员所在单位或发放演职员演出许可证的文化行政部门或其授权单位的，经演出所在地主管税务机关确认后，由演职员所在单位或者发放演职员许可证的文化行政部门或其授权单位，按实际支付给演职员个人的报酬代扣个人所得税,并在原单位所在地缴入金库。

组台(团)演出,不按上述方式支付演职员报酬,或者虽按上述方式支付但未经演出所在地主管税务机关确认的,由向演职员支付报酬的演出经纪机构或者主办、承办单位扣缴个人所得税,税款在演出所在地缴纳。申报的演职员报酬明显偏低又无正当理由的,主管税务机关可以在查账核实的基础上,依据演出报酬总额、演职员分工、演员演出通常收费额等情况核定演职员的应纳税所得,扣缴义务人据此扣缴税款。

税务机关有根据认为从事演出的纳税义务人有逃避纳税义务行为的,可以在规定的纳税期之前,责令其限期缴纳应纳税款;在限期内发现纳税义务人有明显的转移、隐匿演出收入迹象的,税务机关可以责成纳税义务人提供纳税担保。如果纳税义务人不能提供纳税担保,经县以上(含县级)税务局(分局)局长批准,税务机关可以采取税收保全措施。

参与录音、录像、拍摄影视和在歌厅、舞厅、卡拉OK厅、夜总会、娱乐城等娱乐场所演出的演职员取得的报酬,由向演职员支付报酬的单位或业主扣缴个人所得税。

扣缴义务人扣缴的税款,应在次月7日内缴入国库,同时向主管税务机关报送扣缴个人所得税报告表、支付报酬明细表以及税务机关要求报送的其他资料。

有下列情形的,演职员应在取得报酬的次月7日内自行到演出所在地或者单位所在地主管税务机关申报纳税:

(1)在两处或者两处以上取得工资、薪金性质所得的,应将各处取得的工资、薪金性质的所得合并计算纳税。

(2)分笔取得属于一次报酬的。

(3)扣缴义务人没有依法扣缴税款的。

(4)主管税务机关要求其申报纳税的。

为了强化征收管理,主管税务机关可以根据当地实际情况,自行确定对在歌厅、舞厅、卡拉OK厅、夜总会、娱乐城等娱乐场所演出的演职员的个人所得税征收管理方式。

组台（团）演出应当建立健全财务会计制度，正确反映演出收支和向演职员支付报酬情况，并接受主管税务机关的监督检查。没有建立财务会计制度，或者未提供完整、准确的纳税资料，主管税务机关可以核定其应纳税所得额，据以征税。

扣缴义务人和纳税义务人违反上述有关规定，主管税务机关可以依照《税收征收管理法》及其他有关法律和行政法规的有关规定给予处罚。

四、建筑安装业个人纳税实用知识

📖 个人从事建筑安装业的个人所得税应当如何计算和缴纳

建筑安装业，包括建筑、安装、修缮、装饰及其他工程作业。从事建筑安装业的工程承包人、个体户及其他个人为个人所得税的纳税义务人。其从事建筑安装业取得的所得，应依法缴纳个人所得税。

承包建筑安装业各项工程作业的承包人取得的所得，应区别不同情况计征个人所得税：经营成果归承包人个人所有的所得，或按照承包合同（协议）规定，将一部分经营成果留归承包人个人的所得，按对企事业单位的承包经营、承租经营所得项目征税；以其他分配方式取得的所得，按工资、薪金所得项目征税。从事建筑安装业的个体工商户和未领取营业执照承揽建筑安装业工程作业的建筑安装队和个人，以及建筑安装企业实行个人承包后工商登记改变为个体经济性质的，其从事建筑安装业取得的收入应依照个体工商户的生产、经营所得项目计征个人所得税。从事建筑安装业工程作业的其他人员取得的所得，分别按照工资、薪金所得项目和劳务报酬所得项目计征个人所得税。

从事建筑安装业的单位和个人，应依法办理税务登记。在异地从事建筑安装业的单位和个人，必须自工程开工之日前3日内，持营业执照、外出经营活动税收管理证明、城建部门批准开工的文件和工程承包合同（协议）、开户银行账号以及主管税务机关要求提供的其他资料向主管税务机关办理有关登记手续。主管税务机关，是指建筑安装业工程作业所在地税务局（分局、所）。

对未领取营业执照承揽建筑安装业工程作业的单位和个人，主管税务机关可以根据其工程规模，责令其缴纳一定数额的纳税保证金。在规定的期限内结清税款后，退还纳税保证金；逾期未结清税款的，以纳税保证金抵缴应纳税款和滞纳金。

从事建筑安装业的单位和个人应设置会计账簿,健全财务制度,准确、完整地进行会计核算。对未设立会计账簿,或者不能准确、完整地进行会计核算的单位和个人,主管税务机关可根据其工程规模、工程承包合同(协议)价款和工程完工进度等情况,核定其应纳税所得额或应纳税额,据以征税。具体核定办法由县以上(含县级)税务机关制定。

从事建筑安装业工程作业的单位和个人应按照主管税务机关的规定,购领、填开和保管建筑安装业专用发票或许可使用的其他发票。

建筑安装业的个人所得税,由扣缴义务人代扣代缴和纳税人自行申报缴纳。承揽建筑安装业工程作业的单位和个人是个人所得税的代扣代缴义务人,应在向个人支付收入时依法代扣代缴其应纳的个人所得税。没有扣缴义务人的和扣缴义务人未按规定代扣代缴税款的,纳税人应自行向主管税务机关申报纳税。

扣缴义务人每月所扣的税款,自行申报纳税人每月应纳的税款,应当在次月 7 日内缴入国库,并向主管税务机关报送扣缴个人所得税报告表或纳税申报表以及税务机关要求报送的其他资料。对扣缴义务人按照所扣缴的税款,付给 2% 的手续费。

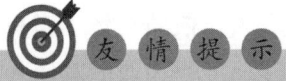

友情提示

建筑安装业单位所在地税务机关和工程作业所在地税务机关双方可以协商有关个人所得税代扣代缴和征收的具体操作办法,都有权对建筑安装业单位和个人依法进行税收检查,并有权依法处理其违反税收规定的行为。但一方已经处理的,另一方不得重复处理。

📖 跨省异地工程作业人员的个人所得税如何缴纳

自 2015 年 9 月 1 日起,总承包企业、分承包企业派驻跨省异地工程项目的管理人员、技术人员和其他工作人员在异地工作期间的工资、薪金所得个人所得税,由总承包企业、分承包企业依法代扣代缴并向工程作业所在地税务机关申报缴纳。总承包企业和分承包企业通过劳务派遣公司聘用劳务人员跨省异地工作期间的工资、薪金所得个人所得税，由劳务派遣公司依法代扣代缴并向工程作业所在地税务机关申报缴纳。

跨省异地施工单位应就其所支付的工程作业人员工资、薪金所得，向工程作业所在地税务机关办理全员全额扣缴明细申报。凡实行全员全额扣缴明细申报的，工程作业所在地税务机关不得核定征收个人所得税。

总承包企业、分承包企业和劳务派遣公司机构所在地税务机关需要掌握异地工程作业人员工资、薪金所得个人所得税缴纳情况的，工程作业所在地税务机关应及时提供。总承包企业、分承包企业和劳务派遣公司机构所在地税务机关不得对异地工程作业人员已纳税工资、薪金所得重复征税。两地税务机关应加强沟通协调，切实维护纳税人权益。

建筑安装业省内异地施工作业人员个人所得税征收管理参照上述规定执行。

五、广告业个人纳税实用知识

个人从事广告业的个人所得税应当如何计算和缴纳

凡在广告中提供名义、形象或在广告设计、制作、发布过程中提供劳务并取得所得的个人以及广告主、广告经营者或受托从事广告制作的单位和广告发布者,均应当依照相关规定办理个人所得税有关事宜。广告主,是指为推销商品或者提供服务,自行或者委托他人设计、制作、发布广告的法人、其他经济组织或者个人。广告经营者,是指受委托提供广告设计、制作、代理服务的法人、其他经济组织或者个人。受托从事广告制作的单位,是指受广告主或广告经营者委托而从事广告设计、制作的法人、其他经济组织或者个人。广告发布者,是指为广告主或者广告主委托的广告经营者发布广告的法人及其他经济组织。

在广告设计、制作、发布过程中提供名义、形象及劳务并取得所得的个人为个人所得税的纳税义务人(以下简称纳税人);直接向上述个人支付所得的广告主、广告经营者、受托从事广告制作的单位和广告发布者为个人所得税的扣缴义务人(以下简称扣缴人)。

扣缴人应当在每项广告制作前向所在地主管税务机关报告广告中名义、形象及劳务提供者的姓名、身份证号码(护照号码及国籍)、工作单位(户籍所在地)、电话号码以及支付报酬的标准和支付形式等情况。双方订立书面合同(协议)的,应同时将合同(协议)副本报送上述税务机关。广告发布者应当定期向所在地主管税务机关报送当期发布广告的数量及其广告主、广告经营者的名单。

纳税人在广告设计、制作、发布过程中提供名义、形象而取得的所得,应按劳务报酬所得项目计算纳税。纳税人在广告设计、制作、发布过程中提供其他劳务取得的所得,视其情况分别按照税法规定的劳务报酬所得、稿酬所得、特许权使用费所得等应税项目计算纳税。扣缴人的本单位人员在广告设计、制作、发布过程中取得的由本单位支付的所得，按工资、薪金所得项目计算纳税。

纳税人以现金、实物和有价证券以外的其他形式取得所得，税务机关可以根据其所得的形式和价值，核定其应纳税所得额，据以征税。对于不能准确提供或划分个人在广告设计、制作、发布过程中提供名义、形象及劳务而取得的所得的纳税人，主管税务机关可以根据支付总额等实际情况，参照同类广告活动名义、形象及其他劳务提供者的所得标准，核定其应纳税所得额，据以征税。

劳务报酬所得以纳税人每参与一项广告的设计、制作、发布所取得的所得为一次；稿酬所得以在图书、报刊上发布一项广告时使用其作品而取得的所得为一次；特许权使用费所得以提供一项特许权在一项广告的设计、制作、发布过程中使用而取得的所得为一次。上述所得，采取分笔支付的，应合并为一次所得计算纳税。

扣缴人和纳税人必须接受税务机关依法进行的税务检查，如实反映情况，提供有关资料，不得拒绝、隐瞒。

例 8-3 2023年1月，某广告公司在一项广告业务中，给其雇员张先生发放6 000元工资；使用了刘先生的绘画作品，支付报酬2 000元；使用了王先生的专利权，支付报酬2 000元；使用了李女士的形象，支付报酬8 000元。请计算该广告公司在该笔业务中应当代扣代缴多少个人所得税。

解答： 张先生获得的所得属于"工资薪金所得"，如果张先生该月没有获得其他"工资、薪金"性质的所得，则广告公司应预扣预缴个人所得税30元［（6 000－5 000）×3%］。

刘先生获得的所得属于"稿酬所得",广告公司应预扣预缴个人所得税168元[(2 000－800)×70%×20%]。

王先生获得的所得属于"特许权使用费所得",广告公司应预扣预缴个人所得税240元[(2 000－800)×20%]。

李女士获得的所得属于"劳务报酬所得",广告公司应预扣预缴个人所得税1 280元[8 000×(1－20%)×20%]。

广告公司合计应当预扣预缴个人所得税1 718元(30＋168＋240＋1 280)。

第九部分
轻松掌握个人纳税优惠政策实用知识

您知道自主就业退役士兵创业就业享受哪些税收优惠政策吗？您知道重点群体创业就业可以享受哪些税收优惠政策吗？您知道创业投资企业和天使投资个人可以享受哪些税收优惠政策吗？您知道个人非货币性资产投资可以享受哪些税收优惠政策吗？您知道"大众创业、万众创新"税费优惠政策有哪些吗？您知道残疾人员可以享受哪些税收优惠政策吗？您知道居民换购住房可以享受哪些税收优惠政策吗？本部分将为您回答上述问题。

一、自主就业退役士兵创业就业税收优惠政策

📖 自主就业退役士兵创业就业具体优惠政策有哪些

自主就业退役士兵从事个体经营的，自办理个体工商户登记当月起，在3年（36个月，下同）内按每户每年12 000元为限额依次扣减其当年实际应缴纳的增值税、城市维护建设税、教育费附加、地方教育附加和个人所得税。限额标准最高可上浮20%，各省、自治区、直辖市人民政府可以根据本地区实际情况在此幅度内确定具体限额标准。

纳税人年度应缴纳税款小于上述扣减限额的，减免税额以其实际缴纳的税款为限；大于上述扣减限额的，以上述扣减限额为限。纳税人的实际经营

期不足1年的,应当按月换算其减免税限额。换算公式如下:

减免税限额＝年度减免税限额÷12×实际经营月数

城市维护建设税、教育费附加、地方教育附加的计税依据是享受本项税收优惠政策前的增值税应纳税额。

企业招用自主就业退役士兵,与其签订1年以上期限劳动合同并依法缴纳社会保险费的,自签订劳动合同并缴纳社会保险当月起,在3年内按实际招用人数予以定额依次扣减增值税、城市维护建设税、教育费附加、地方教育附加和企业所得税优惠。定额标准为每人每年6 000元,最高可上浮50%,各省、自治区、直辖市人民政府可根据本地区实际情况在此幅度内确定具体定额标准。

企业按招用人数和签订的劳动合同时间核算企业减免税总额,在核算减免税总额内每月依次扣减增值税、城市维护建设税、教育费附加和地方教育附加。企业实际应缴纳的增值税、城市维护建设税、教育费附加和地方教育附加小于核算减免税总额的,以实际应缴纳的增值税、城市维护建设税、教育费附加和地方教育附加为限;实际应缴纳的增值税、城市维护建设税、教育费附加和地方教育附加大于核算减免税总额的,以核算减免税总额为限。

友情提示

纳税年度终了,如果企业实际减免的增值税、城市维护建设税、教育费附加和地方教育附加小于核算减免税总额,企业在企业所得税汇算清缴时以差额部分扣减企业所得税。当年扣减不完的,不再结转以后年度扣减。

自主就业退役士兵在企业工作不满1年的,应当按月换算减免税限额。计算公式如下:

$$\text{企业核算减免税总额} = \frac{\sum \text{每名自主就业退役士兵本年度在本单位工作月份}}{12} \times \text{具体定额标准}$$

城市维护建设税、教育费附加、地方教育附加的计税依据是享受本项税收优惠政策前的增值税应纳税额。

上述所称自主就业退役士兵是指依照《退役士兵安置条例》(国务院 中

央军委令第 608 号）的规定退出现役并按自主就业方式安置的退役士兵。上述所称企业是指属于增值税纳税人或企业所得税纳税人的企业等单位。

自主就业退役士兵从事个体经营的，在享受税收优惠政策进行纳税申报时，注明其退役军人身份，并将《中国人民解放军义务兵退出现役证》《中国人民解放军士官退出现役证》或《中国人民武装警察部队义务兵退出现役证》《中国人民武装警察部队士官退出现役证》留存备查。

企业招用自主就业退役士兵享受税收优惠政策的，应将以下资料留存备查：

（1）招用自主就业退役士兵的《中国人民解放军义务兵退出现役证》《中国人民解放军士官退出现役证》或《中国人民武装警察部队义务兵退出现役证》《中国人民武装警察部队士官退出现役证》。

（2）企业与招用自主就业退役士兵签订的劳动合同（副本），为职工缴纳的社会保险费记录。

（3）自主就业退役士兵本年度在企业工作时间表。

企业招用自主就业退役士兵既可以适用上述税收优惠政策，又可以适用其他扶持就业专项税收优惠政策的，企业可以选择适用最优惠的政策，但不得重复享受。

二、重点群体创业就业税收优惠政策

📖 重点群体创业就业具体优惠政策有哪些

建档立卡贫困人口、持《就业创业证》（注明"自主创业税收政策"或"毕业年度内自主创业税收政策"）或《就业失业登记证》（注明"自主创业税收政策"）的人员，从事个体经营的，自办理个体工商户登记当月起，在3年（36个月，下同）内按每户每年12 000元为限额依次扣减其当年实际应缴纳的增值税、城市维护建设税、教育费附加、地方教育附加和个人所得税。限额标准最高可上浮20%，各省、自治区、直辖市人民政府可根据本地区实际情况在此幅度内确定具体限额标准。

纳税人年度应缴纳税款小于上述扣减限额的，减免税额以其实际缴纳的税款为限；大于上述扣减限额的，以上述扣减限额为限。

上述人员具体包括：①纳入全国扶贫开发信息系统的建档立卡贫困人口；②在人力资源社会保障部门公共就业服务机构登记失业半年以上的人员；③零就业家庭、享受城市居民最低生活保障家庭劳动年龄内的登记失业人员；④毕业年度内高校毕业生。高校毕业生是指实施高等学历教育的普通高等学校、成人高等学校应届毕业的学生；毕业年度是指毕业所在自然年，即1月1日至12月31日。

企业招用建档立卡贫困人口，以及在人力资源社会保障部门公共就业服务机构登记失业半年以上且持《就业创业证》或《就业失业登记证》（注明"企业吸纳税收政策"）的人员，与其签订1年以上期限劳动合同并依法缴纳社会保险费的，自签订劳动合同并缴纳社会保险当月起，在3年内按实际招用人数予以定额依次扣减增值税、城市维护建设税、教育费附加、地方教育附加和企业所得税优惠。定额标准为每人每年6 000元，最高可上浮30%，各省、自治区、直辖市人民政府可根据本地区实际情况在此幅度内确定具体定额标准。城市维护建设税、教育费附加、地方教育附加的计税依据是享受本项税收优惠政策前的增值税应纳税额。

按上述标准计算的税收扣减额应在企业当年实际应缴纳的增值税、城市维护建设税、教育费附加、地方教育附加和企业所得税税额中扣减,当年扣减不完的,不得结转下年使用。

上述所称企业是指属于增值税纳税人或企业所得税纳税人的企业等单位。

国家乡村振兴局在每年1月15日前将建档立卡贫困人口名单及相关信息提供给人力资源社会保障部、国家税务总局,国家税务总局将相关信息转发给各省、自治区、直辖市税务部门。人力资源社会保障部门依托全国扶贫开发信息系统核实建档立卡贫困人口身份信息。

企业招用就业人员既可以适用上述税收优惠政策,又可以适用其他扶持就业专项税收优惠政策的,企业可以选择适用最优惠的政策,但不得重复享受。

三、创业投资企业和天使投资个人税收优惠政策

📖 创业投资企业和天使投资个人的税收优惠政策有哪些

公司制创业投资企业采取股权投资方式直接投资于种子期、初创期科技型企业（以下简称初创科技型企业）满2年（24个月，下同）的，可以按照投资额的70%在股权持有满2年的当年抵扣该公司制创业投资企业的应纳税所得额；当年不足抵扣的，可以在以后纳税年度结转抵扣。

有限合伙制创业投资企业（以下简称合伙创投企业）采取股权投资方式直接投资于初创科技型企业满2年的，该合伙创投企业的合伙人分别按以下方式处理：①法人合伙人可以按照对初创科技型企业投资额的70%抵扣法人合伙人从合伙创投企业分得的所得；当年不足抵扣的，可以在以后纳税年度结转抵扣。②个人合伙人可以按照对初创科技型企业投资额的70%抵扣个人合伙人从合伙创投企业分得的经营所得；当年不足抵扣的，可以在以后纳税年度结转抵扣。

天使投资个人采取股权投资方式直接投资于初创科技型企业满2年的，可以按照投资额的70%抵扣转让该初创科技型企业股权取得的应纳税所得额；当期不足抵扣的，可以在以后取得转让该初创科技型企业股权的应纳税所得额时结转抵扣。

天使投资个人在试点地区投资多个初创科技型企业的，对其中办理注销清算的初创科技型企业，天使投资个人对其投资额的70%尚未抵扣完的，可自注销清算之日起36个月内抵扣天使投资个人转让其他初创科技型企业股权取得的应纳税所得额。

上述所称初创科技型企业，应同时符合以下条件：①在中国境内（不包括港、澳、台地区）注册成立、实行查账征收的居民企业；②自2019年1月1日至2023年12月31日，接受投资时，从业人数不超过300人，其中具有

大学本科以上学历的从业人数不低于30%；资产总额和年销售收入均不超过5 000万元；③接受投资时设立时间不超过5年（60个月，下同）；④接受投资时以及接受投资后2年内未在境内外证券交易所上市；⑤接受投资当年及下一纳税年度，研发费用总额占成本费用支出的比例不低于20%。

享受《财政部 税务总局关于创业投资企业和天使投资个人有关税收政策的通知》（财税〔2018〕55号，以下简称55号文件）规定税收试点政策的创业投资企业，应同时符合以下条件：①在中国境内（不含港、澳、台地区）注册成立、实行查账征收的居民企业或合伙创投企业，且不属于被投资初创科技型企业的发起人；②符合《创业投资企业管理暂行办法》（发展改革委等10部门令第39号）规定或者《私募投资基金监督管理暂行办法》（证监会令第105号）关于创业投资基金的特别规定，按照上述规定完成备案且规范运作；③投资后2年内，创业投资企业及其关联方持有被投资初创科技型企业的股权比例合计应低于50%。

享受55号文件规定的税收试点政策的天使投资个人，应同时符合以下条件：①不属于被投资初创科技型企业的发起人、雇员或其亲属（包括配偶、父母、子女、祖父母、外祖父母、孙子女、外孙子女、兄弟姐妹，下同），且与被投资初创科技型企业不存在劳务派遣等关系；②投资后2年内，本人及其亲属持有被投资初创科技型企业股权比例合计应低于50%。

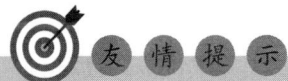

享受55号文件规定的税收试点政策的投资，仅限于通过向被投资初创科技型企业直接支付现金方式取得的股权投资，不包括受让其他股东的存量股权。

55号文件所称研发费用口径，按照《财政部 国家税务总局 科技部关于完善研究开发费用税前加计扣除政策的通知》（财税〔2015〕119号）的规定执行。

55号文件所称从业人数，包括与企业建立劳动关系的职工人员及企业接受的劳务派遣人员。从业人数和资产总额指标，按照企业接受投资前连续12个月的平均数计算，不足12个月的，按实际月数平均计算。

55号文件所称销售收入，包括主营业务收入与其他业务收入；年销售收入指标，按照企业接受投资前连续12个月的累计数计算，不足12个月的，按实际月数累计计算。

55号文件所称成本费用，包括主营业务成本、其他业务成本、销售费用、管理费用、财务费用。

55号文件所称投资额，按照创业投资企业或天使投资个人对初创科技型企业的实缴投资额确定。

合伙创投企业的合伙人对初创科技型企业的投资额，按照合伙创投企业对初创科技型企业的实缴投资额和合伙协议约定的合伙人占合伙创投企业的出资比例计算确定。合伙人从合伙创投企业分得的所得，按照《财政部 国家税务总局关于合伙企业合伙人所得税问题的通知》（财税〔2008〕159号）规定计算。

天使投资个人、创业投资企业、合伙创投企业法人合伙人、被投资初创科技型企业应按规定向税务机关履行备案手续。

初创科技型企业接受天使投资个人投资满2年，在上海证券交易所、深圳证券交易所上市的，天使投资个人转让该企业股票时，按照现行限售股有关规定执行，其尚未抵扣的投资额，在税款清算时一并计算抵扣。

享受55号文件规定的税收试点政策的纳税人，其主管税务机关对被投资企业是否符合初创科技型企业条件有异议的，可以转请被投资企业主管税务机关提供相关材料。对纳税人提供虚假资料，违规享受税收试点政策的，应按《税收征收管理法》相关规定处理，并将其列入失信纳税人名单，按规定实施联合惩戒措施。

第九部分　轻松掌握个人纳税优惠政策实用知识

四、个人非货币性资产投资税收优惠政策

📖 个人非货币性资产投资的税收优惠政策有哪些

个人以非货币性资产投资，属于个人转让非货币性资产和投资同时发生。对个人转让非货币性资产的所得，应按照"财产转让所得"项目，依法计算缴纳个人所得税。

个人以非货币性资产投资，应按评估后的公允价值确认非货币性资产转让收入。非货币性资产转让收入减除该资产原值及合理税费后的余额为应纳税所得额。

个人以非货币性资产投资，应于非货币性资产转让、取得被投资企业股权时，确认非货币性资产转让收入的实现。

个人应在发生上述应税行为的次月15日内向主管税务机关申报纳税。纳税人一次性缴税有困难的，可合理确定分期缴纳计划并报主管税务机关备案后，自发生上述应税行为之日起不超过5个公历年度内（含）分期缴纳个人所得税。

个人以非货币性资产投资交易过程中取得现金补价的，现金部分应优先用于缴税；现金不足以缴纳的部分，可分期缴纳。个人在分期缴税期间转让其持有的上述全部或部分股权，并取得现金收入的，该现金收入应优先用于缴纳尚未缴清的税款。

上述所称非货币性资产，是指现金、银行存款等货币性资产以外的资产，包括股权、不动产、技术发明成果以及其他形式的非货币性资产。

上述所称非货币性资产投资，包括以非货币性资产出资设立新的企业，以及以非货币性资产出资参与企业增资扩股、定向增发股票、股权置换、重组改制等投资行为。

上述规定的分期缴税政策自2015年4月1日起施行。对2015年4月1日之前发生的个人非货币性资产投资，尚未进行税收处理且自发生上述应税行为之日起期限未超过5年的，可在剩余的期限内分期缴纳其应纳税款。

📖 个人非货币性资产投资税收优惠的管理制度有哪些

非货币性资产投资个人所得税以发生非货币性资产投资行为并取得被投资企业股权的个人为纳税人。

非货币性资产投资个人所得税由纳税人向主管税务机关自行申报缴纳。

纳税人以不动产投资的，以不动产所在地税务机关为主管税务机关；纳税人以其持有的企业股权对外投资的，以该企业所在地税务机关为主管税务机关；纳税人以其他非货币资产投资的，以被投资企业所在地税务机关为主管税务机关。

纳税人非货币性资产投资应纳税所得额为非货币性资产转让收入减除该资产原值及合理税费后的余额。

非货币性资产原值为纳税人取得该项资产时实际发生的支出。纳税人无法提供完整、准确的非货币性资产原值凭证，不能正确计算非货币性资产原值的，主管税务机关可依法核定其非货币性资产原值。

合理税费是指纳税人在非货币性资产投资过程中发生的与资产转移相关的税金及合理费用。

纳税人以股权投资的，该股权原值确认等相关问题依照《股权转让所得个人所得税管理办法（试行）》（国家税务总局公告2014年第67号发布）有关规定执行。

纳税人非货币性资产投资需要分期缴纳个人所得税的，应于取得被投资企业股权之日的次月15日内，自行制订缴税计划并向主管税务机关报送《非货币性资产投资分期缴纳个人所得税备案表》、纳税人身份证明、投资协议、非货币性资产评估价格证明材料、能够证明非货币性资产原值及合理税费的相关资料。

2015年4月1日之前发生的非货币性资产投资，期限未超过5年，尚未进行税收处理且需要分期缴纳个人所得税的,纳税人应于 30 日内向主管税务机关办理分期缴税备案手续。

纳税人分期缴税期间提出变更原分期缴税计划的,应重新制订分期缴税计划并向主管税务机关重新报送《非货币性资产投资分期缴纳个人所得税备案表》。

纳税人按分期缴税计划向主管税务机关办理纳税申报时,应提供已在主管税务机关备案的《非货币性资产投资分期缴纳个人所得税备案表》和本期之前各期已缴纳个人所得税的完税凭证。

纳税人在分期缴税期间转让股权的,应于转让股权之日的次月 15 日内向主管税务机关申报纳税。

被投资企业应将纳税人以非货币性资产投入本企业取得股权和分期缴税期间纳税人股权变动情况,分别于相关事项发生后 15 日内向主管税务机关报告,并协助税务机关执行公务。

纳税人和被投资企业未按规定备案、缴税和报送资料的,按照《税收征收管理法》及有关规定处理。

个人技术投资的税收优惠政策有哪些

个人以技术成果投资入股到境内居民企业,被投资企业支付的对价全部为股票(权)的,个人可选择继续按现行有关税收政策执行,也可选择适用递延纳税优惠政策。选择技术成果投资入股递延纳税政策的,经向主管税务机关备案,投资入股当期可暂不纳税,允许递延至转让股权时,按股权转让收入减去技术成果原值和合理税费后的差额计算缴纳所得税。个人选择适用上述任一项政策,均允许被投资企业按技术成果投资入股时的评估值入账并在企业所得税前摊销扣除。

五、"大众创业、万众创新"税费优惠政策

推进大众创业、万众创新,是发展的动力之源,也是富民之道、公平之计、强国之策。近年来,大众创业、万众创新持续向更大范围、更高层次和更深程度推进,创新创业与经济社会发展深度融合,对推动新旧动能转换和经济结构升级、扩大就业和改善民生、营造公平营商环境和创新社会氛围发挥了重要作用。

2022年,党中央、国务院根据经济发展形势出台了新的组合式税费支持政策后,国家税务总局围绕创新创业的主要环节和关键领域进一步梳理归并成120项税费优惠政策措施,覆盖企业整个生命周期。

企业初创期的税费优惠政策有哪些

企业初创期,除了普惠式税收优惠,符合条件的增值税小规模纳税人、小型微利企业、个体工商户,特殊群体创业或者吸纳特殊群体就业(高校毕业生、失业人员、退役士兵、军转干部、随军家属、残疾人、回国服务的在外留学人员、长期来华定居专家等)还能享受特殊的税费优惠。同时,国家还对扶持企业成长的科技企业孵化器、大学科技园等创业就业平台,创投企业、金融机构、企业和个人等给予税收优惠,充分发挥集聚效应,给予企业金融支持。具体包括以下内容。

1. 小微企业税费优惠

(1)小微企业增值税期末留抵退税。

(2)符合条件的增值税小规模纳税人免征增值税。

(3)增值税小规模纳税人阶段性免征增值税。

(4)小型微利企业减免企业所得税。

(5)个体工商户应纳税所得不超过100万元部分个人所得税减半征收。

(6)增值税小规模纳税人减征地方"六税两费"。

(7)小型微利企业减征地方"六税两费"。

（8）个体工商户减征地方"六税两费"。

（9）制造业中小微企业延缓缴纳部分税费。

（10）中小微企业购置设备器具按一定比例一次性税前扣除。

（11）个体工商户阶段性缓缴企业社会保险费政策。

（12）符合条件的企业暂免征收残疾人就业保障金。

（13）符合条件的缴纳义务人免征有关政府性基金。

（14）符合条件的企业减征残疾人就业保障金。

（15）符合条件的缴纳义务人减征文化事业建设费。

（16）符合条件的增值税小规模纳税人免征文化事业建设费。

2. 重点群体创业就业税费优惠

（1）重点群体创业税费扣减。

（2）吸纳重点群体就业税费扣减。

（3）退役士兵创业税费扣减。

（4）吸纳退役士兵就业税费扣减。

（5）随军家属创业免征增值税。

（6）随军家属创业免征个人所得税。

（7）安置随军家属就业的企业免征增值税。

（8）军队转业干部创业免征增值税。

（9）自主择业的军队转业干部免征个人所得税。

（10）安置军队转业干部就业的企业免征增值税。

（11）残疾人创业免征增值税。

（12）安置残疾人就业的单位和个体工商户增值税即征即退。

（13）特殊教育校办企业安置残疾人就业增值税即征即退。

（14）安置残疾人就业的企业残疾人工资加计扣除。

（15）安置残疾人就业的单位减免城镇土地使用税。

（16）长期来华定居专家进口自用小汽车免征车辆购置税。

（17）回国服务的在外留学人员购买自用国产小汽车免征车辆购置税。

3. 创业就业平台税收优惠

（1）科技企业孵化器和众创空间免征增值税。

（2）科技企业孵化器和众创空间免征房产税。

（3）科技企业孵化器和众创空间免征城镇土地使用税。

（4）大学科技园免征增值税。

（5）大学科技园免征房产税。

（6）大学科技园免征城镇土地使用税。

4. 创业投资税收优惠

（1）创投企业投资未上市的中小高新技术企业按比例抵扣应纳税所得额。

（2）有限合伙制创业投资企业法人合伙人投资未上市的中小高新技术企业按比例抵扣应纳税所得额。

（3）公司制创业投资企业投资初创科技型企业抵扣应纳税所得额。

（4）有限合伙制创投企业法人合伙人投资初创科技型企业抵扣从合伙企业分得的所得。

（5）有限合伙制创投企业个人合伙人投资初创科技型企业抵扣从合伙企业分得的经营所得。

（6）天使投资个人投资初创科技型企业抵扣应纳税所得额。

（7）创业投资企业灵活选择个人合伙人所得税核算方式。

（8）中关村国家自主创新示范区试行公司型创业投资企业所得税优惠政策。

（9）中国（上海）自由贸易试验区临港新片区内重点产业减征企业所得税。

（10）上海市浦东新区特定区域内公司型创业投资企业所得税试点政策。

5. 金融支持税收优惠

（1）创新企业境内发行存托凭证试点阶段增值税优惠政策。

（2）创新企业境内发行存托凭证试点阶段企业所得税优惠政策。

（3）创新企业境内发行存托凭证试点阶段个人所得税优惠政策。

（4）以非货币性资产对外投资确认的非货币性资产转让所得分期缴纳企业所得税。

（5）以非货币性资产对外投资确认的非货币性资产转让所得分期缴纳个人所得税。

（6）金融机构向小微企业及个体工商户小额贷款利息收入免征增值税。

（7）金融机构农户小额贷款利息收入企业所得税减计收入。

（8）金融企业涉农和中小企业贷款损失准备金税前扣除。

（9）金融企业涉农和中小企业贷款损失税前扣除。

（10）金融机构与小型微型企业签订借款合同免征印花税。

（11）小额贷款公司农户小额贷款利息收入免征增值税。

（12）小额贷款公司农户小额贷款利息收入企业所得税减计收入。

（13）小额贷款公司贷款损失准备金企业所得税税前扣除。

（14）为农户及小型微型企业提供融资担保及再担保业务免征增值税。

（15）中小企业融资（信用）担保机构有关准备金企业所得税税前扣除。

（16）金融机构向农户小额贷款利息收入免征增值税。

（17）农牧保险及相关技术培训业务项目免征增值税。

（18）保险公司为种植业、养殖业提供保险业务取得的保费收入减计企业所得税收入。

（19）个人转让北京证券交易所上市公司股票免征增值税。

（20）投资北京证券交易所上市公司个人所得税优惠政策。

（21）支持基础设施领域不动产投资信托基金（REITs）试点原始权益人企业所得税优惠政策。

（22）支持基础设施领域不动产投资信托基金（REITs）试点项目公司企业所得税优惠政策。

（23）账簿印花税减免。

📖 企业成长期的税费优惠政策有哪些

1. 生活性服务业增值税加计抵减政策

生活性服务业纳税人按照当期可抵扣进项税额加计15%，抵减应纳税额。

2. 研发费用加计扣除政策

（1）研发费用加计扣除。

（2）制造业企业研发费用企业所得税100%加计扣除。

（3）科技型中小企业研发费用企业所得税100%加计扣除。

（4）委托境外研发费用加计扣除。

3. 固定资产加速折旧政策

（1）固定资产加速折旧或一次性扣除。

（2）制造业及部分服务业企业符合条件的仪器、设备加速折旧。

4. 进口科研技术装备用品税收优惠

（1）重大技术装备进口免征增值税。

（2）科学研究机构、技术开发机构、学校等单位进口免征增值税、消费税。

5. 科技成果转化税收优惠

（1）技术转让、技术开发和与之相关的技术咨询、技术服务免征增值税。

（2）技术转让所得减免企业所得税。

（3）中关村国家自主创新示范区特定区域内居民企业技术转让所得减免企业所得税。

6. 科研创新人才税收优惠

（1）科研机构、高等学校股权奖励延期缴纳个人所得税。

（2）高新技术企业技术人员股权奖励分期缴纳个人所得税。

（3）中小高新技术企业向个人股东转增股本分期缴纳个人所得税。

（4）获得非上市公司股票期权、股权期权、限制性股票和股权奖励递延缴纳个人所得税。

（5）获得上市公司股票期权、限制性股票和股权奖励适当延长纳税期限。

（6）企业以及个人以技术成果投资入股递延缴纳所得税。

（7）由国家级、省部级以及国际组织对科技人员颁发的科技奖金免征个人所得税。

（8）职务科技成果转化现金奖励减免个人所得税。

企业成熟期的税费优惠政策有哪些

1. 高新技术类企业和制造业等行业税收优惠

（1）高新技术企业减按15%税率征收企业所得税。

（2）高新技术企业和科技型中小企业亏损结转年限延长至10年。

（3）技术先进型服务企业减按15%税率征收企业所得税。

（4）符合条件的制造业等行业纳税人增值税期末留抵退税。

2. 软件企业税收优惠

（1）软件产品增值税超税负即征即退。

（2）国家鼓励的软件企业定期减免企业所得税。

（3）国家鼓励的重点软件企业减免企业所得税。

（4）软件企业取得即征即退增值税款用于软件产品研发和扩大再生产企业所得税政策。

（5）符合条件的软件企业职工培训费用按实际发生额税前扣除。

（6）企业外购软件缩短折旧或摊销年限。

3. 集成电路企业税收优惠

（1）集成电路重大项目企业增值税留抵税额退税。

（2）集成电路企业退还的增值税期末留抵税额在城市维护建设税、教育费附加和地方教育附加的计税（征）依据中扣除。

（3）承建集成电路重大项目的企业进口新设备可分期缴纳进口增值税。

（4）线宽小于0.8微米的集成电路生产企业定期减免企业所得税。

（5）线宽小于0.25微米的集成电路生产企业定期减免企业所得税。

（6）投资额超过80亿元的集成电路生产企业定期减免企业所得税。

（7）投资额超过150亿元的集成电路生产企业或项目定期减免企业所得税。

（8）国家鼓励的线宽小于28纳米的集成电路生产企业或项目定期减免企业所得税。

（9）国家鼓励的线宽小于65纳米的集成电路生产企业或项目定期减免企业所得税。

（10）国家鼓励的线宽小于130纳米的集成电路生产企业或项目定期减免企业所得税。

（11）国家鼓励的线宽小于130纳米的集成电路生产企业延长亏损结转年限。

（12）国家鼓励的集成电路设计、装备、材料、封装、测试企业定期减免企业所得税。

（13）国家鼓励的重点集成电路设计企业定期减免企业所得税。

（14）集成电路生产企业生产设备缩短折旧年限。

4. 动漫企业税收优惠

（1）销售自主开发生产动漫软件增值税超税负即征即退。

（2）符合条件的动漫设计等服务可选择适用简易计税方法计算缴纳增值税。

（3）动漫软件出口免征增值税。

（4）符合条件的动漫企业可申请享受国家现行鼓励软件产业发展的企业所得税优惠政策。

六、残疾人员税收优惠政策

残疾人员可以享受哪些增值税优惠政策

对安置残疾人的单位和个体工商户（以下称纳税人），实行由税务机关按纳税人安置残疾人的人数，限额即征即退增值税的办法。

安置的每位残疾人每月可退还的增值税具体限额，由县级以上税务机关根据纳税人所在区县（含县级市、旗，下同）适用的经省（含自治区、直辖市、计划单列市，下同）人民政府批准的月最低工资标准的4倍确定。

享受税收优惠政策的条件如下：

（1）纳税人（除盲人按摩机构外）月安置的残疾人占在职职工人数的比例不低于25%（含25%），并且安置的残疾人人数不少于10人（含10人）；盲人按摩机构月安置的残疾人占在职职工人数的比例不低于25%（含25%），并且安置的残疾人人数不少于5人（含5人）。

（2）依法与安置的每位残疾人签订了1年以上（含1年）的劳动合同或服务协议。

（3）为安置的每位残疾人按月足额缴纳了基本养老保险、基本医疗保险、失业保险、工伤保险和生育保险等社会保险。

（4）通过银行等金融机构向安置的每位残疾人，按月支付了不低于纳税人所在区县适用的经省人民政府批准的月最低工资标准的工资。

《财政部　国家税务总局关于教育税收政策的通知》（财税〔2004〕39号）第一条第七项规定的特殊教育学校举办的企业，只要符合上述第一款规定的条件，即可享受上述增值税优惠政策。这类企业在计算残疾人人

> 数时可将在企业上岗工作的特殊教育学校的全日制在校学生计算在内,在计算企业在职职工人数时也要将上述学生计算在内。

纳税人中纳税信用等级为税务机关评定的C级或D级的,不得享受上述政策。

纳税人按照纳税期限向主管国税机关申请退还增值税。本纳税期已交增值税额不足退还的,可在本纳税年度内以前纳税期已交增值税扣除已退增值税的余额中退还,仍不足退还的可结转本纳税年度内以后纳税期退还,但不得结转以后年度退还。纳税期限不为按月的,只能对其符合条件的月份退还增值税。

上述增值税优惠政策仅适用于生产销售货物,提供加工、修理修配劳务,以及提供营改增现代服务和生活服务税目(不含文化体育服务和娱乐服务)范围的服务取得的收入之和,占其增值税收入的比例达到50%的纳税人,但不适用于上述纳税人直接销售外购货物(包括商品批发和零售)以及销售委托加工的货物取得的收入。

纳税人应当分别核算上述享受税收优惠政策和不得享受税收优惠政策业务的销售额,不能分别核算的,不得享受上述优惠政策。

如果既适用促进残疾人就业增值税优惠政策,又适用重点群体、退役士兵、随军家属、军转干部等支持就业的增值税优惠政策的,纳税人可自行选择适用的优惠政策,但不能累加执行。一经选定,36个月内不得变更。

残疾人个人提供的加工、修理修配劳务,免征增值税。

税务机关发现已享受上述增值税优惠政策的纳税人,存在不符合规定条件,或者采用伪造或重复使用残疾人证、残疾军人证等手段骗取上述增值税优惠的,应将纳税人发生上述违法违规行为的纳税期内按已享受到的退税全额追缴入库,并自发现当月起36个月内停止其享受上述各项税收优惠。

残疾人员享受增值税优惠政策的有关定义如下:

(1)残疾人,是指法定劳动年龄内,持有《中华人民共和国残疾人证》或者《中华人民共和国残疾军人证》(1至8级)的自然人,包括具有劳动条件和劳动意愿的精神残疾人。

（2）残疾人个人，是指自然人。

（3）在职职工人数，是指与纳税人建立劳动关系并依法签订劳动合同或者服务协议的雇员人数。

（4）特殊教育学校举办的企业，是指特殊教育学校主要为在校学生提供实习场所、并由学校出资自办、由学校负责经营管理、经营收入全部归学校所有的企业。

促进残疾人就业增值税优惠政策管理办法的主要内容是什么

纳税人享受安置残疾人增值税即征即退优惠政策，适用下列规定。

上述所指纳税人，是指安置残疾人的单位和个体工商户。

纳税人首次申请享受税收优惠政策，应向主管税务机关提供以下备案资料：①《税务资格备案表》。②安置的残疾人的《中华人民共和国残疾人证》或者《中华人民共和国残疾军人证（1至8级）》复印件，注明与原件一致，并逐页加盖公章。安置精神残疾人的，提供精神残疾人同意就业的书面声明以及其法定监护人签字或印章的证明精神残疾人具有劳动条件和劳动意愿的书面材料。③安置的残疾人的身份证明复印件，注明与原件一致，并逐页加盖公章。

主管税务机关受理备案后，应将全部《中华人民共和国残疾人证》或者《中华人民共和国残疾军人证》（1至8级）信息以及所安置残疾人的身份证明信息录入征管系统。

纳税人提供的备案资料发生变化的，应于发生变化之日起15日内就变化情况向主管税务机关办理备案。

纳税人申请退还增值税时，需报送如下资料：①《退（抵）税申请审批表》；②《安置残疾人纳税人申请增值税退税声明》；③当期为残疾人缴纳社会保险费凭证的复印件及由纳税人加盖公章确认的注明缴纳人员、缴纳金额、缴纳期间的明细表；④当期由银行等金融机构或纳税人加盖公章的按月为残疾人支付工资的清单。

特殊教育学校举办的企业，申请退还增值税时，不提供资料③和资料④。

纳税人申请享受税收优惠政策，应对报送资料的真实性和合法性承担法律责任。主管税务机关对纳税人提供资料的完整性和增值税退税额计算的准确性进行审核。

主管税务机关受理退税申请后，查询纳税人的纳税信用等级，对符合信用条件的，审核计算应退增值税额，并按规定办理退税。

纳税人本期应退增值税额按以下公式计算：

本期应退增值税额＝本期所含月份每月应退增值税额之和

月应退增值税额＝纳税人本月安置残疾人员人数 × 本月最低工资标准的 4 倍

月最低工资标准，是指纳税人所在区县（含县级市、旗）适用的经省（含自治区、直辖市、计划单列市）人民政府批准的月最低工资标准。

纳税人本期已缴增值税额小于本期应退税额不足退还的，可在本年度内以前纳税期已缴增值税额扣除已退增值税额的余额中退还，仍不足退还的可结转本年度内以后纳税期退还。年度已缴增值税额小于或等于年度应退税额的，退税额为年度已缴增值税额；年度已缴增值税额大于年度应退税额的，退税额为年度应退税额。年度已缴增值税额不足退还的，不得结转以后年度退还。

纳税人新安置的残疾人从签订劳动合同并缴纳社会保险的次月起计算，其他职工从录用的次月起计算；安置的残疾人和其他职工减少的，从减少当月计算。

主管税务机关应于每年 2 月底之前，在其网站或办税服务厅，将本地区上一年度享受安置残疾人增值税优惠政策的纳税人信息，按下列项目予以公示：纳税人名称、纳税人识别号、法人代表、计算退税的残疾人职工人次等。

享受促进残疾人就业增值税优惠政策的纳税人，对能证明或印证符合政策规定条件的相关材料负有留存备查义务。纳税人在税务机关后续管理中不能提供相关材料的，不得继续享受优惠政策。税务机关应追缴其相应纳税期内已享受的增值税退税，并依照《税收征收管理法》及其实施细则的有关规定处理。

各地税务机关要加强税收优惠政策落实情况的后续管理，对纳税人进行定期或不定期检查。检查发现纳税人不符合财税〔2016〕52 号文件规定的，按有关规定予以处理。

各省、自治区、直辖市和计划单列市税务局，应定期或不定期在征管系统中对残疾人信息进行比对，发现异常的，按相关规定处理。

📖 残疾人员可以享受哪些个人所得税优惠政策

有下列情形之一的，可以减征个人所得税，具体幅度和期限，由省、自治区、直辖市人民政府规定，并报同级人民代表大会常务委员会备案：

（1）残疾、孤老人员和烈属的所得。

（2）因自然灾害遭受重大损失的。

七、居民换购住房税收优惠政策

📖 居民换购住房可以享受哪些个人所得税优惠政策

自 2022 年 10 月 1 日至 2023 年 12 月 31 日，对出售自有住房并在现住房出售后 1 年内在市场重新购买住房的纳税人，对其出售现住房已缴纳的个人所得税予以退税优惠。其中，新购住房金额大于或等于现住房转让金额的，全部退还已缴纳的个人所得税；新购住房金额小于现住房转让金额的，按新购住房金额占现住房转让金额的比例退还出售现住房已缴纳的个人所得税。

上述所称现住房转让金额为该房屋转让的市场成交价格。新购住房为新房的，购房金额为纳税人在住房城乡建设部门网签备案的购房合同中注明的成交价格；新购住房为二手房的，购房金额为房屋的成交价格。

享受上述优惠政策的纳税人须同时满足以下条件：

（1）纳税人出售和重新购买的住房应在同一城市范围内。同一城市范围是指同一直辖市、副省级城市、地级市（地区、州、盟）所辖全部行政区划范围。

（2）出售自有住房的纳税人与新购住房之间须直接相关，应为新购住房产权人或产权人之一。

符合退税优惠政策条件的纳税人应向主管税务机关提供合法、有效的售房、购房合同和主管税务机关要求提供的其他有关材料，经主管税务机关审核后办理退税。

各级住房城乡建设部门应与税务部门建立信息共享机制，将本地区房屋交易合同网签备案等信息（含撤销备案信息）实时共享至当地税务部门；暂未实现信息实时共享的地区，要建立健全工作机制，确保税务部门及时获取审核退税所需的房屋交易合同备案信息。

📖 居民换购住房个人所得税优惠政策的管理规定有哪些

自 2022 年 10 月 1 日至 2023 年 12 月 31 日，纳税人出售自有住房并在现住房出售后1年内,在同一城市重新购买住房的,可按规定申请退还其出售现住房已缴纳的个人所得税。

纳税人换购住房个人所得税退税额的计算方法如下:①新购住房金额大于或等于现住房转让金额的,退税金额等于现住房转让时缴纳的个人所得税。②新购住房金额小于现住房转让金额的,退税金额等于新购住房金额除以现住房转让金额再乘以现住房转让时缴纳的个人所得税。

现住房转让金额和新购住房金额与核定计税价格不一致的,以核定计税价格为准。

现住房转让金额和新购住房金额均不含增值税。

对于出售多人共有住房或新购住房为多人共有的,应按照纳税人所占产权份额确定该纳税人现住房转让金额或新购住房金额。

出售现住房的时间,以纳税人出售住房时个人所得税完税时间为准。新购住房为二手房的,购买住房时间以纳税人购房时契税的完税时间或不动产权证载明的登记时间为准;新购住房为新房的,购买住房时间以在住房城乡建设部门办理房屋交易合同备案的时间为准。

纳税人申请享受居民换购住房个人所得税退税政策的,应当依法缴纳现住房转让时涉及的个人所得税,并完成不动产权属变更登记;新购住房为二手房的,应当依法缴纳契税并完成不动产权属变更登记;新购住房为新房的,应当按照当地住房城乡建设部门要求完成房屋交易合同备案。

纳税人享受居民换购住房个人所得税退税政策的,应当向征收现住房转让所得个人所得税的主管税务机关提出申请,填报《居民换购住房个人所得税退税申请表》,并应提供下列资料:①纳税人身份证件;②现住房的房屋交易合同;③新购住房为二手房的,提供房屋交易合同、不动产权证书及其复印件;④新购住房为新房的,提供经住房城乡建设部门备案(网签)的房屋交易合同及其复印件。

税务机关依托纳税人出售现住房和新购住房的完税信息,为纳税人提供申请表项目预填服务,并留存不动产权证书复印件和新购新房的房屋交易合同复印件;纳税人核对确认申请表后提交退税申请。

税务机关运用住房城乡建设部门共享的房屋交易合同备案等信息开展退税审核。经审核符合退税条件的,按照规定办理退税;经审核不符合退税条件的，依法不予退税。

纳税人因新购住房的房屋交易合同解除、撤销或无效等原因而不再符合退税政策享受条件的，应当在合同解除、撤销或无效等情形发生的次月 15 日内向主管税务机关主动缴回已退税款。

友 情 提 示

纳税人符合上述情形但未按规定缴回已退税款，以及不符合规定条件骗取退税的，税务机关将依照《税收征收管理法》及其实施细则等有关规定处理。

各级税务机关要开展宣传引导，加强政策解读和纳税辅导，持续优化办理流程，开展提示提醒，便利纳税人享受税收优惠。

第十部分
轻松掌握个人综合所得纳税筹划实用技巧

您知道如何通过充分利用企业年金与商业健康保险来节税吗？您知道如何通过灵活运用子女教育与大病医疗专项附加扣除来节税吗？您知道如何通过灵活运用赡养老人专项附加扣除来节税吗？您知道如何通过充分利用短期非居民个人与短期居民个人的税收优惠政策来进行节税吗？您知道如何通过平均发放工资与充分利用外籍人员的各项免税补贴来进行节税吗？您知道如何通过将工资转化为职工福利与充分利用公益慈善事业捐赠来进行节税吗？您知道如何通过充分利用年终奖与股票期权所得单独计税优惠政策来进行节税吗？您知道如何降低取得劳动报酬的数量来进行节税吗？您知道如何将稿酬与特许权使用费所得多分次数来进行节税吗？本部分将为您回答这些问题。

一、充分利用企业年金与商业健康保险

纳税筹划思路

根据《财政部 人力资源社会保障部 国家税务总局关于企业年金 职业年金个人所得税有关问题的通知》（财税〔2013〕103号）的规定，企业和事业单位根据国家有关政策规定的办法和标准，为在本单位任职或者受雇的全

体职工缴付的企业年金或职业年金单位缴费部分,在计入个人账户时,个人暂不缴纳个人所得税。个人根据国家有关政策规定缴付的年金个人缴费部分,在不超过本人缴费工资计税基数的4%标准内的部分,暂从个人当期的应纳税所得额中扣除。目前事业单位强制设立职业年金,而企业年金的设立是自愿的,广大企业可以充分利用这一优惠,帮助员工减轻个人所得税负担。

根据《财政部 税务总局 保监会关于将商业健康保险个人所得税试点政策推广到全国范围实施的通知》(财税〔2017〕39号)的规定,自2017年7月1日起,对个人购买符合规定的商业健康保险产品的支出,允许在当年(月)计算应纳税所得额时予以税前扣除,扣除限额为2 400元/年(200元/月)。单位统一为员工购买符合规定的商业健康保险产品的支出,应分别计入员工个人工资薪金,视同个人购买,按上述限额予以扣除。2 400元/年(200元/月)的限额扣除为《个人所得税法》规定减除费用标准之外的扣除。企业为员工统一购买商业健康保险既是为员工提供的福利,也可以起到节税的作用。

例 10-1 甲公司共有员工1万余人,人均年薪20万元,人均年个人所得税税前扣除标准为12万元,人均年应纳税所得额为8万元,人均年应纳个人所得税5 480元(80 000×10% − 2 520)。

节税方案1: 如果甲公司为全体员工设立企业年金,员工人均年缴费8 000元(200 000×4%),符合税法规定,可以税前扣除。由此,人均年应纳个人所得税4 680元[(80 000 − 8 000)×10% − 2 520]。人均节税800元(5 480 − 4 680)。甲公司全体员工年节税800万元(800×1)。

节税方案2: 如果甲公司从员工的应发工资中为全体员工统一购买符合税法规定的商业健康保险,员工人均年缴费2 400元,可以税前扣除。由此,人均年应纳个人所得税5 240元[(80 000 − 2 400)×10% − 2 520]。人均节税240元(5 480 − 5 240)。甲公司全体员工年节税240万元(240×1)。

二、灵活运用子女教育与大病医疗专项附加扣除

📖 纳税筹划思路

根据《个人所得税专项附加扣除暂行办法》的规定，纳税人的子女接受全日制学历教育的相关支出，按照每个子女每月 1 000 元的标准定额扣除。学历教育包括义务教育（小学、初中教育）、高中阶段教育（普通高中、中等职业、技工教育）、高等教育（大学专科、大学本科、硕士研究生、博士研究生教育）。年满 3 岁至小学入学前处于学前教育阶段的子女，按上述规定执行。父母可以选择由其中一方按扣除标准的 100% 扣除，也可以选择由双方分别按扣除标准的 50% 扣除，具体扣除方式在一个纳税年度内不能变更。凡是家庭中有 3 岁至 28 岁接受教育的子女，应积极申报。如果夫妻二人均需要缴纳个人所得税，子女教育扣除应由税率高的一方全额申报，税率低的一方不申报。

根据《个人所得税专项附加扣除暂行办法》的规定，在一个纳税年度内，纳税人发生的与基本医保相关的医药费用支出，扣除医保报销后个人负担（指医保目录范围内的自付部分）累计超过 15 000 元的部分，由纳税人在办理年度汇算清缴时，在 80 000 元限额内据实扣除。纳税人发生的医药费用支出可以选择由本人或者其配偶扣除；未成年子女发生的医药费用支出可以选择由其父母一方扣除。纳税人及其配偶、未成年子女发生的医药费用支出，按上述规定分别计算扣除额。纳税人发生符合上述规定的医疗费时，应积极申报扣除。对纳税人未成年子女发生的符合上述规定的医疗费，应由税率最高的父母一方申报扣除。

例 10-2 张先生和张太太有一儿一女，儿子读小学一年级，女儿读小学六年级。2022 年度，张先生的应纳税所得额为 10 万元（尚未考虑子女教育专项附加扣除），张太太的应纳税所得额为 3 万元（尚未考虑子女教育专项附

加扣除）。如果张先生与张太太因疏忽而忘记申报子女教育专项附加扣除，则 2022 年度张先生应纳个人所得税 7 480 元（100 000×10% — 2 520）；张太太应纳个人所得税 900 元（30 000×3%）。

节税方案：如果由张太太申报两个子女的教育专项附加扣除 2.4 万元，则 2022 年度张先生应纳个人所得税 7 480 元（100 000×10% — 2 520）；张太太应纳个人所得税 180 元［（30 000 — 24 000）×3%］。节税 720 元（900 — 180）。

如果由张先生和张太太各申报一个子女的教育专项附加扣除 1.2 万元，则 2022 年度张先生应纳个人所得税 6 280 元［（100 000 — 12 000）×10% — 2 520］；张太太应纳个人所得税 540 元［（30 000 — 12 000）×3%］。节税 1 560 元（7 480 — 6 280 + 900 — 540）。

如果由张先生申报两个子女的教育专项附加扣除 2.4 万元，则 2022 年度，张先生应纳个人所得税 5 080 元［（100 000 — 24 000）×10% — 2 520］；张太太应纳个人所得税 900 元（30 000×3%）。节税 2 400 元（7 480 — 5 080）。

例 10-3 王先生和王太太 2022 年喜添千金，但因女儿有先天性疾病，当年花费医疗费 100 万元，全部自负，王先生和王太太本人当年并未产生自负医疗费。2022 年度，王先生的应纳税所得额为 10 万元（尚未考虑大病医疗专项附加扣除），王太太的应纳税所得额为 3 万元（尚未考虑大病医疗专项附加扣除）。如果王先生与王太太因疏忽而忘记申报大病医疗专项附加扣除，则 2022 年度王先生应纳个人所得税 7 480 元（100 000×10% — 2 520）；王太太应纳个人所得税 900 元（30 000×3%）。

节税方案：如果由王太太申报大病医疗专项附加扣除 8 万元，则 2022 年度王先生应纳个人所得税 7 480 元（100 000×10% — 2 520）；王太太应纳个人所得税 0。节税 900 元。

如果由王先生申报大病医疗专项附加扣除 8 万元，则 2022 年度王先生应纳个人所得税 600 元［（100 000 — 80 000）×3%］；王太太应纳个人所得税 900 元（30 000×3%）。节税 6 880 元（7 480 — 600）。

三、灵活运用赡养老人专项附加扣除

  📖 **纳税筹划思路**

  根据《个人所得税专项附加扣除暂行办法》的规定，纳税人赡养一位及以上被赡养人的赡养支出，统一按照以下标准定额扣除：①纳税人为独生子女的，按照每月2 000元的标准定额扣除；②纳税人为非独生子女的，由其与兄弟姐妹分摊每月2 000元的扣除额度，每人分摊的额度不能超过每月1 000元。可以由赡养人均摊或者约定分摊，也可以由被赡养人指定分摊。约定或者指定分摊的须签订书面分摊协议，指定分摊优先于约定分摊。具体分摊方式和额度在一个纳税年度内不能变更。被赡养人是指年满60岁的父母，以及子女均已去世的年满60岁的祖父母、外祖父母。凡是有60岁以上被赡养人的纳税人均应积极申报赡养老人专项附加扣除。对多兄弟姐妹而言，应由税率最高的两位分别申报1 000元。

  例10-4 秦先生和秦女士均年满60岁，其三个子女分别为秦一、秦二和秦三。2022年度，秦一的应纳税所得额为10万元，秦二的应纳税所得额为3万元，秦三的应纳税所得额为0，以上数额均未考虑赡养老人专项附加扣除。如果三位子女因疏忽未申报赡养老人专项附加扣除，则2022年度，秦一应纳个人所得税7 480元（100 000×10%－2 520）；秦二应纳个人所得税900元（30 000×3%）；秦三应纳个人所得税0。

  节税方案：如果由秦二一人申报赡养老人专项附加扣除1.2万元，则2022年度秦一应纳个人所得税7 480元（100 000×10%－2 520）；秦二应纳个人所得税540元〔（30 000－12 000）×3%〕；秦三应纳个人所得税0。节税360元（900－540）。

  如果由秦一一人申报赡养老人专项附加扣除1.2万元，则2022年度秦一应纳个人所得税6 280元〔（100 000－12 000）×10%－2 520〕；秦二应纳个人所得税900元（30 000×3%）；秦三应纳个人所得税0。节税1 200元（7 480－6 280）。

如果由秦一和秦二各申报赡养老人专项附加扣除1.2万元，则2022年度，秦一应纳个人所得税6 280元［（100 000－12 000）×10%－2 520］；秦二应纳个人所得税540元［（30 000－12 000）×3%］；秦三应纳个人所得税0。节税1 560元（7 480－6 280＋900－540）。

四、充分利用短期非居民个人与短期居民个人的税收优惠政策

📖 纳税筹划思路

根据《个人所得税法实施条例》第五条的规定,在中国境内无住所的个人,在一个纳税年度内在中国境内居住累计不超过90天的,其来源于中国境内的所得,由境外雇主支付并且不由该雇主在中国境内的机构、场所负担的部分,免予缴纳个人所得税。如果境外个人在境外的税负比较轻,在条件允许时,可以将在中国境内累计居住天数控制在90天以内,从而享受部分所得免予在中国纳税的优惠。

根据《个人所得税法实施条例》第四条的规定,在中国境内无住所的个人,在中国境内居住累计满183天的年度连续不满6年的,经向主管税务机关备案,其来源于中国境外且由境外单位或者个人支付的所得,免予缴纳个人所得税;在中国境内居住累计满183天的任一年度中有一次离境超过30天的,其在中国境内居住累计满183天的年度的连续年限重新起算。对于短期来华人员,如果每年停留时间均超过183天,则应充分利用短期居民个人的税收优惠,在第6年一次离境达到31天即可永远保持短期居民个人的身份。

根据《财政部 税务总局关于在中国境内无住所的个人居住时间判定标准的公告》(财政部 税务总局公告2019年第34号)第二条的规定,无住所个人一个纳税年度内在中国境内累计居住天数,按照个人在中国境内累计停留的天数计算。在中国境内停留的当天满24小时的,计入中国境内居住天数,在中国境内停留的当天不足24小时的,不计入中国境内居住天数。根据上述制度,

运用多次离境的方式就可以降低在中国境内居住的天数。

例 10-5　李女士为香港永久居民，就职于香港甲公司。2023 年度，甲公司计划安排李女士在深圳的代表处工作 180 天（6 个月）。李女士 2023 年度每月工资为 2 万元，6 个月的工资总额为 12 万元，其在香港可以享受的各项扣除比较多，税负接近 0。如果不进行筹划，李女士来源于内地的 6 个月的工资需要在内地纳税。每月应纳个人所得税 1 590 元〔（20 000 − 5 000）×20% − 1 410〕；6 个月合计应纳个人所得税 9 540 元（1 590×6）。

节税方案：甲公司可以选派两位员工轮流到深圳工作，每人工作 90 天，每月工资均为 2 万元。由此可以享受短期非居民个人的税收优惠，即该两位员工在深圳工作期间取得的工资，不需要在深圳缴纳个人所得税。由此，可以为两位员工节税 9 540 元。

例 10-6　赵先生为香港永久居民，在深圳创办了甲公司，每年在内地停留时间约 360 天。自 2019 年度起，他每年在内地的应纳税所得额约 50 万元，香港年房租收入 120 万元。如果不进行筹划，自 2019 年度起，赵先生来自香港的房租收入可以免税 5 年；自第 6 年起，赵先生来自香港的租金收入需要在内地缴纳个人所得税，每月应纳个人所得税 16 000 元〔100 000×（1 − 20%）×20%〕，全年应纳个人所得税 192 000 元（16 000×12）。如果赵先生在香港已经就该 120 万元的租金收入缴纳了个人所得税，可以从上述 19.2 万元的应纳税额中扣除。假设赵先生在香港实际纳税 10 万元，则赵先生还应在内地补税 9.2 万元。

节税方案：如果赵先生在自 2019 年起的每个第 6 年离开内地 31 天，则赵先生可以永远保持短期居民个人的身份，其来自香港的每年 120 万元的租金收入可以免予在内地纳税，每年可以节税 9.2 万元。

例 10-7　马先生是香港永久居民，就职于香港甲公司。甲公司在深圳设立了分公司，需要派驻一位经理。公司原计划在深圳为马先生租赁一套公寓，预计 2023 年度马先生在深圳停留的天数约 200 天。马先生将成为内地居民纳税人。

节税方案：如果马先生能增加回香港的天数，将 2023 年度在内地停留的天数降低为 182 天，就可以非居民个人的身份在内地缴纳个人所得税。

如果马先生能够几乎天天回香港，即工作在深圳，但居住在香港，只是偶尔居住在深圳，将 2023 年度在内地停留的天数降低为 90 天，就可以不在内地缴纳个人所得税，仅仅在香港缴纳相关税费。

五、平均发放工资与充分利用外籍人员的各项免税补贴

📖 纳税筹划思路

根据《个人所得税法》第二条的规定,非居民个人取得工资、薪金所得,劳务报酬所得,稿酬所得,特许权使用费所得,按月或者按次分项计算个人所得税。工资、薪金所得适用超额累进税率,如果某个月的工资过高,则会适用较高的税率,从而增加税收负担,只有平均发放工资,才能实现最低的税负。

根据《财政部 国家税务总局关于个人所得税若干政策问题的通知》(财税〔1994〕020号)的规定,下列所得,暂免征收个人所得税:①外籍个人以非现金形式或实报实销形式取得的住房补贴、伙食补贴、搬迁费、洗衣费;②外籍个人按合理标准取得的境内、外出差补贴;③外籍个人取得的探亲费、语言训练费、子女教育费等,经当地税务机关审核批准为合理的部分;④外籍个人从外商投资企业取得的股息、红利所得。

上述住房补贴、语言训练费、子女教育费津补贴,自2019年1月1日至2023年12月31日,根据《财政部 税务总局关于个人所得税法修改后有关优惠政策衔接问题的通知》(财税〔2018〕164号)第七条以及《财政部 税务总局关于延续实施外籍个人津补贴等有关个人所得税优惠政策的公告》(财政部 税务总局公告2021年第43号)的规定,外籍个人符合居民个人条件的,可以选择享受个人所得税专项附加扣除,也可以选择按照《财政部 国家税务总局关于个人所得税若干政策问题的通知》(财税〔1994〕20号)、《国家税务总局关于外籍个人取得有关补贴征免个人所得税执行问题的通知》(国税发〔1997〕54号)和《财政部 国家税务总局关于外籍个人取得港澳地区住房等补贴征免个人所得税的通知》(财税〔2004〕29号)

规定，享受免税优惠政策，但不得同时享受。外籍个人一经选择，在一个纳税年度内不得变更。自2024年1月1日起，外籍个人不再享受住房补贴、语言训练费、子女教育费津补贴免税优惠政策，应按规定享受专项附加扣除。

对于外籍个人而言，应综合考量专项附加扣除与各项免税补贴之间的关系，选择可以最大减轻税收负担的扣除方式。

例10-8 刘女士为外籍人士，属于中国非居民个人。因工作需要，刘女士每年在中国停留4个月，领取4个月的工资。公司原计划按工作绩效发工资，假设2023年领取的4个月工资分别为3 000元、6 000元、4 000元和20 000元，总额为33 000元，刘女士2023年度在中国应纳个人所得税1 620元［（6 000－5 000）×3%＋（20 000－5 000）×20%－1 410］。

节税方案：如果刘女士预先估计4个月的工资总额在3万元左右，可以先按平均数发放，最后一个月汇总计算，即前3个月工资按照8 000元发放，第4个月按照9 000元（33 000－8 000×3）发放，则刘女士2023年度在中国应纳个人所得税460元［（8 000－5 000）×3%×3＋（9 000－5 000）×10%－210］。节税1 160元（1 620－460）。

例10-9 孙先生为外籍人士（非独生子女），因工作需要，长期在中国境内居住。2023年度，按税法规定他可以享受免税优惠的各项补贴总额为8万元。孙先生目前可以享受的专项附加扣除为两个子女的教育费和一位老人的赡养费。

节税方案：如果孙先生选择居民纳税人的专项附加扣除，则扣除总额为36 000元（1 000×12×2＋1 000×12）；如果孙先生选择免税补贴优惠，则扣除总额为8万元，可以多扣除44 000元（80 000－36 000）。如果孙先生综合所得适用的最高税率为20%，则每年最高可以节税8 800元（44 000×20%）。

六、将工资转化为职工福利与充分利用公益慈善事业捐赠

📖 纳税筹划思路

工资与职工福利的使用范围存在一定程度的重合，如员工取得工资后需要支付的交通费、通信费、餐饮费、房租以及部分设备购置费等均可以由公司来提供，公司在为员工提供上述福利以后，可以相应减少其应发的工资，由此，不仅可以为员工节税，还可以为公司节省社保费的支出。

根据《个人所得税法》的规定，个人将其所得对教育、扶贫、济困等公益慈善事业进行捐赠，捐赠额未超过纳税人申报的应纳税所得额30%的部分，可以从其应纳税所得额中扣除；国务院规定对公益慈善事业捐赠实行全额税前扣除的，从其规定。根据《财政部 国家税务总局关于企业等社会力量向红十字事业捐赠有关所得税政策问题的通知》（财税〔2000〕30号）的规定，个人通过非营利性的社会团体和国家机关（包括中国红十字会）向红十字事业的捐赠，在计算缴纳个人所得税时准予全额扣除。利用公益慈善事业捐赠进行纳税筹划应注意3个问题：第一，通过有资格接受捐赠的组织进行公益捐赠，不能直接向受赠者捐赠，否则，无法税前扣除；第二，一般公益捐赠的税前扣除具有限额，特殊公益捐赠的税前扣除没有限额，尽量选择可以全额税前扣除的项目；第三，在个人需要纳税的年度进行公益捐赠可以起抵税的作用，如个人在某个年度不需要纳税，公益捐赠无法起到抵税的作用。

例10-10 甲公司共有员工1万余人，目前没有给员工提供任何职工福利。该公司员工的年薪比同行业其他公司略高，平均为20万元。其中，税法允许的税前扣除额人均约13万元，人均应纳税所得额为7万元。人均应纳税额为4 480元（70 000×10% − 2 520）。

节税方案： 甲公司可充分利用税法规定的职工福利费、职工教育经费等，为职工提供上下班交通工具、三顿工作餐、工作手机及相应通信费、工作电脑、职工宿舍、职工培训费、差旅补贴等选项由每位职工根据自身需求选用。选用公司福利的员工，其工资适当调低，以弥补公司提供上述福利的成本。假设通过上述方式，该公司50%的员工年薪由此降低1万元，则人均应纳税额为3 480元（60 000×10%－2 520）。人均节税1 000元（4 480－3 480）。5 000名员工节税总额为500万元。假设甲公司为员工缴纳"五险一金"的比例为工资总额的30%，则该项筹划为甲公司节约"五险一金"费用1 500万元（1×5 000×30%）。

例10-11 李先生为某地企业家，为提高自身形象与知名度，他决定以个人名义长期开展一些公益捐赠。假设李先生每年综合所得应纳税所得额为1 000万元，某筹划公司为李先生设计了3种筹划方案：方案一，每年直接向若干所希望小学捐赠500万元；方案二，通过某地民政局向贫困地区每年捐赠500万元；方案三，每年向中国红十字会捐赠500万元。如果不进行公益捐赠，李先生综合所得每年应纳税额为431.81万元（1 000×45%－18.19）。

节税方案：

如果按照方案一进行公益捐赠，李先生综合所得每年应纳税额与上述情形相同，即无法税前扣除，公益捐赠起不到抵税的作用。

如果按照方案二进行公益捐赠，李先生综合所得每年应纳税额为296.81万元[（1 000－1 000×30%）×45%－18.19]，可节税135万元（431.81－296.81）。

如果按照方案三进行公益捐赠，李先生综合所得每年应纳税额为206.81万元[（1 000－500）×45%－18.19]，可节税225万元（431.81－206.81）。

七、充分利用年终奖与股票期权所得单独计税优惠政策

📖 纳税筹划思路

根据《财政部 税务总局关于个人所得税法修改后有关优惠政策衔接问题的通知》（财税〔2018〕164号）和《财政部 税务总局关于延续实施全年一次性奖金等个人所得税优惠政策的公告》（财政部 税务总局公告2021年第42号）的规定，居民个人取得全年一次性奖金，在2023年12月31日前，不并入当年综合所得，以全年一次性奖金收入除以12个月得到的数额，按照按月换算后的综合所得税率表，确定适用税率和速算扣除数，单独计算纳税。计算公式为：应纳税额＝全年一次性奖金收入×适用税率－速算扣除数。居民个人取得全年一次性奖金，也可以选择并入当年综合所得计算纳税。年终奖单独计税相当于给纳税人额外提供了一次可以低税率纳税的方法，综合所得应纳税额超过3.6万元的纳税人应充分利用。利用年终奖单独计税进行纳税筹划应注意两个问题：第一，年终奖适用的税率不能超过综合所得适用的最高税率，否则，无法起到节税的作用；第二，年终奖的计算方法实际上是全额累进，因此，应特别注意在两个税率过渡阶段的纳税筹划。原则上，如果某笔年终奖的适用税率刚刚超过某个档次时，适当降低年终奖的数额，使其适用低一档次的税率可以起到节税的作用。

根据《财政部 税务总局关于个人所得税法修改后有关优惠政策衔接问题的通知》（财税〔2018〕164号）、《财政部 税务总局关于延续实施全年一次性奖金等个人所得税优惠政策的公告》（财政部 税务总局公告2021年第42号）以及《财政部 税务总局关于延续实施有关个人所得税优惠政策的公告》（财政部 税务总局公告2023年第2号）的规定，居民个人取得股票期权、股票增值权、限制性股票、股权奖励等股权激励（以下简称股权激励），

第十部分　轻松掌握个人综合所得纳税筹划实用技巧

在2023年12月31日前，不并入当年综合所得，全额单独适用综合所得税率表，计算纳税。计算公式为：应纳税额＝股权激励收入×适用税率－速算扣除数。股票期权等股票激励所得单独计税为纳税人提供了将1年的综合所得分为2次纳税的机会，凡是综合所得应纳税所得额超过3.6万元的纳税人，在满足适用条件的前提下，均可以利用股票期权所得单独计税的政策进行纳税筹划。最佳的节税方案就是将综合所得应纳税所得额的一半分配至股票期权所得。

在条件允许的前提下，纳税人如能充分且合理利用多种税收优惠政策，如综合利用年终奖与股票期权所得单独计税的政策，可以最大限度地降低整体税收负担。筹划的具体方法为，股权期权与综合所得适用相同的税率，年终奖适用的税率比综合所得适用的税率低一个档次。

例10-12　刘先生2023年度综合所得应纳税所得额为100万元，全部来自工资薪金。单位提供了5种方案供其选择：方案一，全部通过工资薪金发放，不发放年终奖；方案二，发放3.6万元年终奖，综合所得应纳税所得额为96.4万元；方案三，发放14.4万元年终奖，综合所得应纳税所得额为85.6万元；方案四，发放43万元年终奖，综合所得应纳税所得额为57万元；方案五，发放42万元年终奖，综合所得应纳税所得额为58万元。

节税方案：

在方案一下，刘先生应纳个人所得税26.81万元（100×45%－18.19）。

在方案二下，刘先生综合所得应纳个人所得税25.19万元（96.4×45%－18.19）；年终奖应纳个人所得税0.11万元（3.6×3%）；合计应纳个人所得税25.3万元（25.19＋0.11）。方案二比方案一节税1.51万元（26.81－25.3）。

在方案三下，刘先生综合所得应纳个人所得税21.37万元（85.6×35%－8.59）；年终奖应纳个人所得税1.42万元（14.4×10%－0.02）；合计应纳个人所得税22.79万元（21.37＋1.42）。方案三比方案二节税2.51万元（25.3－22.79）；方案三比方案一节税4.02万元（26.81－22.79）。

在方案四下，刘先生综合所得应纳个人所得税11.81万元（57×30%－5.29）；年终奖应纳个人所得税12.46万元（43×30%－0.44）；合计应纳个人所得税24.27万元（11.81＋12.46）。方案四比方案三多纳税1.48万元（24.27－22.79）；方案四比方案二节税1.03万元（25.3－24.27）；方案四比方案一节税 2.54 万元（26.81 — 24.27）。

在方案五下，刘先生综合所得应纳个人所得税 12.11 万元（58×30% — 5.29）；年终奖应纳个人所得税 10.23 万元（42×25% — 0.27）；合计应纳个人所得税 22.34 万元（12.11 ＋ 10.23）。方案五比方案四节税 1.93 万元（24.27 — 22.34）；方案五比方案三节税 0.45 万元（22.79 — 22.34）；方案五比方案二节税 2.96 万元（25.3 — 22.34）；方案五比方案一节税 4.47 万元（26.81 — 22.34）。

例 10-13 董女士为某上市公司老总，预计 2023 年度综合所得应纳税所得额为 500 万元。公司为董女士设计了 4 套纳税方案：方案一，不发放股票期权所得，综合所得应纳税所得额为 500 万元；方案二，发放股票期权所得 3.6 万元，综合所得应纳税所得额为 496.4 万元；方案三，发放股票期权所得 14.4 万元，综合所得应纳税所得额为 485.6 万元；方案四，发放股票期权所得 250 万元，综合所得应纳税所得额为 250 万元。

节税方案：

在方案一下，董女士应纳个人所得税 206.81 万元（500×45% — 18.19）。

在方案二下，董女士股票期权所得应纳个人所得税 0.11 万元（3.6×3%）；综合所得应纳个人所得税 205.19 万元（496.4×45% — 18.19）；合计应纳个人所得税 205.3 万元（0.11 ＋ 205.19）。方案二比方案一节税 1.51 万元（206.81 — 205.3）。

在方案三下，董女士股票期权所得应纳个人所得税 1.19 万元（14.4×10% — 0.25）；综合所得应纳个人所得税 200.33 万元（485.6×45% — 18.19）；合计应纳个人所得税 201.52 万元（1.19 ＋ 200.33）。方案三比方案二节税 3.78 万元（205.3 — 201.52）；方案三比方案一节税 5.29 万元（206.81 — 201.52）。

在方案四下，董女士股票期权所得应纳个人所得税 94.31 万元（250×45% — 18.19）；综合所得应纳个人所得税 94.31 万元（250×45% — 18.19）；合计应纳个人所得税 188.62 万元（94.31 ＋ 94.31）。方案四比方案三节税 12.9 万元（201.52 — 188.62）；方案四比方案二节税 16.68 万元（205.3 — 188.62）；方案四比方案一节税 18.19 万元（206.81 — 188.62）。

第十部分　轻松掌握个人综合所得纳税筹划实用技巧

例 10-14　马先生为某上市公司老总，预计 2023 年度综合所得应纳税所得额为 600 万元。公司为马先生设计了 4 套纳税方案：方案一，不发放年终奖与股票期权所得，综合所得应纳税所得额为 600 万元；方案二，发放年终奖 3.6 万元、股票期权所得 3.6 万元，综合所得应纳税所得额为 592.8 万元；方案三，发放年终奖 200 万元、股票期权所得 200 万元，综合所得应纳税所得额为 200 万元；方案四，发放年终奖 96 万元、股票期权所得 252 万元，综合所得应纳税所得额为 252 万元。

节税方案：

在方案一下，马先生应纳个人所得税 251.81 万元（600×45%－18.19）。

在方案二下，马先生年终奖应纳个人所得税 0.11 万元（3.6×3%）；股票期权所得应纳个人所得税 0.11 万元（3.6×3%）；综合所得应纳个人所得税 248.57 万元（592.8×45%－18.19）；合计应纳个人所得税 248.79 万元（0.11＋0.11＋248.57）。方案二比方案一节税 3.02 万元（251.81－248.79）。

在方案三下，马先生年终奖应纳个人所得税 88.48 万元（200×45%－1.52）；股票期权所得应纳个人所得税 71.81 万元（200×45%－18.19）；综合所得应纳个人所得税 71.81 万元（200×45%－18.19）；合计应纳个人所得税 232.1 万元（88.48＋71.81＋71.81）。方案三比方案二节税 16.69 万元（248.79－232.1）；方案三比方案一节税 19.71 万元（251.81－232.1）。

在方案四下，马先生年终奖应纳个人所得税 32.88 万元（96×35%－0.72）；股票期权所得应纳个人所得税 95.21 万元（252×45%－18.19）；综合所得应纳个人所得税 95.21 万元（252×45%－18.19）；合计应纳个人所得税 223.3 万元（32.88＋95.21＋95.21）。方案四比方案三节税 8.8 万元（232.1－223.3）；方案四比方案二节税 25.49 万元（248.79－223.3）；方案四比方案一节税 28.51 万元（251.81－223.3）。

八、劳务报酬的纳税筹划

纳税筹划思路

劳务报酬所得虽然应并入综合所得综合计征个人所得税,但在实际征管中采取的是预缴与汇算清缴相结合的方法。扣缴义务人向居民个人支付劳务报酬所得时,应当按照以下方法按次或者按月预扣预缴税款:①劳务报酬所得以收入减除费用后的余额为收入额;②预扣预缴税款时,劳务报酬所得每次收入不超过 4 000 元的,减除费用按 800 元计算;每次收入 4 000 元以上的,减除费用按收入的 20% 计算;③劳务报酬所得以每次收入额为预扣预缴应纳税所得额,计算应预扣预缴税额,劳务报酬所得适用个人所得税预扣率表二(表 10-1);④居民个人办理年度综合所得汇算清缴时,应当依法计算劳务报酬所得的收入额,并入年度综合所得计算应纳税款,税款多退少补。根据这一预扣预缴方法,纳税人应尽量降低每次取得劳务报酬的数量,从而可以降低预扣预缴税款的数额。

表 10-1 个人所得税预扣率表二

(居民个人劳务报酬所得预扣预缴适用)

级数	预扣预缴应纳税所得额	预扣率	速算扣除数
1	不超过 20 000 元的	20%	0
2	超过 20 000 元至 50 000 元的部分	30%	2 000
3	超过 50 000 元的部分	40%	7 000

在预扣预缴劳务报酬的税款时,劳务报酬所得每次收入不超过 4 000 元的,减除费用按 800 元计算;每次收入 4 000 元以上的,减除费用按收入的 20% 计算。这种固定数额与固定比例的扣除模式导致花费成本较高的劳务报

酬税负较高。为此，纳税人在取得劳务报酬时，原则上应将各类成本转移至被服务单位，由此可以降低劳务报酬的表面数额，从而降低劳务报酬的整体税收负担。

劳务报酬所得按照每个纳税人取得的数额分别计征个人所得税，因此，在纳税人的劳务实际上是由若干人提供的情况下，可以通过将部分劳务报酬分散至他人的方式来减轻税收负担。

根据《财政部　税务总局关于实施小微企业普惠性税收减免政策的通知》（财税〔2019〕13号）的规定，自2019年1月1日至2021年12月31日，对月销售额10万元以下（含本数）的增值税小规模纳税人，免征增值税。对小型微利企业年应纳税所得额不超过100万元的部分，减按25%计入应纳税所得额，按20%的税率缴纳企业所得税；对年应纳税所得额超过100万元但不超过300万元的部分，减按50%计入应纳税所得额，按20%的税率缴纳企业所得税。根据《财政部　税务总局关于明确增值税小规模纳税人免征增值税政策的公告》（财政部　税务总局公告2021年第11号）的规定，自2021年4月1日至2022年12月31日，对月销售额15万元以下（含本数）的增值税小规模纳税人，免征增值税。根据《财政部　税务总局关于对增值税小规模纳税人免征增值税的公告》（财政部　税务总局公告2022年第15号）的规定，自2022年4月1日至2022年12月31日，增值税小规模纳税人适用3%征收率的应税销售收入，免征增值税；适用3%预征率的预缴增值税项目，暂停预缴增值税。根据《财政部　国家税务总局关于实施小微企业和个体工商户所得税优惠政策的公告》（财政部　税务总局公告2021年第12号）的规定，自2021年1月1日至2022年12月31日，对小型微利企业年应纳税所得额不超过100万元的部分，在《财政部　税务总局关于实施小微企业普惠性税收减免政策的通知》（财税〔2019〕13号）第二条规定的优惠政策基础上，再减半征收企业所得税。对个体工商户年应纳税所得额不超过100万元的部分，在现行优惠政策基础上，减半征收个人所得税。根据《财政部　税务总局关于进一步实施小微企业所得税优惠政策的公告》（财政部　税务总局公告2022年第13号）的规定，自2022年1月1日至2024年12月31日，对小型微利企业年应纳税所得额超过100万元但不超过300万元的部分，减按25%计入应纳税所得额，按20%的税率缴纳企业所得税。根据《财政部　税务总局关于明确增值税小规模纳税人减免增值税等政策的公告》（财政部　税务总局公告2023年第1号)的规定,自2023年1月1日至2023年12月31日,对月销售额10万元以下(含本数)的增值税小规模纳税人,免征增值税。对于频繁取得劳务报酬且数额较大的个人,可以考虑成立公司来提供相关劳务,从而将个人劳务报酬所得转变为公司所得。由于小微企业可以享受较多税收优惠,这种转变可以大大降低个人的税收负担。

例10-15 秦先生为某大学教授,2023年度为甲公司担任税务顾问,合同约定了2种支付方案:方案一,甲公司在2023年一次性向秦先生支付全年顾问费6万元;方案二,甲公司在2023年分12次向秦先生支付全年顾问费,每次为5 000元。假设秦先生2023年度综合所得应纳税所得额(已经计算该6万元顾问费)为10万元,除该顾问费以外,尚未预缴税款。

节税方案:

在方案一下,甲公司在支付顾问费时应预扣预缴税款12 400元[60 000×(1－20%)×30%－2 000]。秦先生2022年度综合所得应纳个人所得税7 480元(100 000×10%－2 520)。秦先生应申请退税4 920元(12 400－7 480)。

在方案二下,甲公司在支付顾问费时应预扣预缴税款9 600元[5 000×(1－20%)×20%×12]。秦先生2022年度综合所得应纳个人所得税7 480元(100 000×10%－2 520)。秦先生应申请退税2 120元(9 600－7 480)。方案二比方案一少占用秦先生资金2 800元(4 920－2 120)。

例10-16 吴先生是全国著名的税法专家,每年在全国各级巡回讲座几十次。每次讲座报酬的支付方式有2种:方案一,邀请单位支付报酬6万元,各种费用均由吴先生自己负担,假设每次讲座的交通费、住宿费、餐饮费等必要费用为1万元;方案二,邀请单位支付报酬5万元,各种费用均由邀请单位负担。

节税方案:

在方案一下,邀请单位需要预扣预缴税款12 400元[60 000×(1－20%)×30%－2 000]。吴先生自负的1万元各类费用无法税前扣除,起不到抵税的作用。

第十部分　轻松掌握个人综合所得纳税筹划实用技巧

在方案二下，邀请单位需要预扣预缴税款10 000元[50 000×（1－20%）×30%－2 000]。方案二比方案一节税2400元（12 400－10 000）。

例 10-17　某影视明星承担了甲影视公司的某个拍摄项目，整个拍摄工作在3个月内完成，甲影视公司需要支付劳务报酬120万元。甲公司设计了3套发放方案：方案一，拍摄任务完成后，一次性支付120万元劳务报酬；方案二，根据拍摄项目进度，每个月发放劳务报酬40万元；方案三，由该影视明星雇用10名工作人员为其服务，平均每月劳务报酬为2万元，甲公司每月向该10名工作人员每人支付2万元劳务报酬，每月向该明星支付20万元劳务报酬。

节税方案：

在方案一下，甲公司需要预扣预缴税款37.7万元[120×（1－20%）×40%－0.7]。

在方案二下，甲公司每月需要预扣预缴税款12.1万元[40×（1－20%）×40%－0.7]；合计预扣预缴税款36.3万元（12.1×3）。方案二比方案一少预扣税款1.4万元（37.7－36.3）。

在方案三下，甲公司每月需要为该明星预扣预缴税款5.7万元[20×（1－20%）×40%－0.7]；甲公司每月需要为该10名工作人员预扣预缴税款3.2万元[2×（1－20%）×20%×10]；合计预扣预缴税款26.7万元[（5.7＋3.2）×3]。方案三比方案二少预扣税款9.6万元（36.3－26.7）。方案三比方案一少预扣税款11万元（37.7－26.7）。

例 10-18　孙先生为某大学教授，其收入主要为所在大学的工资以及在某培训机构讲课的报酬。2022年度，其所在大学发放工资总额为20万元，不考虑其他收入，由此计算的综合所得应纳税所得额为3.6万元。培训机构每月支付孙先生报酬8万元，如果考虑该报酬，孙先生2022年度的综合所得应纳税所得额将提高至80.4万元。某筹划公司为孙先生提供了2种方案：方案一，延续以往模式，由培训机构向孙先生每月支付报酬8万元；方案二，孙先生成立甲公司，每月向培训机构开具8万元培训费发票，由甲公司取得8万元收入。

节税方案：

在方案一下，孙先生综合所得应纳个人所得税 19.55 万元（80.4×35% — 8.59）。

在方案二下，孙先生综合所得应纳个人所得税 0.11 万元（3.6×3%）；甲公司每月取得 8 万元培训费，根据小微企业增值税优惠政策，不需要缴纳增值税及其附加，根据小微企业所得税优惠政策，甲公司需要缴纳企业所得税 2.4 万元（8×12×12.5%×20%）。合计纳税 2.51 万元（0.11 + 2.4）。方案二比方案一节税 17.04 万元（19.55 — 2.51）。

九、稿酬与特许权使用费所得的纳税筹划

  📖 **纳税筹划思路**

  扣缴义务人向居民个人支付稿酬所得时,应当按照以下方法按次或者按月预扣预缴税款:①稿酬所得以收入减除费用后的余额为收入额;稿酬所得的收入额减按 70% 计算。②预扣预缴税款时,稿酬所得每次收入不超过 4 000 元的,减除费用按 800 元计算;每次收入 4 000 元以上的,减除费用按收入的 20% 计算。③稿酬所得以每次收入额为预扣预缴应纳税所得额,计算应预扣预缴税额,稿酬所得适用 20% 的比例预扣率;④居民个人办理年度综合所得汇算清缴时,应当依法计算稿酬所得的收入额,并入年度综合所得计算应纳税款,税款多退少补。稿酬所得的筹划除采取工资薪金所得、劳务报酬所得的筹划方法以外,最主要的方法就是多分次数,分给多个纳税人,降低预扣预缴税款的数额,如果纳税人的年度综合所得数额有较大变化,可以在不同年度之间进行调节。

  扣缴义务人向居民个人支付特许权使用费所得时,应当按照以下方法按次或者按月预扣预缴税款:①特许权使用费所得以收入减除费用后的余额为收入额。②预扣预缴税款时,特许权使用费所得每次收入不超过 4 000 元的,减除费用按 800 元计算;每次收入 4 000 元以上的,减除费用按收入的 20% 计算。③特许权使用费所得,以每次收入额为预扣预缴应纳税所得额,计算应预扣预缴税额。特许权使用费所得适用 20% 的比例预扣率。④居民个人办理年度综合所得汇算清缴时,应当依法计算特许权使用费所得的收入额,并入年度综合所得计算应纳税款,税款多退少补。特许权使用费所得的纳税筹划,除灵活运用上述工资薪金所得、劳务报酬所得、稿酬所得的筹划方法以外,最重要的就是尽量选择按年度支付特许权使用费,而不要按 2 年或者多年支付特许权使用费。

例 10-19 赵女士在甲出版社出版了一本小说，稿酬总额为 10 万元。已知赵女士 2022 年度综合所得应纳税所得额为 3.6 万元，2023 年度预计综合所得应纳税所得额为 0，同时还有 5 万元的费用允许税前扣除。关于该笔稿酬发放的时间，甲出版社提供了 2 种方案：方案一，2022 年年底支付 10 万元稿酬；方案二，2023 年年初支付 10 万元稿酬。

节税方案：

在方案一下，该笔稿酬应当缴纳个人所得税 5 600 元 [100 000×70%×（1－20%）×10%]。

在方案二下，该笔稿酬应当缴纳个人所得税 180 元 {[100 000×70%×（1－20%）－50 000]×3%}。方案二比方案一节税 5 420 元（5 600－180）。

例 10-20 周先生为甲公司工程师，每年综合所得应纳税所得额为 3.6 万元。2023 年度，周先生取得一项专利，授予乙公司使用 10 年，专利费总额为 100 万元。关于专利费支付方式，乙公司设计了 3 种方案：方案一，每 5 年支付专利费 50 万元，共支付 2 次；方案二，每 2 年支付专利费 20 万元，共支付 5 次；方案三，每年支付专利费 10 万元，共支付 10 次。

节税方案：

在方案一下，周先生取得 50 万元专利费需要缴纳个人所得税 10.68 万元 [（14.4－3.6）×10%＋（30－14.4）×20%＋（42－30）×25%＋（53.6－42）×30%]；合计缴纳个人所得税 21.36 万元（10.68×2）。

在方案二下，周先生取得 20 万元专利费需要缴纳个人所得税 2.92 万元 [（14.4－3.6）×10%＋（23.6－14.4）×20%]；合计缴纳个人所得税 14.6 万元（2.92×5）。方案二比方案一节税 6.76 万元（21.36－14.6）。

在方案三下，周先生取得 10 万元专利费需要缴纳个人所得税 1 万元（10×10%）；合计缴纳个人所得税 10 万元（1×10）。方案三比方案二节税 4.6 万元（14.6－10）。方案三比方案一节税 11.36 万元（21.36－10）。

第十一部分
轻松掌握个人其他所得纳税筹划实用技巧

您知道如何充分利用税法规定的各项扣除来节税吗？您知道如何将个体工商户转变为一人有限责任公司来节税吗？您知道如何通过增加合伙人与平均分配利润来节税吗？您知道如何利用"满五唯一"免税政策来进行节税吗？您知道如何利用近亲属房产赠与免税政策来进行节税吗？您知道如何利用核定征税政策以及不动产投资分期纳税政策来进行节税吗？您知道如何利用小微企业转让股权以及双层公司分配股息来进行节税吗？您知道如何利用股权代持来进行节税吗？您知道如何个人技术出资如何纳税筹划吗？您知道如何在拍卖物品时通过核定征税来进行节税吗？您知道如何利用双层公司留存股息来进行节税吗？您知道如何利用借款取得公司未分配利润来进行节税吗？您知道如何增加财产租赁所得的次数来进行节税吗？您知道如何利用上市公司股息差别化税收政策来进行节税吗？您知道如何利用公司取得财产租赁所得来进行节税吗？您知道个人不动产投资如何纳税筹划吗？您知道个人与公司股权架构如何纳税筹划吗？您知道公司上市与限售股转让如何纳税筹划吗？您知道个人股票、债券和基金投资如何纳税筹划吗？您知道员工保险与福利待遇如何纳税筹划吗？本部分将为您回答这些问题。

一、充分利用税法规定的各项扣除

📖 纳税筹划思路

个体工商户经营所得按照收入总额减去税法允许扣除的各项费用后的余额计算,因此,个体工商户在计算经营所得的应纳税所得额时,应尽量充分利用税法规定的各项扣除,尽量减少应纳税所得额,从而降低税收负担。

例11-1 秦先生注册了一家个体工商户从事餐饮,每月销售额为10万元,按税法规定允许扣除的各项费用为2万元。秦先生的妻子也在该餐馆帮忙,但考虑是一家人,并未领取工资。秦先生有2种方案可供选择:方案一,继续以往年度的经营模式,即其妻子继续在餐馆帮忙,但不领取工资;方案二,秦先生的妻子每月领取5 000元的工资。

节税方案:

在方案一下,秦先生年度经营所得应纳税所得额为96万元[(10-2)×12]。秦先生应当缴纳个人所得税27.05万元(96×35%-6.55)。

在方案二下,秦先生年度经营所得应纳税所得额为90万元[(10-2-0.5)×12]。秦先生应当缴纳个人所得税24.95万元(90×35%-6.55)。方案二比方案一节税2.1万元(27.05-24.95)。

第十一部分　轻松掌握个人其他所得纳税筹划实用技巧

二、将个体工商户转变为一人有限责任公司

📖 纳税筹划思路

随着我国对小微企业的所得实行更低的税率，小微企业的税负已经低于个体工商户。因此，个体工商户将其性质转变为一人有限责任公司可以降低税收负担。

例 11-2　李女士响应政府号召返乡创业，在某小学附近开办了"小饭桌"，性质为个体工商户。每年经营所得应纳税所得额为100万元。现有3种方案可供李女士选择：方案一，该"小饭桌"继续保持个体工商户的性质；方案二，将"小饭桌"注册为一人有限责任公司，税后利润全部分配；方案三，将"小饭桌"注册为一人有限责任公司，税后利润保留在公司，不作分配。

节税方案：

在方案一下，李女士需要缴纳个人所得税14.225万元［（100×35%－6.55）×（1－50%）］。

在方案二下，"小饭桌"公司需要缴纳企业所得税2.5万元（100×12.5%×20%）。李女士取得税后利润需要缴纳个人所得税19.5万元［（100－2.5）×20%］。合计纳税22万元（2.5＋19.5）。方案二比方案一增加税收负担7.775万元（22－14.225）。

在方案三下，"小饭桌"公司需要缴纳企业所得税2.5万元（100×12.5%×20%）。方案三比方案二节税19.5万元（22－2.5）。方案三比方案一节税11.725万元（14.225－2.5）。

三、增加合伙人与平均分配利润

📖 纳税筹划思路

合伙企业经营所得应纳税所得额的计算方法与个体工商户相同,略有区别的是,合伙企业的应纳税所得额会按照比例分配给每一个合伙人,由合伙人计算缴纳个人所得税。由于增加一个合伙人就可以增加基本扣除6万元,合伙企业的合伙人越多,每个合伙人缴纳的个人所得税就越少。

合伙企业的合伙人按照下列原则确定应纳税所得额:①合伙企业的合伙人以合伙企业的生产经营所得和其他所得,按照合伙协议约定的分配比例确定应纳税所得额;②合伙协议未约定或者约定不明确的,以全部生产经营所得和其他所得,按照合伙人协商决定的分配比例确定应纳税所得额;③协商不成的,以全部生产经营所得和其他所得,按照合伙人实缴出资比例确定应纳税所得额;④无法确定出资比例的,以全部生产经营所得和其他所得,按照合伙人数量平均计算每个合伙人的应纳税所得额。由于合伙人应纳税所得额适用的是超额累进税率,在全体合伙人平均分配合伙企业利润的情形下可以实现整体税负的最轻。

例11-3 甲合伙企业年度应纳税所得额为100万元,平均分配给2个合伙人。现有2种方案可供甲合伙企业选择:方案一,仍然保持2个合伙人;方案二,两位合伙人均将自己的配偶或者其他直系亲属一人增加为合伙人,合伙企业的应纳税所得额平均分配给4个合伙人。假设该4个合伙人均未取得除合伙企业利润以外的其他所得,每个合伙人的基本扣除标准均为6万元。

节税方案:

在方案一下,每个合伙人需要缴纳个人所得税9.15万元〔(50-6)×30%-4.05〕。合计缴纳个人所得税18.3万元(9.15×2)。

在方案二下,每个合伙人需要缴纳个人所得税2.75万元〔(25-6)×

20%－1.05］。合计缴纳个人所得税 11 万元（2.75×4）。方案二比方案一节税 7.3 万元（18.3－11）。

例 11-4　甲合伙企业年度应纳税所得额为 100 万元（假设已经扣除合伙人的个人扣除额）。甲合伙企业共有 4 个合伙人，有 3 种分配方案：方案一，4 个合伙人的分配数额分别为 3 万元、3 万元、3 万元和 82 万元；方案二，4 个合伙人的分配数额分别为 3 万元、9 万元、30 万元和 58 万元；方案三，4 个合伙人平均分配，每人均为 25 万元。

节税方案：

在方案一下，全体合伙人应当缴纳个人所得税 22.6 万元（3×5%×3＋82×35%－6.55）。

在方案二下，全体合伙人应当缴纳个人所得税 19.6 万元（3×5%＋9×10%－0.15＋30×20%－1.05＋58×35%－6.55）。方案二比方案一节税 3 万元（22.6－19.6）。

在方案三下，全体合伙人应当缴纳个人所得税 15.8 万元［（25×20%－1.05）×4］。方案三比方案二节税 3.8 万元（19.6－15.8）。方案三比方案一节税 6.8 万元（22.6－15.8）。

四、利用"满五唯一"免税政策

📖 纳税筹划思路

根据《财政部 国家税务总局关于个人所得税若干政策问题的通知》(财税〔1994〕20号)的规定,个人转让自用达5年以上并且是唯一的家庭生活用房取得的所得,暂免征收个人所得税。根据《财政部 国家税务总局 建设部关于个人出售住房所得征收个人所得税有关问题的通知》(财税〔1999〕278号)的规定,对个人转让自用5年以上并且是家庭唯一生活用房取得的所得,继续免征个人所得税。如果纳税人满足上述税收优惠政策的条件,应尽量享受该税收优惠政策。需要注意的是,上述"5年"的起算点是取得房产证或者缴纳契税之日,因此,纳税人购买房产以后应尽快缴纳契税。

例11-5 郑先生五年前以300万元购买了家庭第一套住房且当月缴纳了契税,现郑先生计划购买家庭第二套住房并出售第一套住房。关于家庭住房的换购,郑先生有2种方案可选择:方案一,先购置第二套住房,待搬家以后,再以500万元转让第一套住房;方案二,先以500万元转让第一套住房,临时租房安置家具,再购买第二套住房。仅考虑个人所得税,不考虑其他税费。

节税方案:

在方案一下,郑先生转让第一套住房需要缴纳个人所得税40万元〔(500-300)×20%〕。

在方案二下,郑先生转让第一套住房可以享受免征个人所得税的优惠政策。方案二比方案一节税40万元。

例11-6 彭大妈老伴去世多年,名下仅有一套住房,该套住房为10年前购置,购买价格为100万元,目前市场价格为500万元。彭大妈计划将该套住房转给其独子,未来由其儿子再将该套住房转让。现有 2 种转移方案可供选择:方案一,彭大妈将该套住房赠与其独子,3 年后,其儿子再将该套住房以 600 万元出售;方案二,彭大妈将该套住房以 500 万元的价格卖给其独子,3 年后,其儿子再将该套住房以 600 万元出售。仅考虑个人所得税,不考虑其他税费。

节税方案:

在方案一下,彭大妈将该套住房赠与其独子可以享受免税政策,彭大妈的儿子出售该套住房需要缴纳个人所得税 100 万元〔(600 − 100)×20%〕。

在方案二下,彭大妈将该套住房卖给其独子可以享受免税政策,彭大妈的儿子出售该套住房需要缴纳个人所得税 20 万元〔(600 − 500)×20%〕。方案二比方案一节税 80 万元(100 − 20)。

五、利用近亲属房产赠与免税政策

纳税筹划思路

根据《财政部 国家税务总局关于个人无偿受赠房屋有关个人所得税问题的通知》(财税〔2009〕78号)的规定,以下情形的房屋产权无偿赠与,对当事双方不征收个人所得税:①房屋产权所有人将房屋产权无偿赠与配偶、父母、子女、祖父母、外祖父母、孙子女、外孙子女、兄弟姐妹;②房屋产权所有人将房屋产权无偿赠与对其承担直接抚养或者赡养义务的抚养人或者赡养人;③房屋产权所有人死亡,依法取得房屋产权的法定继承人、遗嘱继承人或者受遗赠人。除上述情形以外,房屋产权所有人将房屋产权无偿赠与他人的,受赠人因无偿受赠房屋取得的受赠所得,按照20%的税率缴纳个人所得税。对受赠人无偿受赠房屋计征个人所得税时,其应纳税所得额为房地产赠与合同上标明的赠与房屋价值减除赠与过程中受赠人支付的相关税费后的余额。受赠人转让受赠房屋的,以其转让受赠房屋的收入减除原捐赠人取得该房屋的实际购置成本以及赠与和转让过程中受赠人支付的相关税费后的余额,为受赠人的应纳税所得额,依法计征个人所得税。纳税人可以充分利用上述直系亲属房产赠与免税的优惠政策进行纳税筹划。

例11-7 张先生准备将一套住房赠与其侄子,已知该套住房为张先生5年前以200万元购买,目前的市场价格为500万元。张先生有2种方案可选择:方案一,张先生直接将该套住房赠与其侄子;方案二,张先生将该套住房赠与其弟弟,其弟弟再赠予其儿子(即张先生的侄子)。仅考虑个人所得税,不考虑其他税费。

节税方案:

在方案一下,张先生的侄子需要缴纳个人所得税100万元(500×20%)。

在方案二下,张先生将该套住房赠与其弟弟可以享受免税优惠,其弟弟再赠予其儿子(即张先生的侄子)也可以享受免税优惠。方案二比方案一节税 100 万元。

例 11-8　赵先生准备将一套住房赠与其侄子，已知该套住房为赵先生 5 年前以 200 万元购买，目前的市场价格为 500 万元，赵先生的哥哥（即赵先生侄子的父亲）已经去世，赵先生的侄子目前为 30 周岁。赵先生有 2 种方案可选择：方案一，赵先生直接将该套住房赠与其侄子；方案二，赵先生将该套住房的永久居住权赠与其侄子并办理公证，同时设立一份公证遗嘱，赵先生去世后，将该套住房遗赠给其侄子。仅考虑个人所得税，不考虑其他税费。

节税方案：

在方案一下，赵先生的侄子需要缴纳个人所得税 100 万元（500×20%）。

在方案二下，赵先生将该套住房的永久居住权赠与其侄子不需要缴纳所得税，赵先生去世后将该套住房遗赠给其侄子可以享受免税优惠。方案二比方案一节税 100 万元。

六、利用核定征税政策

纳税筹划思路

根据《国家税务总局关于个人住房转让所得征收个人所得税有关问题的通知》（国税发〔2006〕108号）的规定，税务机关对住房转让所得征收个人所得税时，以实际成交价格为转让收入。纳税人申报的住房成交价格明显低于市场价格且无正当理由的，征收机关依法有权根据有关信息核定其转让收入，但必须保证各税种计税价格一致。纳税人未提供完整、准确的房屋原值凭证，不能正确计算房屋原值和应纳税额的，税务机关可根据《税收征收管理法》的规定，对其实行核定征税，即按纳税人住房转让收入的一定比例核定应纳个人所得税额。具体比例由省级地方税务局或者省级地方税务局授权的地市级地方税务局根据纳税人出售住房的所处区域、地理位置、建造时间、房屋类型、住房平均价格水平等因素，在住房转让收入1%～3%的幅度内确定。如果纳税人转让房产的购置年代较久、增值较高，税务机关不掌握该房产的购置成本信息，纳税人可以申请税务机关核定征收个人所得税。

例11-9 马先生30年前以100万元购置一套房产，目前准备以800万元出售。已知当地税务机关并不掌握马先生购置房产的成本信息。马先生有2种方案可选择：方案一，按照实际成本计算缴纳个人所得税；方案二，如果房产购置发票、合同等凭证丢失，申请税务机关按照3%的比率核定征收个人所得税。仅考虑个人所得税，不考虑其他税费。

节税方案：

在方案一下，马先生需要缴纳个人所得税140万元〔（800－100）×20%〕。

在方案二下，马先生需要缴纳个人所得税24万元（800×3%）。方案二比方案一节税116万元（140－24）。

七、利用不动产投资分期纳税政策

📖 纳税筹划思路

根据《财政部 国家税务总局关于个人非货币性资产投资有关个人所得税政策的通知》（财税〔2015〕41号）的规定，个人以非货币性资产投资，属于个人转让非货币性资产和投资同时发生。对个人转让非货币性资产的所得，应按照"财产转让所得"项目，依法计算缴纳个人所得税。个人以非货币性资产投资，应按评估后的公允价值确认非货币性资产转让收入。非货币性资产转让收入减除该资产原值及合理税费后的余额为应纳税所得额。个人应在发生上述应税行为的次月15日内向主管税务机关申报纳税。纳税人一次性缴税有困难的，可合理确定分期缴纳计划并报主管税务机关备案后，自发生上述应税行为之日起不超过5个公历年度内分期缴纳个人所得税。纳税人在使用自有不动产投资创办公司时，可以充分利用上述分期缴纳个人所得税的优惠政策。

例 11—10 朱先生计划将一套店铺投资设立一家有限责任公司，已知该店铺为5年前以200万元购置，目前的市场价为300万元。朱先生有2种方案可选择：方案一，在店铺过户时一次性缴纳个人所得税；方案二，在店铺过户时分5年缴纳个人所得税，前4年每年缴税100元。仅考虑个人所得税，不考虑其他税费。

节税方案：

在方案一下，朱先生需要在当期缴纳个人所得税20万元〔（300－200）× 20%〕。

在方案二下，朱先生仅需在当期象征性地缴纳100元税款，20万元的税款可以延期5年缴纳。假设5年贷款年利率为5%，方案二比方案一节税5万元（20×5%×5）。

八、利用小微企业转让股权

📖 纳税筹划思路

个人转让股权适用的税率是20%，目前利润100万元以下的小微企业实际适用的所得税税率仅为2.5%，因此，如能在最初投资时即设立双层公司，由上层小微企业作为转让股权的主体，利用小微企业的低税率优惠就可以最大限度地降低股权转让所得的税收负担。

例11-11 周先生计划投资100万元持有甲公司10%的股权，若干年后再以200万元的价格转让该10%的股权。周先生应当缴纳个人所得税20万元〔（200－100）×20%〕。

节税方案：

如果周先生在投资甲公司时采取双层公司结构，即周先生投资设立乙公司，乙公司投资100万元持有甲公司10%的股权，若干年后乙公司以200万元的价格转让该10%的股权。乙公司应当缴纳企业所得税2.5万元〔（200－100）×12.5%×20%〕。节税17.5万元（20－2.5）。

九、利用双层公司分配股息

📖 纳税筹划思路

根据《个人所得税法》的规定，个人取得股息需要缴纳 20% 的个人所得税。根据《企业所得税法》的规定，公司从公司取得股息属于免税所得，不缴纳企业所得税。很多被转让股权的企业中都有较大数额的未分配利润，如能利用双层公司的结构，在股权转让之前将未分配利润分配至上一层公司，就可以降低股权转让的价格，从而降低股权转让的所得税。

例 11-12 吴先生于 10 年前投资 100 万元创办了甲公司，为减轻税收负担，甲公司 10 年的利润均未分配，目前已经累计达到 1 000 万元。现吴先生准备将甲公司的股权转让给他人，转让价为 1 200 万元，需要缴纳个人所得税 220 万元〔（1200－100）×20%〕。

节税方案：

如果吴先生在 10 年前即创办双层公司，即吴先生投资 110 万元创办乙公司，乙公司再投资 100 万元设立甲公司，乙公司在转让甲公司之前，可以将甲公司 1 000 万元的未分配利润分配至乙公司。由此，甲公司的股权转让价可以降低至 200 万元。乙公司需要缴纳企业所得税 2.5 万元〔（200－100）×12.5%×20%〕。

除甲公司外，吴先生投资其他公司也通过乙公司进行，这样就可以将所有投资利润均留在乙公司层面。通过纳税筹划，可节税 217.5 万元（220－2.5）。

这一方案主要利用公司从公司取得股息免税的优惠政策。如果吴先生事先并未设置双层公司，此时股权转让就必须交"学费"了。如果甲公司的净资产为 1 200 万元，吴先生已经没有节税的空间。如果甲公司的净资产为 1 100 万元，吴先生可以先成立乙公司，将甲公司股权以 1 100 万元的价格转让给乙公司，纳税 200 万元。甲公司向乙公司分红 100 万元后，再以 1 100 万元转让甲公司股权，此时甲公司取得的 100 万元股息可以免税，可节税 20 万元。

十、利用股权代持实现股权转让的目的

📖 纳税筹划思路

个人转让股权需要缴纳个人所得税,个人转让股权的收益权不需要缴纳个人所得税。纳税人可以通过股权代持的方式实现股权转让,待时机合适时再实际转让股权。

例11-13 刘先生持有甲公司20%的股权,该笔股权的投资成本为100万元,目前对应的公司净资产为200万元。刘先生准备以200万元转让给王先生,刘先生应当缴纳个人所得税20万元〔(200-100)×20%〕。

节税方案:

如果刘先生与王先生签订股权代持协议,刘先生作为名义股东,王先生作为实际出资人,刘先生将该20%股权的一切权利均委托王先生代为行使,同时将股权质押给王先生,为此,王先生向刘先生支付200万元,王先生每年取得甲公司的分红。若干年后,因甲公司经营不善,出现亏损,甲公司20%股权对应的净资产仅为110万元。此时,刘先生再将该笔股权以110万元的名义价格(实际不需支付任何价款)转让给王先生,刘先生需要缴纳个人所得税2万元〔(110-100)×20%〕。通过纳税筹划,可节税18万元(20-2)。

十一、个人技术出资的纳税筹划

📖 纳税筹划思路

根据《财政部 国家税务总局关于完善股权激励和技术入股有关所得税政策的通知》(财税〔2016〕101号)的规定,个人以技术成果投资入股到境内居民企业,被投资企业支付的对价全部为股票(权)的,个人可选择继续按现行有关税收政策执行,也可选择适用递延纳税优惠政策。选择技术成果投资入股递延纳税政策的,经向主管税务机关备案,投资入股当期可暂不纳税,允许递延至转让股权时,按股权转让收入减去技术成果原值和合理税费后的差额计算缴纳所得税。个人选择适用上述任一项政策,均允许被投资企业按技术成果投资入股时的评估值入账并在企业所得税前摊销扣除。技术成果是指专利技术(含国防专利)、计算机软件著作权、集成电路布图设计专有权、植物新品种权、生物医药新品种,以及科技部、财政部、国家税务总局确定的其他技术成果。技术成果投资入股,是指纳税人将技术成果所有权让渡给被投资企业、取得该企业股票(权)的行为。纳税人可以根据上述税收优惠政策进行纳税筹划。

例11-14 某科研人员涂女士取得一项专利,估值1 000万元,成本100万元。涂女士准备将该项专利投资入股甲公司,以发挥其社会效益。涂女士有3种方案可选:方案一,将该项技术投资入股甲公司,在当期缴纳个人所得税;方案二,将该项技术投资入股甲公司,选择5年分期缴纳个人所得税;方案三,将该项技术投资入股甲公司,选择递延纳税优惠。

节税方案:

在方案一下,涂女士需要在当期缴纳个人所得税180万元[(1 000－100)×20%]。

在方案二下,涂女士在当期不需要缴纳个人所得税,只需要在第5年缴纳

180万元税款即可。假设5年贷款年利率为5%，方案二比方案一节税45万元（180×5%×5）。

在方案三下，只要涂女士不转让甲公司的股权，可以一直不缴纳个人所得税。方案三比方案一节税180万元。

例11-15 钱先生投资创办了甲公司，每年盈利1 000万元，缴纳企业所得税250万元。钱先生以100万元低价收购了若干项专利，经评估，以1 000万元投资甲公司，同时选择递延纳税优惠。

节税方案：

根据税法规定，该批专利的投资成本分10年摊销，每年摊销100万元，即可减少甲公司的应纳税款25万元，10年可以减少甲公司的应纳税款250万元。钱先生为此付出的成本仅为100万元。不考虑该批专利给甲公司带来的利润，仅考虑上述抵税效果，甲公司由此实现节税150万元（250−100）。

第十一部分　轻松掌握个人其他所得纳税筹划实用技巧

十二、拍卖物品选择核定征税

📖 纳税筹划思路

根据《国家税务总局关于加强和规范个人取得拍卖收入征收个人所得税有关问题的通知》（国税发〔2007〕38号）的规定，个人财产拍卖所得适用"财产转让所得"项目计算应纳税所得额时，纳税人凭合法有效凭证（税务机关监制的正式发票、相关境外交易单据或海关报关单据、完税证明等），从其转让收入额中减除相应的财产原值、拍卖财产过程中缴纳的税金及有关合理费用。纳税人如不能提供合法、完整、准确的财产原值凭证，不能正确计算财产原值的，按转让收入额的3%征收率计算缴纳个人所得税；拍卖品为经文物部门认定是海外回流文物的，按转让收入额的2%征收率计算缴纳个人所得税。如纳税人拥有的拍卖品增值较高且税务机关并不掌握拍卖品的成本，纳税人可以选择核定征税。

例11-16 陈先生酷爱收藏，若干年前在香港以10万元购得一幅古画。现陈先生通过拍卖的方式将该幅古画以500万元出售。陈先生有2种纳税方案可选择：方案一，提供在香港购买古画的成本凭证，按照实际所得计算缴纳个人所得税；方案二，不提供在香港购买古画的成本凭证，由税务机关核定征税。仅考虑个人所得税，不考虑其他税费。

节税方案：

在方案一下，陈先生应缴纳个人所得税98万元〔(500－10)×20%〕。

在方案二下，陈先生应缴纳个人所得税15万元（500×3%）。方案二比方案一节税83万元（98－15）。

十三、利用双层公司留存股息

📖 纳税筹划思路

个人从非上市公司取得股息需要缴纳20%的个人所得税,公司从非上市公司取得股息免税。个人可以利用这种税制的差异,在投资之初即设置双层公司,下层公司从事实体经营,上层公司用来留存下层公司分配的股息。

例11-17 孙先生持有甲公司40%的股权,每年从甲公司取得股息500万元,甲公司代扣代缴个人所得税100万元。

节税方案:

孙先生在投资之初先设立孙氏投资公司,由孙氏投资公司向甲公司投资并持有甲公司40%的股权,孙氏投资公司每年从甲公司取得股息500万元可以免税,由此实现每年节税100万元。

十四、利用借款取得公司未分配利润

纳税筹划思路

根据《财政部 国家税务总局关于规范个人投资者个人所得税征收管理的通知》(财税〔2003〕158号)的规定,纳税年度内个人投资者从其投资企业(个人独资企业、合伙企业除外)借款,在该纳税年度终了后既不归还,又未用于企业生产经营的,其未归还的借款可视为企业对个人投资者的红利分配,依照"利息、股息、红利所得"项目计征个人所得税。纳税人可以利用上述政策将利润留在投资公司,通过借款的方式取得公司未分配利润。

例11-18 马先生投资设立了一人有限责任公司甲公司。甲公司每年产生100万元的未分配利润。关于该未分配利润的使用方式,马先生有3种方案可选择:方案一,甲公司直接向马先生分配100万元的股息;方案二,马先生将甲公司的未分配利润以借款的形式取出,等公司解散时再归还;方案三,马先生在年初将甲公司的未分配利润借出,年底予以归还,第二年年初再将甲公司的未分配利润借出,年底再予以归还,循环往复。仅考虑该100万元未分配利润的个人所得税,不考虑其他税费。

节税方案:

在方案一下,马先生需要缴纳个人所得税20万元(100×20%)。

在方案二下,马先生需要缴纳个人所得税20万元(100×20%)。由于马先生不会主动缴纳税款,未来被税务机关查处时还将面临每日0.05%的滞纳金(相当于年利息18.25%)以及罚款。

在方案三下,马先生不需要缴纳个人所得税。方案三比方案二、方案一节税20万元。

十五、利用上市公司股息差别化税收政策

📖 纳税筹划思路

根据《财政部 国家税务总局 证监会关于上市公司股息红利差别化个人所得税政策有关问题的通知》(财税〔2015〕101号)的规定,自2015年9月8日起,个人从公开发行和转让市场取得的上市公司股票,持股期限超过1年的,股息红利所得暂免征收个人所得税。个人从公开发行和转让市场取得的上市公司股票,持股期限在1个月以内(含1个月)的,其股息红利所得全额计入应纳税所得额;持股期限在1个月以上至1年(含1年)的,暂减按50%计入应纳税所得额;上述所得统一适用20%的税率计征个人所得税。纳税人在取得股息以后,应尽量延长持有股票的时间,以减轻上市公司股息的税收负担。

例11-19 2022年12月10日,沈女士购买了甲上市公司的股票。2022年12月30日,沈女士获得了甲上市公司的股息10万元。沈女士有3种持股方案可选择:方案一,沈女士在2023年1月10日之前转让甲公司的股票;方案二,沈女士在2023年1月11日以后、在2023年12月10日之前转让甲公司的股票;方案三,沈女士在2023年12月11日以后转让甲公司的股票。仅考虑该10万元股息的个人所得税,不考虑其他税费。

节税方案:

在方案一下,沈女士应当缴纳个人所得税2万元(10×20%)。

在方案二下,沈女士应当缴纳个人所得税1万元(10×50%×20%)。方案二比方案一节税1万元(2-1)。

在方案三下,沈女士可免纳个人所得税。方案三比方案二节税1万元。方案三比方案一节税2万元。

第十一部分 轻松掌握个人其他所得纳税筹划实用技巧

十六、增加财产租赁所得的次数

📖 纳税筹划思路

根据《个人所得税法》的规定,财产租赁所得,每次收入不超过4 000元的,减除费用800元;4 000元以上的,减除20%的费用,其余额为应纳税所得额。根据《个人所得税法实施条例》的规定,财产租赁所得,以1个月内取得的收入为1次。财产租赁所得的费用扣除实行定额与定率相结合的方法,如能将财产租赁所得多分几次,使得每次财产租赁所得均低于4 000元,可以起到节税的作用。

例11-20 关先生将某商场的一层对外出租,年租金为36万元。关先生有2种方案可选择:方案一,将商场一层整个出租给某公司,月租金为3万元;方案二,将商场一层出租给10家个体工商户,每家每月租金为3 000元。仅考虑个人所得税,不考虑其他税费。

节税方案:

在方案一下,关先生全年需要缴纳个人所得税57 600元[30 000×(1－20%)×20%×12]。

在方案二下,关先生全年需要缴纳个人所得税52 800元[(3 000－800)×20%×10×12]。方案二比方案一节税4 800元(57 600－52 800)。

十七、利用公司取得财产租赁所得

📖 纳税筹划思路

财产租赁所得适用20%的税率。由于小微企业的实际所得税税率已经降低至2.5%，对于长期经营的财产租赁而言，由公司作为经营主体更能起到节税的作用。

例11-21 张先生计划出资1 000万元购置一处门面房，出租给某银行，每年取得100万元租金。张先生有2种方案可选择：方案一，由张先生购置该处门面房，由个人出租给银行；方案二，张先生成立甲公司，由甲公司购置该处门面房并出租给银行。仅考虑个人所得税，不考虑其他税费。甲公司每年提取门面房折旧50万元。

节税方案：

在方案一下，张先生需要缴纳个人所得税16万元［100×（1－20%）×20%］。

在方案二下，甲公司需要缴纳企业所得税1.25万元［（100－50）×12.5%×20%］。方案二比方案一节税14.75万元（16－1.25）。

十八、个人不动产投资纳税筹划综合案例

李先生有上亿元闲置资金,准备从事不动产投资。其初步计划是先购置一些不动产,包括住宅、商铺、写字楼等,持有一段时间后再转让,获取增值收益,在持有期间,主要以出租为主,不从事其他实体经营。

请按照不动产购置、不动产出租以及不动产转让三个阶段,综合运用各种纳税筹划方法,为李先生设计一份综合纳税筹划方案。

📖 不动产购置的纳税筹划

在不动产购置的主体方面,李先生主要有2种选择方案:以个人名义购置和以公司名义购置。

在不动产购置的客体方面,李先生主要有2种选择方案:购置住房和购置商用房。

上述方案可以组成4种模式:个人购置住房、个人购置商用房、公司购置住房、公司购置商用房。实际操作中,李先生可以采取其中一种模式,也可以同时采取4种模式以分别满足其在不同地区购置多套不动产的需求。

1. 个人购置住房

个人购置住房需要按照购房价款乘以适用税率缴纳契税。

个人购置家庭唯一住房,不超过90平方米的,税率为1%;超过90平方米的,税率为1.5%。

个人在"北、上、广、深"以外购置家庭第二套改善型住房,不超过90平方米的,税率为1%;超过90平方米的,税率为2%。

个人在"北、上、广、深"购置家庭第二套改善型住房,个人在全国范围购置家庭第三套住房,均按照当地契税正常税率缴纳契税,目前各地适用契税税率为3%、4%或5%。

本案中的李先生购置住房的目的是投资,不可能是家庭首套住房,也不太可能是家庭第二套改善型住房。因此,如果李先生以个人名义购置住房,

实际上并不能享受到任何契税优惠政策。如果李先生以其成年子女、父母或者其他亲朋的名义购置住房，有可能享受契税优惠政策。但应注意通过代持协议、房产抵押等方式明确双方权利义务，以免产生纠纷或带来其他法律风险。

2. 个人购置商用房

个人购置商用房目前并无任何契税优惠政策，直接适用当地契税标准税率缴纳契税。

税率为3%的地区：北京、天津、内蒙古、上海、浙江、福建、江西、山东、广东、广西、海南、重庆、四川、贵州、云南、陕西、甘肃、青海、宁夏、新疆。

税率为4%的地区：河北、辽宁、江苏、安徽、河南、湖北、湖南。

税率为5%的地区：吉林、黑龙江。

西藏暂不征收契税。

3. 公司购置住房

目前公司购置住房在法律上不存在任何障碍，但部分地区对公司购置住房设置了限制条件，甚至禁止公司购置住房。

在允许公司购置住房的地区，公司购置住房与个人购置住房一样也仅需要缴纳契税，但不享受任何契税优惠。

4. 公司购置商用房

目前公司购置商用房在法律上没有任何障碍，各地也没有限制或禁止公司购置商用房的规定。

公司购置商用房与个人购置商用房相同，也仅需要缴纳契税，同样不享受任何契税优惠。

不动产出租的纳税筹划

个人出租不动产所涉及的主要税费有增值税、城市维护建设税、教育费附加、地方教育附加、房产税以及个人所得税。公司出租不动产所涉及的主要税费有增值税、城市维护建设税、教育费附加、地方教育附加、房产税以及企业所得税。因印花税数额较小，对纳税筹划影响较小，本案例不予考虑。

1. 个人出租住房

个人出租住房，应当缴纳增值税，其取得的不含税租金收入按照 5% 的征收率减按 1.5% 计算应纳税额。例如，个人出租住房实际取得 100 万元租金，应纳增值税 1.43 万元 [100÷（1＋5%）×1.5%]。

个人出租住房，按照实际缴纳增值税税额的 7% 缴纳城市维护建设税（假设住房位于市区）、3% 缴纳教育费附加、2% 缴纳地方教育附加。接上例，应纳城市维护建设税、教育费附加和地方教育附加 0.17 万元 [1.43×（7%＋3%＋2%）]。

个人出租住房，应当缴纳房产税，其取得的不含税租金收入按照 4% 的税率计算应纳税额。例如，个人出租住房实际取得 100 万元租金，应纳房产税 3.81 万元 [100÷（1＋5%）×4%]。

个人出租住房，应当缴纳个人所得税，个人所得税应按月计算，税率为 10%（财产租赁所得的税率为 20%，这里享受优惠）。例如，个人出租住房实际取得年含税租金 100 万元，应纳个人所得税 7.30 万元 {[100÷（1＋5%）－0.17－3.81]÷12×（1－20%）×10%×12}。

综上，个人出租住房，实际取得含税租金 100 万元，需要缴纳税款 12.71 万元（1.43＋0.17＋3.81＋7.30）。需要注意的是，自 2023 年 1 月 1 日至 2023 年 12 月 31 日，自然人采取一次性收取租金形式出租不动产取得的租金收入，可在对应的租赁期内平均分摊，分摊后的月租金收入未超过 10 万元的，免征增值税。

《财政部　国家税务总局关于调整住房租赁市场税收政策的通知》（财税〔2000〕125 号）规定：对个人按市场价格出租的居民住房，房产税暂减按 4% 的税率征收；对个人出租房屋取得的所得暂减按 10% 的税率征收个人所得税。

《财政部　国家税务总局关于廉租住房、经济适用住房和住房租赁有关税收政策的通知》（财税〔2008〕24 号）规定：对个人出租住房取得的所得减按 10% 的税率征收个人所得税；对个人出租、承租住房签订的租赁合同，免征印花税；对个人出租住房，免征城镇土地使用税。《财政部　税务总局　住房城乡建设部关于完善住房租赁有关税收政策的公告》（财政部　税务总局　住房城乡建设部公告2021年第24号）规定：住房租赁企业中的增值税一般纳税人向个人出租住房取得的全部出租收入，可以选择适用简易计税方法，按照5%的征收率减按1.5%计算缴纳增值税，或适用一般计税方法计算缴纳增值税。住房租赁企业中的增值税小规模纳税人向个人出租住房，按照5%的征收率减按1.5%计算缴纳增值税。住房租赁企业向个人出租住房适用上述简易计税方法并进行预缴的，减按1.5%预征率预缴增值税。对企事业单位、社会团体以及其他组织向个人、专业化规模化住房租赁企业出租住房的，减按4%的税率征收房产税。

个人出租住房，如能将每月不含增值税租金收入控制在10万元以内，还可以享受免征增值税的优惠。如出租住房租金收入较高，李先生可以由其配偶或子女、父母的名义购置部分住房，从而确保每人名下的住房每月不含税租金收入均不超过10万元。

在免税情形下，个人出租住房，实际取得年租金100万元，应纳增值税及其附加0，房产税4万元（100×4%），个人所得税7.68万元［（100－4）÷12×（1－20%）×10%×12］，合计纳税11.68万元。这是个人出租住房，需要缴纳的最低税款。

2. 个人出租商用房

个人出租商用房，应当缴纳增值税，其取得的不含税租金收入按照5%的征收率计算应纳税额。例如，个人出租商用房实际取得100万元租金，应纳增值税4.76万元［100÷（1＋5%）×5%］。自2023年1月1日至2023年12月31日，个人采取一次性收取租金形式出租不动产取得的租金收入，可在对应的租赁期内平均分摊，分摊后的月租金收入未超过10万元的，免征增值税。

个人出租商用房，按照实际缴纳增值税税额的7%缴纳城市维护建设税（假设住房位于市区）、3%缴纳教育费附加、2%缴纳地方教育附加。接上例，应纳城市维护建设税、教育费附加和地方教育附加0.57万元［4.76×（7%＋3%＋2%）］。

个人出租商用房，应当缴纳房产税，其取得的不含税租金收入按照12%的税率计算应纳税额。例如，个人出租商用房实际取得100万元租金，应纳房产税11.43万元［100÷（1＋5%）×12%］。

第十一部分　轻松掌握个人其他所得纳税筹划实用技巧

个人出租商用房，应当缴纳个人所得税，个人所得税应按月计算，税率为20%。例如，个人出租商用房实际取得年租金100万元，应纳个人所得税13.31万元｛［100÷（1＋5%）－0.57－11.43］÷12×（1－20%）×20%×12｝。

综上，个人出租商用房，实际取得年租金100万元，需要缴纳税款30.07万元（4.76＋0.57＋11.43＋13.31）。

与个人出租住房一样，个人出租商用房，如能将每月不含增值税租金收入控制在10万元以内，还可以享受免征增值税的优惠。

在免税情形下，个人出租商用房，实际取得年租金100万元，年纳增值税及其附加0，房产税12万元，个人所得税14.08万元，合计纳税26.08万元。这是个人出租商用房，按年含税租金100万元计算，需要缴纳的最低税款。由此可见，个人出租商用房的税负远高于个人出租住房的税负。

3. 公司出租住房

公司出租住房，应当缴纳增值税，建议其选择小规模纳税人，其取得的不含税租金收入按照5%的征收率计算应纳税额。例如，公司出租住房实际取得100万元租金，应纳增值税4.76万元［100÷（1＋5%）×5%］。

公司出租住房，按照实际缴纳增值税税额的7%缴纳城市维护建设税（假设住房位于市区）、3%缴纳教育费附加、2%缴纳地方教育附加。接上例，应纳城市维护建设税、教育费附加和地方教育附加0.57万元［4.76×（7%＋3%＋2%）］。

公司出租住房，应当缴纳房产税，其取得的不含税租金收入按照12%的税率计算应纳税额。例如，公司出租住房实际取得100万元租金，应纳房产税11.43万元［100÷（1＋5%）×12%］。

公司出租住房，应当缴纳企业所得税。目前一线城市的租售比已超过1∶600，要取得年租金100万元，住房的购置价格应接近5 000万元，假设住房折旧年限20年，残值率为5%，公司购置住房的年折旧额237.5万元［5 000×（1－5%）÷20］。由于折旧额超过了公司取得的年租金收入，公司处于亏损状态，不需要缴纳企业所得税。

综上，公司出租住房，实际取得年含税租金100万元，需要缴纳税款

16.76万元（4.76 + 0.57 + 11.43）。

公司实行综合所得税制，且公司年度经营产生了亏损，因此，不宜直接将公司年度纳税额与个人年度纳税额进行比较，应从不动产购置到最终处置的整个过程对个人与公司经营不动产的税负进行比较。

4. 公司出租商用房

公司出租商用房与公司出租住房的纳税情况基本相当，主要区别在于商用房的租售比略低，假设取得年租金100万元，商用房的购置价格为4 000万元，假设商用房折旧年限20年，残值率为5%，公司购置商用房的年折旧额190万元 [5 000 × （1 - 5%） ÷ 20]。公司仍然处于亏损状态，只是亏损额略低于公司出租住房。

公司如果主要将商用房出租给增值税一般纳税人，最好选择一般纳税人身份。这样，公司可以开具增值税专用发票，还可以抵扣购买商用房时负担的增值税。

《营业税改征增值税试点有关事项的规定》（财税〔2016〕36号发布）规定：一般纳税人出租其2016年4月30日前取得的不动产，可以选择适用简易计税方法，按照5%的征收率计算应纳税额。个人出租住房，应按照5%的征收率减按1.5%计算应纳税额。一般纳税人出租其2016年5月1日后取得的、与机构所在地不在同一县（市）的不动产，应按照3%的预征率在不动产所在地预缴税款后，向机构所在地主管税务机关进行纳税申报。小规模纳税人出租其取得的不动产（不含个人出租住房），应按照5%的征收率计算应纳税额。其他个人出租其取得的不动产（不含住房），应按照5%的征收率计算应纳税额。

📖 不动产转让的纳税筹划

个人转让不动产所涉及的主要税费有增值税、城市维护建设税、教育费附加、地方教育附加、土地增值税以及个人所得税。公司转让不动产所涉及的主要税费有增值税、城市维护建设税、教育费附加、地方教育附加、土地增值税以及企业所得税。因印花税数额较小，对纳税筹划影响较小，本案例不予考虑。

第十一部分　轻松掌握个人其他所得纳税筹划实用技巧

1. 个人转让住房

个人转让购买不足 2 年的住房，应当按照 5% 的征收率全额缴纳增值税。例如，个人以 5 000 万元购置多套住房，2 年内以 6 000 万元转让，应纳增值税 285.71 万元 [6 000 ÷ (1 + 5%) × 5%]。

个人转让购买不足两年的住房，按照实际缴纳增值税税额的 7% 缴纳城市维护建设税（假设住房位于市区）、3% 缴纳教育费附加、2% 缴纳地方教育附加。接上例，应纳城市维护建设税、教育费附加和地方教育附加 34.29 万元 [285.71 × (7% + 3% + 2%)]。

个人转让住房免纳土地增值税。

个人转让购买不足 2 年的住房，应缴纳个人所得税。接上例，个人购置住房的不含税价格 4 504.50 万元 [5 000 ÷ (1 + 11%)]，应纳契税 135.14 万元 (4 504.50 × 3%)，不含税转让价格 5 714.29 万元 [6 000 ÷ (1 + 5%)]，转让时应纳个人所得税 108.97 万元 [(5 714.29 − 5 000 − 135.14 − 34.29) × 20%]。

综上，个人转让购买不足 2 年的住房合计应纳税额 428.97 万元 (285.71 + 34.29 + 108.97)。

注：这里假设个人从开发商手中购置新建住房，开发商销售新建住房适用增值税税率为 11%。

如果个人持有住房满 2 年以后再转让，可以免纳增值税。接上例，转让时应纳个人所得税 172.97 万元 [(6 000 − 5 000 − 135.14) × 20%] 需要注意的是，个别地方有特殊政策，如北京转让持有 2 年以上的非普通住房，按照买卖差额和 5% 的征收率缴纳增值税。上海、深圳、广州 9 个区转让持有 5 年以上的普通住房才能免征增值税，转让持有 5 年以上的非普通住房，按照买卖差额和 5% 的征收率缴纳增值税。

综上，个人转让购买超过 2 年的住房合计应纳税额 172.97 万元。建议李先生尽量选择持有住房满 2 年后再转让，这样可以大大减轻转让住房的税收负担。需要注意的是，持有住房时间以取得不动产证或者缴纳契税之日起算，李先生购置住房后应尽快缴纳契税并办理不动产证。

2. 个人转让商用房

个人转让商用房，应以取得的不含税价款减去购置原价后的余额为销售额,按照5%的征收率计算应纳增值税税额。例如,个人以5 000万元购置商用房,以6 000万元转让,应纳增值税35.71万元[(5 714.29 − 5 000)× 5%]。

个人转让商用房,按照实际缴纳增值税税额的7%缴纳城市维护建设税(假设住房位于市区)、3%缴纳教育费附加、2%缴纳地方教育附加。接上例,应纳城市维护建设税、教育费附加和地方教育附加4.29万元[35.71 × (7% + 3% + 2%)]。

个人转让商用房,应当缴纳土地增值税,根据该税种的征管实践,假设按照含税销售额的3%核定土地增值税180万元。

个人转让商用房,应当缴纳个人所得税。接上例,应纳个人所得税78.97万元[(5 714.29 − 5 000 − 135.14 − 4.29 − 180)× 20%]。

综上,个人转让商用房,合计应纳税额298.97万元(35.71 + 4.29 + 180 + 78.97)。

由此可见,个人转让商用房的税负高于个人转让满2年住房的税负,低于个人转让不满2年住房的税负。

3. 公司转让住房

公司转让住房应当缴纳增值税,鉴于购买住房者主要为个体消费者,建议公司选择小规模纳税人身份,应以取得的不含税价款减去购置原价后的余额为销售额,按照5%的征收率计算应纳增值税税额。例如,公司以5 000万元购置住房,以6 000万元转让,应纳增值税35.71万元[(5 714.29 − 5 000)× 5%]。

公司转让住房,按照实际缴纳增值税税额的7%缴纳城市维护建设税(假设住房位于市区)、3%缴纳教育费附加、2%缴纳地方教育附加。接上例,应纳城市维护建设税、教育费附加和地方教育附加4.29万元[35.71 × (7% + 3% + 2%)]。

公司转让住房,假设按照含税销售额的3%核定土地增值税180万元。

公司转让住房应当缴纳企业所得税。为与个人投资相比较,假设以经营2年为限,则2年期间,公司取得租金200万元,按最低税负计算,仅需缴纳24万元房产税,购置住房时缴纳了契税135.14万元,2年期间应纳企业所得税 142.72 万元［(5 714.29－5 000－135.14－4.29－180＋200－24)×25%］。净利润为 678.14 万元（6 000＋200－5 000－135.14－24－35.71－4.29－180－142.72）。

如果以个人购置住房，持有 2 年转让，按照税负最轻的情形计算，净利润为 868.53 万元［6 000＋200－5 000－135.14－11.68×2（持有期间税负）－172.97（转让税负）］。

由此可见，对于住房投资而言，个人投资的税负比公司投资的税负要轻。主要原因是个人出租住房享受增值税、房产税和个人所得税的优惠，个人转让住房享受土地增值税、增值税的优惠，而公司出租住房仅能享受增值税的优惠，公司转让住房不享受任何优惠。

4. 公司转让商用房

公司转让商用房的税收负担与公司转让住房的税收负担基本一致，只是此时公司可以选择一般纳税人身份，适用 11% 的税率，对增值税负担有一定影响，但影响不大。因一般纳税人增值税负担受多种因素影响，这里仍按小规模纳税人考虑，净利润为 678.14 万元。

如果以个人购置商用房，持有 2 年转让，按照税负最轻的情形计算，净利润 713.73 万元［6 000＋200－5 000－135.14－26.08×2（持有期间税负）－298.97（转让税负）］。

由此可见，个人投资商用房的税负也低于公司投资商用房的税负。主要原因是公司所得税税率较高。

如进一步对投资房产进行纳税筹划，公司可以考虑设立多家公司来持有房产，充分利用小型微利企业低税率的优惠，这样可以将企业所得税从 142.72 万元降低为 57.09 万元。公司投资房产的净利润将从 678.14 万元提高至 735.23 万元。此时，公司投资商用房的收益就已经高于个人投资商用房的收益。

如果以转让公司股权的形式来代替出售房产，则公司投资房产也可以免纳增值税、土地增值税，同时，也为购买方节省了契税的支出。这样，公司投资商用房的收益将远高于个人投资商用房。公司投资住房的收益接近个人投资住房的收益。

《土地增值税暂行条例》规定：土地增值税按照纳税人转让房地产所取得的增值额和规定的税率计算征收。纳税人转让房地产所取得的收入减除规定扣除项目金额后的余额，为增值额。计算增值额的扣除项目包括旧房及建筑物的评估价格。

《中华人民共和国土地增值税暂行条例实施细则》规定：旧房及建筑物的评估价格，是指在转让已使用的房屋及建筑物时，由政府批准设立的房地产评估机构评定的重置成本价乘以成新度折扣率后的价格，评估价格须经当地税务机关确认。

《财政部 国家税务总局关于土地增值税若干问题的通知》（财税〔2006〕21号）规定：纳税人转让旧房及建筑物，凡不能取得评估价格，但能提供购房发票的，经当地税务部门确认，规定的扣除项目的金额，可按发票所载金额并从购买年度起至转让年度止每年加计5%计算。对纳税人购房时缴纳的契税，凡能提供契税完税凭证的，准予作为"与转让房地产有关的税金"予以扣除，但不作为加计5%的基数。

对于转让旧房及建筑物，既没有评估价格，又不能提供购房发票的，地方税务机关可以根据《税收征收管理法》第三十五条的规定，实行核定征收。

《营业税改征增值税试点有关事项的规定》（财税〔2016〕36号）规定：一般纳税人销售其2016年4月30日前取得（不含自建）的不动产，可以选择适用简易计税方法，以取得的全部价款和价外费用减去该项不动产购置原价或者取得不动产时的作价后的余额为销售额，按照5%的征收率计算应纳税额。

一般纳税人销售其2016年4月30日前自建的不动产，可以选择适用简易计税方法，以取得的全部价款和价外费用作为销售额，按照5%的征收率计算应纳税额。

一般纳税人销售其2016年5月1日后取得（不含自建）的不动产，应适用一般计税方法，以取得的全部价款和价外费用为销售额计算应纳税额，适用11%的税率。

一般纳税人销售其2016年5月1日后自建的不动产，应适用一般计税方法，以取得的全部价款和价外费用为销售额计算应纳税额，适用11%的税率。

小规模纳税人销售其取得（不含自建）的不动产（不含个体工商户销售购买的住房和其他个人销售不动产），应以取得的全部价款和价外费用减去该项不动产购置原价或者取得不动产时的作价后的余额为销售额，按照5%的征收率计算应纳税额。

小规模纳税人销售其自建的不动产，应以取得的全部价款和价外费用为销售额，按照5%的征收率计算应纳税额。

房地产开发企业中的一般纳税人，销售自行开发的房地产老项目，可以选择适用简易计税方法按照5%的征收率计税。

房地产开发企业中的小规模纳税人，销售自行开发的房地产项目，按照5%的征收率计税。

房地产开发企业采取预收款方式销售所开发的房地产项目，在收到预收款时按照3%的预征率预缴增值税。

个体工商户销售购买的住房，应按照自然人销售住房的规定征免增值税。

其他个人销售其取得（不含自建）的不动产（不含其购买的住房），应以取得的全部价款和价外费用减去该项不动产购置原价或者取得不动产时的作价后的余额为销售额，按照5%的征收率计算应纳税额。

一般纳税人销售其2016年4月30日前取得的不动产（不含自建），适用一般计税方法计税的，以取得的全部价款和价外费用为销售额计算应纳税额。

十九、个人与公司股权架构纳税筹划综合案例

张总名下有十几家公司,有些是张总控股的公司,有些是张总参股的公司,张总每年从上述公司取得股息500万元,由支付股息的公司代扣代缴个人所得税。张总及其家人尚未从上述公司取得工资。张总每年的个人与家庭开支约200万元。张总未来还考虑转让部分股权以及将部分股权转给自己的子女。请结合张总的基本情况,允许进行适当合理假设,以个人与公司股权架构为核心,为张总设计综合纳税筹划方案。

📖 直接投资向间接投资的转化

张总每年取得500万元股息,应纳税额100万元(500×20%),实际到手的只有400万元。对张总而言,该400万元仍主要用于投资,个人消费只占一部分,因此,张总没有必要在当期取得500万元股息并缴纳个人所得税。为此,张总应考虑将直接投资转化为间接投资。

张总可以将全部或者部分直接持有的股权按照成本价或当前账面净资产对应的价值投资入股设立一家张氏投资公司。原分配给张总的500万元股息将分配给张氏投资公司,而公司从公司取得股息是免税的,因此,张总每年就免除了在当期缴纳100万元个人所得税的负担。

将直接投资转化为间接投资主要可以获取以下利益:

第一,利用公司从公司取得股息免税的优惠政策,免予在当期缴纳个人所得税,未来想从公司取出股息时再缴纳个人所得税。

第二,在控股公司和参股公司中,因还涉及其他股东的利益,个人进行纳税筹划的空间较小,隐蔽性也不够。

第三,未来控股公司和参股公司还可能上市,成为公众公司,需要更加

规范地经营，不适合将其作为个人纳税筹划的主要操作公司。

第四，未来还可能需要转让股权或者将股权赠与子女或者继承股权，如直接在控股公司和参股公司层面进行，将受到诸多限制，如在个人100%控股的公司层面进行就相对容易得多。

在将直接投资转化为间接投资，即用股权投资设立公司时应注意该行为在税法上被视为转让股权，可以适用个人用非货币性资产投资分期纳税的优惠政策，即在5年内缴纳税款。

在纳税筹划时，可以考虑以成本价出资或者以账面净值出资，这样，个人转让股权所确认的所得就等于0，或者非常低，该项交易的所得税负担可以忽略不计。

个人支出向公司支出的转化

在完成间接投资向直接投资的转化以后，在张总100%控股的张氏投资公司层面以及张氏投资公司的全资子公司层面，张总就可以进行多种与个人、家庭理财相关的纳税筹划。

假设张总及其部分家人目前尚没有工资、薪金所得，则可以考虑安排张总及其部分家人在若干家公司担任总经理或者副总经理等职务，分别从这些公司每月领取5 000元的工资（暂不考虑社保及专项附加扣除），此时的税负率为0。如果上述工资远不够应付日常生活消费，可以再提高至每月8 000元，纳税90元，税负率仅为0.01%。

在张总及其家人大多在公司任职的情形下，就可以将个人与家庭支出转化为公司支出。

固定资产类的支出可以由公司来进行，如由公司购置电脑、手机、汽车、车库、住房、商用房等，相关支出均由公司负担。

日常生活消费类支出大多可以由公司来进行，如办公用品、交通费、通信费、餐饮费、差旅费、会议费等。甚至个人保镖、司机、家庭保姆也可以由公司员工兼任，从而将家庭彻底公司化。

在张总及其成年子女担任公司总经理或副总经理的前提下，张总及其成年子女的各种培训费，如MBA学费等均可以由公司负担。

在个人支出向公司支出转化的过程中应注意符合税法和财务会计制度的规定,特别是应取得合法支出凭证、依法签订合同、报销手续合法、大额款项由公司直接支付等,以免带来税务稽查的风险。

以张总每年200万元左右的家庭开支来计算,每年可以为公司节税50万元,同时,该200万元也不需要事先代扣代缴个人所得税,综合节税额接近100万元。

股息所得的纳税筹划

对于公司资产负债表中的未分配利润,可以通过两种方式进行纳税筹划。

第一,延迟纳税,将未分配利润一直留在公司,待未来需要用钱之时再分配,再缴纳个人所得税,或者一直将其留在公司账上,未来转让公司股权时一并计入股权转让所得来纳税,或者未来直接将公司赠与子女,实现财富的代际传承,相关未分配利润也留待子孙去处理。

第二,股东向公司借款,相当于将部分未分配利润拿走,但在法律上并不是分配,而是借款,因此,不需要缴纳个人所得税。

采用从公司借款方式进行纳税筹划时应注意反避税制度:纳税年度内个人投资者从其投资企业(个人独资企业、合伙企业除外)借款,在该纳税年度终了后既不归还,又未用于企业生产经营的,其未归还的借款可视为企业对个人投资者的红利分配,依照"利息、股息、红利所得"项目计征个人所得税。因此,借款方式的操作技巧是年初借钱、年底还钱,第二年年初再借钱、年底再还钱。只有这样才能避免税务稽查中补税和处罚的风险。

按5%的复利计算,使用这种方式延迟纳税5年,即可节税22%,延迟纳税10年,即可节税39%。

股权转让所得的纳税筹划

未来股权转让时,应按股权转让收入减去取得股权的成本计算应纳税所得额,并适用20%的税率计算缴纳个人所得税。股权转让所得的纳税筹划主要有以下3种方法。

第一,适当低价转让,但不能低于股权对应的净资产份额。

第二，平价转让给配偶、父母、子女、祖父母、外祖父母、孙子女、外孙子女、兄弟姐妹以及对转让人承担直接抚养或者赡养义务的抚养人或者赡养人。

第三，将个人转让股权转化为公司转让股权，利用公司亏损来抵减股权转让所得。

以本案张总为例，假设张总将甲公司10%的股权转让给他人，股权转让价款1 000万元，张总最初取得甲公司10%股权的出资额为100万元，不考虑印花税等小额税负，则张总需要缴纳个人所得税180万元［（1 000 — 100）× 20%］。

假设张总100%控股的乙公司以前年度尚有500万元亏损尚未弥补，且即将过期作废，则张总可以先将甲公司10%的股权以净资产份额对应的价格400万元投资入股乙公司，张总需要确认个人所得税60万元［（400 — 100）× 20%］，该60万元可以在5年内缴纳。

乙公司在转让甲公司10%的股权之前，先由甲公司分配部分股息，假设为100万元，乙公司取得100万元股息不需要缴纳企业所得税，乙公司转让甲公司10%股权的价格应减少100万元，应纳税所得额500万元［（1 000 — 100）— 400］，弥补乙公司的亏损后不需要缴纳企业所得税。

整个转让过程的税收负担为60万元，节税120万元。

如果张总能够在若干年以前就将直接投资转化为间接投资，则该60万元的个人所得税也可以通过纳税筹划予以免除。

《国家税务总局关于加强非居民企业股权转让所得企业所得税管理的通知》（国税函〔2009〕698号）规定：股权转让所得是指股权转让价减除股权成本价后的差额。股权转让价是指股权转让人就转让的股权所收取的包括现金、非货币资产或者权益等形式的金额。如被持股企业有未分配利润或税后提存的各项基金等，股权转让人随股权一并转让该股东留存收益权的金额，不得从股权转让价中扣除。股权成本价是指股权转让人投资入股时向中国居民企业实际交付的出资金额，或购买该项股权时向该股权的原转让人实际支付的股权转让金额。

《国家税务总局关于贯彻落实企业所得税法若干税收问题的通知》（国税函〔2010〕79号）规定：企业转让股权收入，应于转让协议生效且完成股权变更手续时，确认收入的实现。转让股权收入扣除为取得该股权所发生的成本后，为股权转让所得。企业在计算股权转让所得时，不得扣除被投资企业未分配利润等股东留存收益中按该项股权所可能分配的金额。

二十、公司上市与限售股转让纳税筹划综合案例

赵总名下有几家股份公司,均为赵总绝对控股公司,其中一家公司准备上市。上市之后,赵总主要从上市公司取得股息,在条件合适时也会减持部分上市公司的股票以获得现金收益。请结合赵总的基本情况,允许进行适当合理假设,综合运用各种纳税筹划方法,以上市前的股权架构以及未来的限售股减持为重点,提出纳税筹划方案。

📖 公司上市前的纳税筹划架构

赵总持有上市公司股份有两种选择:一是由个人直接持股,二是设立赵氏投资公司,由公司持股,个人间接持股。

如果由个人直接持股,未来上市公司分红时会直接代扣代缴20%的个人所得税,赵总没有纳税筹划的空间。赵总取得的上市公司股权属于限售股,未来解禁以后,转让限售股需要按照差价缴纳20%的个人所得税,相应税款由证券公司直接代扣代缴,纳税筹划的空间也比较小。

为了给上市之后创造更多纳税筹划空间,赵总在上市之前必须构建合理的股权架构。

从未来取得股息的角度考虑,赵总至少应通过一家公司间接持有上市公司的股权,即采取赵总全资控股赵氏投资公司,赵氏投资公司持股上市公司的模式。此种模式可以为未来提供至少3个方面的纳税筹划空间。

第一,未来上市公司的分红将直接进入赵氏投资公司,不需要缴纳企业所得税,从而实现了延迟纳税的目的。

第二,在赵氏投资公司层面,赵总便于将个人支出转化为公司支出。

第三,便于将赵氏投资公司迁移至税收洼地,享受当地的税收优惠。

如果在赵总和上市公司之间仅设一层赵氏投资公司,未来在进行纳税筹划时也会受到诸多限制,例如,不方便将赵氏投资公司股权转让给他人,不方便让赵氏投资公司产生亏损从而与限售股减持的所得相抵扣,不方便将赵

氏投资公司迁移至两个税收洼地等。

鉴于此,在赵总与上市公司之间应建立多家、多层的控股公司,它们在未来可以分别成为不同纳税筹划方案的操作平台。

第一条持股线(直接持股线):为了能在上市公司中出现个人股东的名字以及实现其他目标,赵总可以个人名义持有上市公司的少数股权,如5%,该部分股权原则上是不转让的。

第二条持股线(一层间接持股线):为了单纯以公司持股或者为了限售股减持或者公益捐赠等目的,赵总100%持有A公司,A公司持有上市公司少数股权,如5%;该条持股线可以为一条,也可以为相同的若干条,即赵总100%持有$A_1 \sim A_n$公司,$A_1 \sim A_n$公司持有上市公司少数股权。

第三条持股线(多层间接持股线):为了能间接转让上市公司股权以及将中间层公司迁移至税收洼地或者便于在某个中间层公司上引入新股东,建立两层以上中间层公司,即赵总100%持有B公司,B公司100%持有C公司,C公司100%持有D公司,D公司持有上市公司股权。该条持股线可以是一条,也可以是多条。既可以是多个B公司,也可以是一家B公司,多家C公司,或者多家D公司。

第四条持股线(关联方持股线):可以在上市之前将部分股权转移给家庭其他成员持有,其持有的方式也可以采取前三条持股方式中的一种或者多种。

📖 限售股转让的纳税筹划

赵总在上市前持有的原始股成本为每股1元,假设上市后,赵总减持限售股的转让价为每股20元,第一次减持1 000万股,不考虑减持中的其他税费,则应纳个人所得税3 800万元[(20-1)×1 000×20%]。

在上市前搭建了合理股权架构的情形下,可以通过3种方案进行限售股减持的纳税筹划。

第一种方案:弥补亏损法。赵总持有A公司,A公司持有B公司,B公司持有上市公司的限售股。由B公司转让上市公司限售股,取得应纳税所得额,赵总控制的企业中,只有B公司有亏损,或者事先将相关亏损业务通过企业重组转移至B公司,用亏损抵减限售股减持的所得。

第二种方案:利用税收洼地法。将B公司迁移至(或者在上市前的股权架构中就直接设立在）新疆困难地区、霍尔果斯等有特殊税收优惠的税收洼地，可以享受免税优惠。由 B 公司转让上市公司限售股，取得的所得免税。

第三种方案：公益捐赠法。由 B 公司将部分限售股进行公益捐赠，在计算应纳税所得额时，股权公益捐赠的收入为成本价，即股权公益捐赠的应纳税所得额为 0。部分股权捐赠可以为赵总本人或者赵总名下的公司进行公益宣传，相当于广告费支出。赵总还可以成立赵氏慈善基金，由 B 公司将上市公司股权捐赠给赵氏慈善基金。这样既可以实现转让限售股不纳税，还可以将上市公司股权控制在赵总手中。该方案充分借鉴了比尔·盖茨、扎克伯格等慈善裸捐模式。

《财政部 国家税务总局关于个人转让上市公司限售股所得征收个人所得税有关问题的通知》（财税〔2009〕167号）规定：自 2010 年 1 月 1 日起，对个人转让限售股取得的所得，按照"财产转让所得"，适用 20% 的比例税率征收个人所得税。个人转让限售股，以每次限售股转让收入，减除股票原值和合理税费后的余额，为应纳税所得额。限售股原值，是指限售股买入时的买入价及按照规定缴纳的有关费用。合理税费，是指转让限售股过程中发生的印花税、佣金、过户费等与交易相关的税费。如果纳税人未能提供完整、真实的限售股原值凭证的，不能准确计算限售股原值的，主管税务机关一律按限售股转让收入的 15% 核定限售股原值及合理税费。

《财政部 国家税务总局关于新疆困难地区新办企业所得税优惠政策的通知》（财税〔2011〕53号）规定：2010 年 1 月 1 日至 2020 年 12 月 31 日，对在新疆困难地区新办的属于《新疆困难地区重点鼓励发展产业企业所得税优惠目录》（以下简称《目录》）范围内的企业，自取得第一笔生产经营收入所属纳税年度起，第一年至第二年免征企业所得税，第三年至第五年减半征收企业所得税。新疆困难地区包括南疆三地州、其他国家扶贫开发重点县和边境县市。属于《目录》范围内的企业是指以《目录》中规定的产业项目为主营业务，其主营业务收入占企业收入总额 70% 以上的企业。

《财政部 国家税务总局关于新疆喀什 霍尔果斯两个特殊经济开发区企业所得税优惠政策的通知》（财税〔2011〕112号）规定：2010 年 1 月 1 日至 2020 年 12 月 31 日，对在新疆喀什、霍尔果斯两个特殊经济开发区内新办的属于《新疆困难地区重点鼓励发展产业企业所得税优惠目录》（以下简称《目录》）范围内的企业，自取得第一笔生产经营收入所属纳税年度起，

5年内免征企业所得税。第一笔生产经营收入，是指产业项目已建成并投入运营后所取得的第一笔收入。属于《目录》范围内的企业是指以《目录》中规定的产业项目为主营业务，其主营业务收入占企业收入总额 70% 以上的企业。

《财政部　税务总局关于新疆困难地区及喀什、霍尔果斯两个特殊经济开发区新办企业所得税优惠政策的通知》（财税〔2021〕27号）规定：2021 年 1 月 1 日至 2030 年 12 月 31 日：对在新疆困难地区新办的属于《新疆困难地区重点鼓励发展产业企业所得税优惠目录》范围内的企业，自取得第一笔生产经营收入所属纳税年度起，第 1 年至第 2 年免征企业所得税，第 3 年至第 5 年减半征收企业所得税；对在新疆喀什、霍尔果斯两个特殊经济开发区内新办的属于上述目录范围内的企业，自取得第一笔生产经营收入所属纳税年度起，5 年内免征企业所得税。

二十一、个人股票、债券和基金投资纳税筹划综合案例

吴女士为家庭主妇,兼管家庭财务,负责家庭几千万元资金的理财,平时的主要投资产品为银行理财产品、股票、国债、企业债券、基金、信托产品等。在确保资金安全、收益稳定的前提下,吴女士也想通过纳税筹划来提高税后收益。请结合吴女士的基本理财需求,允许对相关条件进行合理假设,重点就股票、债券、基金投资等领域提出纳税筹划方案。

📖 股票投资的纳税筹划

1.股票投资的增值税筹划

企业买卖股票属于金融服务中的"金融商品转让",需要缴纳增值税,卖出价扣除买入价后的余额为销售额,税率为6%。个人(包括个体工商户及其他个人)从事金融商品转让业务,免纳增值税。

建议吴女士以个人名义从事股票投资,假设其每年股票买卖的销售额为100万元,可以节省增值税6万元。

2.股票投资的所得税筹划

个人买卖上市公司流通股取得的所得,免征个人所得税。

个人买卖上市公司限售股,需要按照差额缴纳20%的个人所得税。

个人从公开发行和转让市场取得的上市公司股票,持股期限超过1年的,股息红利所得暂免征收个人所得税。

个人从公开发行和转让市场取得的上市公司股票,持股期限不超过1个月的,其股息红利所得全额计入应纳税所得额;持股期限超过1个月、不超过1年的,暂减按50%计入应纳税所得额;上述所得统一适用20%的税率计征

个人所得税。

公司买卖上市公司各类股票取得的所得,均依法计入应纳税所得额,按照公司适用税率缴纳企业所得税。

公司从上市公司取得的股息,持股期限超过1年的,免征企业所得税;持股期限不超过1年的,计入应纳税所得额,按照公司适用税率缴纳企业所得税。

吴女士应根据其股票投资的具体情形选择不同的投资模式。

例如,吴女士持有甲公司的股票,主要目的在于长期持有并取得股息,当然也不排除在时机适宜或者缺钱时卖掉部分甲公司的股票,对此,就比较适宜采取个人投资的模式。个人投资基本上没有税收负担,如每年取得10万元股息,若干年后转让取得50万元所得,均不需要缴纳个人所得税。如由公司进行持股,虽然10万元股息不需要纳税,但50万元的转让所得则需要缴纳12.5万元的企业所得税(按25%的标准税率)。

再例如,为抵御股灾之类的巨额亏损风险,吴女士就可以考虑由公司进行股票买卖。假设股灾时吴女士亏损200万元,该笔亏损对吴女士没有任何节税意义,但如果上述投资由公司进行,则该200万元亏损可以抵减公司从事其他经营的利润,由此,该200万元亏损可以抵税50万元(按25%标准税率计算),实现了50万元的节税收益(相当于将亏损降低至150万元)。

在不考虑亏损风险的前提下,个人投资股票在税负上优于公司投资股票。

📖 债券投资的纳税筹划

1. 债券投资的所得税税务处理

个人取得的国债利息、地方政府债券利息免征个人所得税;个人买卖国债、地方政府债券取得的所得,需要按照财产转让所得缴纳20%的个人所得税。

企业取得的国债利息、地方政府债券利息免征企业所得税。企业到期前转让国债或者从非发行者投资购买的国债,其持有期间尚未兑付的国债利息收入,按以下公式计算确定。

国债利息收入＝国债金额 × 金额 ×(适用年利率÷365)× 持有天数

按上述公式计算的国债利息收入,免征企业所得税。

2. 债券投资的所得税筹划

吴女士尽量选择购买国债和地方政府债券，如购买企业债券，在计算比较收益时应考虑企业债券利息应缴纳 20% 的个人所得税。

如某 5 年期国债利率为 4.4%，某 5 年期企业债券利率为 5.8%，则在比较时，应将 5.8% 的税前利率换算为税后利率，即 4.64%，如果再考虑风险系数，4.4% 的国债收益有可能超过名义利率达到 5.8% 的企业债券。

吴女士在购买国债和地方政府债券时，应尽量持有到期取得利息，而不要中途转让。

如面值 100 万元、年息 4% 的 3 年期国债，到期可以取得 12 万元利息，税后收益为 12 万元。如果吴女士在国债到期前一天转让，理论上的转让收益也会接近 12 万元，但由于需要缴纳 20% 的个人所得税，税后收益仅为 9.6 万元。提前一天转让就需要缴纳 2.4 万元的个人所得税。

因此，如果吴女士在国债到期前转让的可能性比较大，可以考虑由公司来购买国债。如上例中，如果是由公司在到期前一天转让国债，由于利息接近 12 万元，公司取得的 12 万元转让所得可以免纳企业所得税。

📖 基金投资的纳税筹划

1. 基金投资的所得税税务处理

对个人投资者买卖封闭式基金单位获得的差价收入，暂不征收个人所得税。

对个人投资者申购和赎回开放式基金单位取得差价收入，暂不征收个人所得税。

对投资者从封闭式基金分配中获得的股票的股息、红利收入以及企业债券的利息收入，以及从开放式基金取得的股票的股息、红利收入，债券的利息收入，由上市公司和发行债券的企业在向基金派发股息、红利、利息时，按政策代扣代缴个人所得税，基金向个人投资者分配股息、红利、利息时，不再代扣代缴个人所得税。

对投资者从封闭式基金分配中获得的国债利息、储蓄存款利息以及买卖股票价差收入，暂不征收所得税。

由此可见，基金本身在所得税上被视为透明体，实际纳税人仍是投资者，具体适用税收政策也是根据个人投资者直接取得相关所得适用的税收政策来确定。

个人直接取得国债利息、储蓄存款利息以及买卖股票价差收入是免税的，通过基金取得上述所得也享受免税待遇。个人通过基金取得其他应税所得，由支付人在向基金支付时代扣代缴个人所得税，基金再向投资者支付时不再扣缴税款。

对证券投资基金从证券市场中取得的收入，包括买卖股票、债券的差价收入，股权的股息、红利收入，债券的利息收入及其他收入，暂不征收企业所得税。

对企业投资者从证券投资基金分配中取得的收入，暂不征收企业所得税。

对证券投资基金管理人运用基金买卖股票、债券的差价收入，暂不征收企业所得税。

2.基金投资的所得税筹划

个人与企业从证券投资基金中取得的收入均免税，因此，个人与企业投资证券投资基金的税负大体相当，但企业可以盈亏相抵，而个人无法用基金的亏损来抵减其他应税收入，综合来看，企业投资基金的税负会更低。

例如，吴女士个人投资两只基金，一只亏损10万元，一只盈利20万元，合计盈利10万元。如果由公司来投资这两只基金，则盈利20万元不纳税，亏损的10万元可以抵减其他应税收入，可以抵税2.5万元（按25%的标准税率计算），合计盈利12.5万元，增加收益2.5万元。

企业投资者从证券投资基金取得的收益免税，但买卖证券投资基金取得的差价需要缴纳企业所得税，因此，企业应尽量将买卖基金的差价收入转化为基金分配的收入。

例如，2022年2月，甲公司投资800万元申购面值1元的A基金800万份。2023年2月，A基金净值为1.5元，A基金公司决定采取大比例分红方案，每基金份额现金分红0.45元。甲公司对这笔基金投资赎回的时间有2种选择：一是在A基金分红之前赎回；二是在A基金实施分红方案（除权日）后再赎回。

在分红前赎回,甲公司的投资收益为 300 万元 [(1.5 − 1)×800×(1 − 25%)];在分红后赎回,甲公司的投资收益为 390 万元 {(0.45×800)+[(1.05 − 1.00)×800×(1 − 25%)]};可增加收益 90 万元。

在分红后赎回就是利用公司从基金取得的收益免税的优惠,将本来应当纳税的财产转让所得转化为免税的基金分红。

二十二、员工保险与福利待遇纳税筹划综合案例

孙总是甲集团公司的创办人,也是主要控股股东。该集团有上百家公司,有超过10万名员工。孙总非常重视员工福利,希望通过福利为公司高管和员工减轻税收负担。孙总还参股了某保险公司,也希望通过保险为公司高管和员工进行纳税筹划。请结合孙总的主要需求,允许对集团公司的条件进行合理假设,重点就员工保险和福利待遇两个领域提出纳税筹划方案。

📖 员工保险的纳税筹划

1. 社会保险的纳税筹划

在社会保险领域,员工个人按照国家规定缴纳的基本养老保险费、基本医疗保险费、失业保险费以及住房公积金(通常简称为"三险一金")允许在计算个人所得税前扣除。企业按照国家规定缴纳的基本养老保险费、基本医疗保险费、失业保险费、工伤保险费、生育保险费以及住房公积金(通常简称为"五险一金")允许在计算企业所得税前扣除。因此,甲集团应当依法足额为员工缴纳各种社会保险费,这不仅是相关法律的要求,也是企业重视员工福利、为员工合理节税的基本表现。

2. 补充社会保险的纳税筹划

在补充社会保险领域,企业根据国家有关政策规定,为在本企业任职或者受雇的全体员工支付的补充养老保险费、补充医疗保险费,分别在不超过职工工资总额5%标准内的部分,在计算应纳税所得额时准予扣除;超过的部分,不予扣除。

企业根据国家有关政策规定,为本单位的全体职工缴付的企业年金单位缴费部分,在计入个人账户时,个人暂不缴纳个人所得税。个人根据国家有

关政策规定缴付的企业年金个人缴费部分，在不超过本人缴费工资计税基数的4%标准内的部分，暂从个人当期的应纳税所得额中扣除。上述缴费实行递延纳税政策。

个人达到国家规定的退休年龄，按月领取的年金，全额按照"工资、薪金所得"项目适用的税率，计征个人所得税；按年或按季领取的年金，平均分摊计入各月，每月领取额全额按照"工资、薪金所得"项目适用的税率，计征个人所得税。

甲集团公司应充分利用上述税收优惠政策，为集团公司的全体员工建立补充养老保险（企业年金）和补充医疗保险。假设集团每年拿出1亿元建立补充养老保险和补充医疗保险，一方面可以抵扣企业所得税2 500万元，另一方面可以为员工节省个人所得税2 000万元（按20%的平均税率计算），合计可节税4 500万元。

3. 商业健康保险的纳税筹划

自2017年7月1日起，商业健康保险个人所得税试点政策已经推广到全国范围实施。对个人购买符合规定的商业健康保险产品的支出，允许在当年/月计算应纳税所得额时予以税前扣除，扣除限额为2 400元/年（200元/月）。单位统一为员工购买符合规定的商业健康保险产品的支出，应分别计入员工个人工资、薪金，视同个人购买，按上述限额予以扣除。

甲集团公司可以利用上述税收优惠政策，为集团全体员工购买商业健康保险。以10万名员工计算，每年需支付2.4亿元保险费，可以抵扣企业所得税6 000万元，可节省个人所得税4 800万元（按20%的平均税率计算）。

4. 个人养老金的纳税筹划

自2022年1月1日起，在个人养老金先行城市对个人养老金实施递延纳税优惠政策。在缴费环节，个人向个人养老金资金账户的缴费，按照12 000元/年的限额标准，在综合所得或经营所得中据实扣除；在投资环节，计入个人养老金资金账户的投资收益暂不征收个人所得税；在领取环节，个人领取的个人养老金，不并入综合所得，单独按照3%的税率计算缴纳个人所得税，其缴纳的税款计入"工资、薪金所得"项目。

个人缴费享受税前扣除优惠时，以个人养老金信息管理服务平台出具的扣除凭证为扣税凭据。取得工资薪金所得、按累计预扣法预扣预缴个人所得税劳务报酬所得的，其缴费可以选择在当年预扣预缴或次年汇算清缴时在限额标准内据实扣除。选择在当年预扣预缴的，应及时将相关凭证提供给扣缴单位。扣缴单位应按照本公告有关要求，为纳税人办理税前扣除有关事项。取得其他劳务报酬、稿酬、特许权使用费等所得或经营所得的，其缴费在次年汇算清缴时在限额标准内据实扣除。个人按规定领取个人养老金时，由开立个人养老金资金账户所在市的商业银行机构代扣代缴其应缴的个人所得税。

企业为员工统一缴纳个人养老金，也可以在当期降低个人所得税负担。

甲集团公司每年拿出1亿元为绩效高的员工缴纳个人养老金，假设当期税负为10%，当期可以为员工减轻个人所得税负担1 000万元（10 000×10%）。

员工福利待遇的纳税筹划

企业发生的职工福利费支出，不超过工资薪金总额14%的部分，准予扣除。企业职工福利费包括以下内容：

第一，尚未实行分离办社会职能的企业，其内设福利部门所发生的设备、设施和人员费用，包括职工食堂、职工浴室、理发室、医务所、托儿所、疗养院等集体福利部门的设备、设施及维修保养费用和福利部门工作人员的工资薪金、社会保险费、住房公积金、劳务费等。

第二，为职工卫生保健、生活、住房、交通等所发放的各项补贴和非货币性福利，包括企业向职工发放的因公外地就医费用、未实行医疗统筹企业职工医疗费用、职工供养直系亲属医疗补贴、供暖费补贴、职工防暑降温费、职工困难补贴、救济费、职工食堂经费补贴、职工交通补贴等。

第三，按照其他规定发生的其他职工福利费，包括丧葬补助费、抚恤费、安家费、探亲假路费等。

甲集团公司可以充分利用上述税收政策，在工资、薪金总额14%的范围内为职工建立各种福利待遇。

假设甲集团公司在充分调研和尊重职工选择的基础上，将部分员工的工资、薪金，如绩效奖金、年终奖、各类补贴等转化为员工切实需要的福利，如工作餐、单身职工宿舍、职工家庭公寓、企业班车、职工健身房、职工体育馆等，如果每年转化的资金总额为1亿元，则可以为员工节省个人所得税1 000万元（按10%的平均税率计算）。

附录：
高净值人士纳税常用税收法律法规目录

一、个人所得税制度

（1）中华人民共和国个人所得税法（2018年8月31日）。

（2）中华人民共和国个人所得税法实施条例（2018年12月18日）。

（3）国务院关于印发个人所得税专项附加扣除暂行办法的通知（2018年12月13日）。

（4）国务院关于设立3岁以下婴幼儿照护个人所得税专项附加扣除的通知（2022年3月19日）。

（5）国家税务总局关于全面实施新个人所得税法若干征管衔接问题的公告（2018年12月19日）。

（6）国家税务总局关于修订发布《个人所得税专项附加扣除操作办法（试行）》的公告（2022年3月25日）。

（7）财政部 税务总局关于个人取得有关收入适用个人所得税应税所得项目的公告（2019年6月13日）。

（8）国家税务总局关于发布《个人所得税扣缴申报管理办法（试行）》的公告（2018年12月21日）。

（9）国家税务总局关于完善调整部分纳税人个人所得税预扣预缴方法的公告（2020年7月28日）。

（10）国家税务总局关于进一步简便优化部分纳税人个人所得税预扣预

缴方法的公告（2020年12月4日）。

（11）演出市场个人所得税征收管理暂行办法（2018年6月15日）。

（12）广告市场个人所得税征收管理暂行办法（2018年6月15日）。

（13）机动出租车驾驶员个人所得税征收管理暂行办法（2018年6月15日）。

（14）建筑安装业个人所得税征收管理暂行办法（2018年6月15日）。

（15）个体工商户个人所得税计税办法（2018年6月15日）。

（16）个体工商户建账管理暂行办法（2018年6月15日）。

（17）个体工商户税收定期定额征收管理办法（2018年6月15日）。

（18）财政部　税务总局关于公益慈善事业捐赠个人所得税政策的公告（2019年12月30日）。

（19）财政部　税务总局关于权益性投资经营所得个人所得税征收管理的公告（2021年12月30日）。

（20）财政部　税务总局关于延续实施全年一次性奖金等个人所得税优惠政策的公告（2021年12月31日）。

（21）财政部　税务总局关于延续实施外籍个人津补贴等有关个人所得税优惠政策的公告（2021年12月31日）。

（22）境外所得个人所得税征收管理暂行办法（2018年6月15日）。

（23）财政部　税务总局关于非居民个人和无住所居民个人有关个人所得税政策的公告（2019年3月14日）。

（24）财政部　税务总局关于境外所得有关个人所得税政策的公告（2020年1月17日）。

（25）财政部　税务总局　证监会关于交易型开放式基金纳入内地与香港股票市场交易互联互通机制后适用税收政策问题的公告（2022年6月30日）。

（26）财政部　税务总局关于法律援助补贴有关税收政策的公告（2022年8月5日）。

（27）财政部　税务总局关于支持居民换购住房有关个人所得税政策的公告（2022年9月30日）。

（28）国家税务总局关于支持居民换购住房个人所得税政策有关征管事

项的公告（2022年9月30日）。

（29）财政部　税务总局关于个人养老金有关个人所得税政策的公告（2022年11月3日）。

二、增值税制度

（1）中华人民共和国增值税暂行条例（2017年11月19日）。

（2）全国人民代表大会常务委员会关于外商投资企业和外国企业适用增值税、消费税、营业税等税收暂行条例的决定（1993年12月19日）。

（3）国务院关于外商投资企业和外国企业适用增值税、消费税、营业税等税收暂行条例有关问题的通知（1994年2月22日）。

（4）中华人民共和国增值税暂行条例实施细则（2011年10月28日）。

（5）财政部　国家税务总局关于全面推开营业税改征增值税试点的通知（2016年3月23日）。

（6）增值税一般纳税人登记管理办法（2017年12月29日）。

（7）国家税务总局关于在新办纳税人中实行增值税专用发票电子化有关事项的公告（2020年12月20日）。

（8）财政部关于印发《增值税会计处理规定》的通知（2016年12月3日）。

（9）财政部　税务总局关于明确国有农用地出租等增值税政策的公告（2020年1月20日）。

（10）财政部　税务总局关于二手车经销有关增值税政策的公告（2020年4月8日）。

（11）财政部　税务总局关于明确无偿转让股票等增值税政策的公告（2020年9月29日）。

（12）财政部　税务总局关于继续执行边销茶增值税政策的公告（2021年2月19日）。

（13）财政部　税务总局关于延续宣传文化增值税优惠政策的公告（2021年

3月22日）。

（14）财政部 税务总局关于出口货物保险增值税政策的公告（2021年12月22日）。

（15）财政部 税务总局关于完善资源综合利用增值税政策的公告（2021年12月30日）。

（16）财政部 税务总局关于对增值税小规模纳税人免征增值税的公告（2022年3月24日）。

（17）财政部 税务总局关于快递收派服务免征增值税政策的公告（2022年4月29日）。

（18）财政部 税务总局关于扩大全额退还增值税留抵税额政策行业范围的公告（2022年6月7日）。

（19）国家税务总局关于扩大全额退还增值税留抵税额政策行业范围有关征管事项的公告（2022年6月7日）。

（20）关于增值税期末留抵退税政策适用《增值税会计处理规定》有关问题的解读（2022年6月24日）。

（21）财政部 税务总局关于银行业金融机构、金融资产管理公司不良债权以物抵债有关税收政策的公告（2022年9月30日）。

三、城市维护建设税制度

（1）中华人民共和国城市维护建设税法（2020年8月11日）。

（2）财政部 税务总局关于继续执行的城市维护建设税优惠政策的公告（2021年8月24日）。

（3）财政部 税务总局关于城市维护建设税计税依据确定办法等事项的公告（2021年8月24日）。

（4）国家税务总局关于城市维护建设税征收管理有关事项的公告（2021年8月31日）。

四、车辆购置税制度

（1）中华人民共和国车辆购置税法（2018年12月29日）。

（2）财政部 税务总局关于车辆购置税有关具体政策的公告（2019年5月23日）。

（3）财政部 税务总局 工业和信息化部关于新能源汽车免征车辆购置税有关政策的公告（2020年4月16日）。

（4）财政部 税务总局 工业和信息化部关于设有固定装置的非运输专用作业车辆免征车辆购置税有关政策的公告（2020年7月1日）。

（5）财政部 税务总局关于减征部分乘用车车辆购置税的公告（2022年5月31日）。

（6）财政部 税务总局 工业和信息化部关于延续新能源汽车免征车辆购置税政策的公告（2022年9月18日）。

五、车船税制度

（1）中华人民共和国车船税法（2019年4月23日）。

（2）财政部 税务总局 工业和信息化部 交通运输部关于节能新能源车船享受车船税优惠政策的通知（2018年7月10日）。

六、房产税制度

（1）中华人民共和国房产税暂行条例（2011年1月8日）。

（2）全国人民代表大会常务委员会关于授权国务院在部分地区开展房地产税改革试点工作的决定（2021年10月23日）。

（3）财政部 国家税务总局关于房产税若干具体问题的解释和暂行规定（1986年9月25日）。

（4）财政部 国家税务总局关于具备房屋功能的地下建筑征收房产税的通知（2005年12月23日）。

（5）财政部 国家税务总局关于房产税 城镇土地使用税有关问题的通知（2008年12月18日）。

（6）财政部 国家税务总局关于房产税 城镇土地使用税有关问题的通知（2009年11月22日）。

（7）财政部 国家税务总局关于营改增后契税 房产税 土地增值税 个人所得税计税依据问题的通知（2016年4月25日）。

七、契税制度

（1）中华人民共和国契税法（2020年8月11日）。

（2）财政部 税务总局关于贯彻实施契税法若干事项执行口径的公告（2021年6月30日）。

（3）国家税务总局关于契税纳税服务与征收管理若干事项的公告（2021年8月26日）。

（4）财政部 税务总局关于继续执行企业事业单位改制重组有关契税政

策的公告(2021年4月26日)。

八、印花税制度

(1)中华人民共和国印花税法(2021年6月10日)。

(2)财政部 税务总局关于北京证券交易所税收政策适用问题的公告(2021年11月14日)。

(3)财政部 税务总局关于印花税若干事项政策执行口径的公告(2022年6月12日)。

(4)财政部 税务总局关于印花税法实施后有关优惠政策衔接问题的公告(2022年6月27日)。

(5)国家税务总局关于实施《中华人民共和国印花税法》等有关事项的公告(2022年6月28日)。